KB000004

중국 속의 중국

중국 강남 상해·남경·항주·소주·영파·양주·소흥
그리고 중국 속 한국 이야기

중국 속의 중국

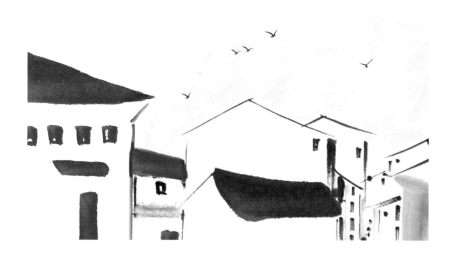

서교출판사

중화라는 이름의 강남,
강남이라는 이름의 중화, 그 한복판에서

크고 넓고 깊은 중국 대륙의 곳곳을 많이도 돌아 다녔다. 그러면서 알게 되었다. 작고 좁고 얕은 산천의 우리보다 이곳 사람들이 더 작고 좁고 얕은 환경에서 산다는 것을…. 집이 그랬고 마당이 그랬고 인정이 그랬다. 그럼에도 이곳을 크고 넓고 깊다고 생각했다. 이들의 선조가 남긴 크고 넓고 깊은 사상과 문화의 위력에 압도되었기 때문이다.

500년 전에 "막상 중국에 가서 보니 놀랄만한 학문도 없고 인재도 없더라"고 말한 이가 있었다. 조선왕조 성종 조에 3번이나 사신단의 서장관으로 북경을 다녀온 김일손 선생이 바로 그 분이다. 놀랄만한 학문과 인재는 이미 2,000년 전에 다 살다 가고 없었다는 얘기가 된다. 물론 500

년 전 그 때나 지금에 학문이 없고 인재가 없는 중국이 아니지만 2,000년 전의 그 학문 그 인재는 실로 경이로운 것이라는 의미이다. 중국 산천을 둘러보면서 "참으로 의미 있는 여행"이라 생각하게 되는 이유는 2,000년 전의 그 대단한 것이 아직도 의미로 남아 있기 때문이다. 2,000년 전의 것이 지금의 중국인을 먹여살리고 있다. 지금의 것이 다시 2,000년 후 중국인을 먹여살리게 하는 일, 그것은 지금의 중국이 알아서 할 일이다.

"친구 따라 강남 간다"는 속담이 있다. "엄마 팔아 친구 산다"는 속담도 있다. 엄마 팔아서 산 친구가 가는 강남, 그곳은 흥부네 제비가 겨울을 나고 돌아온 강남, 바로 그곳이다. 충분히 친구 따라 가볼만한 가치가 있는 강남이다. '중국' 하면 떠오르는 인물이 있다. '비단장사 왕서방'이다. 비단 팔아 부자된 왕서방의 고향은 비단 산지인 중국 강남이다. 정서의 강남, 문화의 강남, 경제의 강남… 원래 중원에 있던 중국의 정서, 중국의 문화, 중국의 경제가 강남으로 내려와 순화되고 고양되고 확산되는 과정, 강남의 정신이 마침내 중국의 정신이 되는 과정, 그 과정의 사람과 사정과 사건, 그에 따르는 슬프고 아름답고 아프고 아쉬운 사연들을 엮었다.

필자는 이 글에 등장하는 모든 현장을 답사하고 탐사했다. 필자의 발길이 닿지 않은 현장은 이 글에 단 한 곳도 없다. 한두 번 다녀온 곳도 있고 십여 차례 다녀온 곳도 여러 곳 있다. 절강성의 주산군도는 우리나라 효녀 심청의 얘기가 전해 내려오는 곳이라 특히 여섯 차례 다녀왔다. 그중 세 번째 간 것이 한국에서 세월호 사건이 일어난 지 보름쯤 되는 때였다.

보타산은 주산군도의 연꽃바다에 떠 있는 아름다운 섬이다. 심청이 이 곳 전설처럼 삼국시대 백제국에서 중국 동진국 심가문항구의 심국공에게로 시집을 왔다면 반드시 거쳐 왔을 바다가 연꽃바다이고 돌아왔을 섬이 보타산이다. 주산도에서 보타산으로 가는 관광여객선을 탔다. 아내와 동행이었다. 배를 탔는데 필자와 아내는 배가 출발한 것도 항해를 한 것도 보타산에 도착한 것도 몰랐다. 승객들이 다들 내리길래 '왜들 내리나?' 하고 따라 내리니 선착장이었다. 세월호의 '세' 자도 들먹이지 않았는데 바다를 보는 순간, 배에 오르는 순간 우리 부부는 같은 생각을 했고, 그 때문에 배가 출발하는 것도 도착한 것도 몰랐다. 배 운항 시간 약 20분. 우리의 시야에 선창이 있었고 바다가 있었지만 의식은 하얗게 비어 있었던 것이다. '세' 자도 들먹이지 않았는데도, 그 많은 승객들 중 한국인인 우리 두 사람만.

더 놀라운 사건은 보타산에서 주산도로 돌아나올 때 일어났다. 보타산 부두에서 배를 탔는데, 그리고 선실에 내려가 앉았는데, 우리는 정말 아무 것도 떠올리지 않았는데, 우리를 제외한 승객 모두가 배에서 내리고 있었다. 필자가 아내를 돌아봤고 아내도 필자를 돌아봤다. "배에 이상이 있나보네. 다른 배로 갈아타야 되나봐." 필자가 말했는지 아내가 말했는지 분명 둘 중의 하나가 그런 말을 했고, 우리는 다른 승객들을 뒤따라 배에서 내렸다. 배에서 내린 승객들은 모두 한 방향으로 걸어가고 있었다. 우리도 그 방향에 갈아탈 배가 있나보다 하고 뒤따라 갔다. 영락 없이 넋 놓은 사람의 꼴로 허적허적 한참을 뒤따라 갔다. 그런데 하선한 승객들의 흐름은 부두를 지나 건물 쪽으로 꺾어들고 있었다. 물어보지 않을 수 없었다. "이쪽은 갈아탈 배가 없는데 왜 다들 이렇게 저 사람들을 따라 가는 거죠?" 우리의 질문을 받은 중국인이 어처구니없다는 표정을 지으며 대답했다. "갈아타긴 무슨 배를 갈아타요? 배 다 타고 와서 내렸잖아요. 집에 가야지. 저기 선착장 출구 안 보여요?" 우리가 넋을 놓은 사이에 보타산 부두에서 배가 출항을 했고 20여 분간 항해를 했고 주산도 부두에 닿았고, 하선한 승객들이 출구를 향해 걸어가고 있었던 것이다. 이미 두 차례 다녀간 곳이라 부두 풍경도 출구 풍경도 낯선 것이 아닌데, 필자도 아내도 세월호의 '세' 자도 들먹이지 않았는데 의식이 온통 하얗게, 그 많은 중국인들 사이에서 한국인인 우리 두 사람만… 트라우마라는 것의 형태가 이런 것인지… 한국에서 그 사건이 일어난 지 보름쯤 되는 때, 심청의 연꽃바다에서 경험한 일이다.

심청의 주산군도 연꽃바다에서 필자가 경험한 것은, 한국인은 결국 중국에서도 한국인으로서의 삶을 산다는 사실의 확인이었다. 한국의 옛 시조는 우리에게 그리운 것, 아름다운 것은 모두 강남에 있다고 은연중에 세뇌시켰다. 우리 고시조에서 님은 강남으로 떠나갔고, 강남에서 소식이 날아왔다. 우리가 아는 고사성어들 중의 상당수도 강남의 역사에서 태어난 것이었다. '오월동주'가 그렇고 '와신상담'이 그렇고 '토사구팽'이 그렇다. 재미있는 고대 역사소설인 〈열국지〉에서 가장 재미있는 부분은 강남의 역사 부분인 '오월춘추' 편이다. 우리가 아는 중국 고대소설과 고대미술의 거의 대부분이 강남에서 창작되었고, 중국 현대예술 거의 대부분의 출발점이 강남이다. 중국이라는 거대한 세력의 힘을 있게 한 경제력도 강남에서 나왔다. 우리가 중국을 알고자 할 때 먼저 강남을 알아야 하는 이유이다. 우리는 오랜 세월 북경산 중국을 알아왔다. 지금 강남산 중국을 말하는 이유가 거기에 있다. 본격적인 강남 연구의 디딤돌 하나를 강남 거주 12년의 집중탐구 이력으로 박아놓게 되는 감회에 지금 사로잡힌다.

2017년 1월 '몽리수향' 중국 강남에서

지은이

중국 강남 상해·남경·항주·소주·영파·양주·소흥
그리고 중국 속 한국 이야기

제1장

몽리수향
강남

서하객은 어떻게 집을 찾아왔을까?

　　　　　중국 강남의 특징은 가도가도 지평선에 수로가 손금처럼 깔려 있다는 것이다. 사방을 둘러봐도 지평선인 대평원에서는 나그네가 고달프다. 사방을 분간할 산맥도 방향 잡을 산봉우리도 없는 대평원의 강남에서 가장 난감한 것이 목적지로 똑바로 걸어가는 일이다. 서하객은 뜨는 해 지는 달을 방향삼아 고향마을을 찾아갔을까. 그는 우리나라의 방랑시인 김삿갓과 〈대동여지도〉의 김정호를 합쳐놓은 것 같은 인물로서 중국사 뿐만 아니라 세계사에 이름을 남긴 명대(明代)의 지리학자이다. 서하객은 평생을 떠돌다 강남의 고향마을을 찾아갈 때 어디에다 길을 물었을까. 수로는 산이 있어야 표정이 생긴다. 표정 없는 수로를 보고 길 찾기는 철새 따라 방향 잡는 것만큼이나 막연하다. 객잔이나 주막의 깃발도 길을 아는 나그네에게나 방향잡이가 된다. 서하객은 고향바람의 냄새를 따라 갔던 것일까.

돌아가지 못한 이백

중국의 옛날 지식인은 "중국에서 가장 아름다운 곳은 강남이고 강남에서 가장 아름다운 곳은 소주"라고 했다. 기이한 풍광과 절묘한 경치가 많고도 많은 중국에서 산그림자 하나 붙잡기 어려운 강남이 아름답고 그 중에서도 소주가 아름답다니, 참으로 어처구니 없는 주장이라고 할만한 일이다. 평탄한 수로에 조각배 하나 떠 가고, 수로 너머 나지막이 산능선이 비치는, 수로도 하늘도 들판도 모두모두 여백인, 그게 전부인 수묵 산수 문인화의 부채그림. 옛날 지식인이 묘사한 중국 강남 풍경의 한 단면이다.

고인서사황학루 故人西辭黃鶴樓
연화삼월하양주 煙花三月下揚州
고범원영벽공진 孤帆遠影碧空盡
유견장강천제류 唯見長江天際流
그대는 나를 황학루에 남기고
안개 낀 3월 양주로 떠났다
돛단배 그림자 멀리 시야에서 사라지고
보이는 것은 아득히 멀어진 장강 물 뿐이다.

이백, 즉 이태백의 시 〈황학루에서 맹호연을 양주로 보내고(黃鶴樓送孟浩然之廣陵)〉의 전문이다. 오늘날 호북성 무한의 황학루에서 친구 맹호연을 강남 양주로 떠나보내고 지은 시이다.

지식인이 글에다 자기 이름을 붙이기 시작한 이래 중국의 거의 모든 문인의 여심은 강남으로 향했다. 이백이 활동하던 당나라 전성기에 강남에

서하객 고향집 앞 기념공원에는 서하객의 상이 4개나 있다. 선비의 모습, 대인의 모습, 여행을 떠나는 자의 모습, 고단한 유랑자의 모습 등 4가지이다. 위 사진은 유랑자의 모습이다

서 번화했던 도시로는 남경, 양주, 소주가 있었다. 이백이 맹호연을 떠나보낸 양주는 질 좋은 소금을 생산하여 부자가 많았고 그만큼 풍속도 여유로웠다. 강남의 양주로 가는 길목에 황학루가 있었다. 이백은 양주의 소금을 '곱고 희다'고 그의 시에서 밝혔다. 시선(詩仙) 이백의 여심도 여느 지식인들과 마찬가지로 강남을 향해 있었다.

강남장리지 江南瘴癘地
축객무소식 逐客無消息
강남은 풍토병이 많은 곳인데
쫓겨간 그대는 소식이 없네

당나라 시성 두보가 강남으로 떠난 친구 이백을 생각하며 쓴 시 〈꿈에 이백을 보다(夢李白)〉이다. 뜨겁고 습한 강남의 풍토병을 모두들 염려했

시선 이백이 구화산에서 머물던 집터와 우물.

지만 그는 강남의 유혹을 뿌리치지 못했다. 이백은 강남에 끌려 강남에 이르렀고, 유감 없는 유람을 했다. 아저씨 항렬의 일가가 오늘날 안휘성 선성의 군수를 지내고 있어서 그곳 관아 객사에 짐을 풀었다. 선성 객사 는 이백에게 강남의 거점이 되어주었다. 그곳을 오가며 강남 전역을 장 기간에 걸쳐 유람했다.

이백이 남긴 시의 세계는 황산, 구화산, 천태산 등 강남의 산과 남경 양 주 소주 소흥 등 강남의 지역, 오나라 월나라 등 강남 왕조의 역사, 오왕 부차와 월왕 구천과 경국지색 서시와 천하명필 왕희지 등 강남의 인물들 을 두루 망라하고 있다. 특히 남경과 소주의 정취, 오월춘추의 역사를 읊 은 작품이 많다. 이백은 이야기가 있는 장소를 찾아가 스스로 또하나의 이야기를 만들어붙이는 작업을 많이 했다. 강남에는 이야기가 많고 물자 가 풍부했다. 따라서 유람하기 좋고 술맛도 나는 고장이었다.

이백이 살던 당나라 전성기에는 지식인 사회에서 강남 여행이 하나의 붐을 이루었던 듯 하다. 오늘날 강남은 중국에서 가장 부유한 지역으로 꼽힌다. 그만큼 볼거리 즐길거리 먹을거리 놀거리가 다양하게 많다. 특히 소주는 오늘날에도 그렇지만 당나라 전성기에는 화려함의 극치를 보였던 듯하다. 신라 천재 최치원은 소주를 여행하고 나서 '강남은 풍속이 음탕하여 여자들이 꾸미기를 좋아하고 사치하다'는 내용의 시를 썼다. 여기서 음탕함이란 음란하다는 뜻보다도 호탕하고 자유롭다는 뜻일 것이고, 세계 비단시장의 중심지이니 재화가 풍족하고 풍속이 화려했을 것이다. 오늘날의 100층 150층 빌딩에 견줄만한 7층탑 9층탑이 우뚝우뚝 수도 없이 솟아있고 골목골목이 수로인데 그 수로마다 예쁜 돌다리들이 걸려 있었다. 홍교, 즉 무지개다리, 판교, 즉 널다리들이 골목의 수만큼 놓여 있고, 골목길에서도 신발에 흙 묻히지 않게 돌이 깔려 있었다. 이 돌다리들, 이 돌골목길들이 오늘날에도 행인의 발 아래 놓여 있다. 오래된 것이니 보호하자며 보호대를 설치해놓은 곳도 없다. 그냥 옛날 다리, 옛날 골목으로 오늘날 사람이 옛날 이백, 옛날 서시의 발자취를 밟으며 다닐 수 있다.

　강남은 특별한 풍광이 있는 곳이 아니다. 천하의 시인들이 노래하고 오파(吳派·소주파) 화가들이 그림 그린 곳을 찾아가도 기이하고 절묘한 풍경은 찾아보기 어렵다. 그런데도 그들은 강남을 아름답다고 했다. 왜 그랬을까, 강남 여행은 이러한 물음에서 출발해야 한다.

　상전명월광 床前明月光

　의시지상상 疑是地上霜

　거두망명월 擧頭望明月

　저두사고향 低頭思故鄕

머리맡 밝은 달빛이

땅에 내린 서리인가 했네

고개 들어 달을 보고

고개 숙여 고향을 생각한다.

이백의 시 〈고요한 밤의 생각(靜夜思)〉의 전문이다. 그는 고향을 그리워하면서도 강남을 떠나지 못 했다. 다시 이백의 시 〈선성에서 두견화를 보고(宣城見杜鵑花)〉이다.

촉국증문자규조 蜀國曾聞子規鳥

선성환견두견화 宣城還見杜鵑花

일규일회장일단 一叫一回腸一斷

삼춘삼월일삼파 三春三月一三巴

촉나라땅 내 고향에서 두견새 우는 소리 들었는데

선성에서 다시 두견화를 보는구나

두견새 울음 한번 떠올리니 애간장 한번 끊어지는데

춘삼월 두견화 피는 고향 삼파가 그리워라

이백은 고향으로 돌아가지 못한 채 강남에서 사망한다. 오늘날 안휘성 마안산시 채석기에서 술 취해 달을 잡으려다 물에 빠져 죽었다는 설이 있고 선성의 객사에서 병사했다는 설도 있다. 〈삼국지〉의 격전지이기도 했던 채석기는 이백이 강남으로 오던 물목이기도 하고 고향 파촉(巴蜀), 즉 사천땅으로 돌아갈 때 지나가야 할 물목이기도 했다. 채석기는 또한 선성에서 조각배로 왕래할 수 있는 거리이고 경치도 인근에서 가장 아름다워서 이백이 술에 취하고 시에 취하기 딱 알맞은 장소라 할만 했다. 우리 나라의 부여 낙화암과 비슷한 경치인데 물살이 그보다 더 탁하고 거칠다. 이백은 죽어서도 고향으로 돌아가지 못하고 이곳 선성에 묻혔다. 마안산 채석기 언덕에도 그의 무덤이 있는데 옷을 묻은 의관총이라고 한다. 마안 산은 안휘성이지만 강소성 남경에서 가깝고, 마안산 채석기는 〈초한지〉 의 항우가 비장한 최후를 맞이한 오강(烏江)과 가깝다.

돌아오지 못한 항우

오늘날의 강소성 숙간에서 태어난 항우는 어릴 때 숙부 항량을 따라 소 주로 왔다. 신분은 멸망한 초나라의 귀족 출신이었고, 힘은 대장군 가계 의 영향인지 어릴 때부터 장사였다. 항우의 '우'는 그의 자(字)였고 본명 은 적(籍)이었다.

항량이 조카 항우를 데리고 소주로 온 것은 당시에 강남에서 가장 큰 도 시가 이곳이기 때문이었다. 오늘날의 남경은 왕기가 서렸다는 소문으로 진시황을 긴장시키긴 했어도 변변한 장시 하나 없는 시골마을이었고 양 주나 항주 등도 마찬가지로 이름 없는 시골마을이었다. 강남에서 그나마 큰 도시가 소흥이었는데 그곳은 항씨 가문의 근거지인 숙간에서 너무 먼 거리였다.

숙간에서 소주로 온 항우의 길을 역순으로 달려보았다. 소주에서 서하 객의 고향인 강음, 강음에서 강음대교를 건너 최치원 유적지인 양주, 양 주에서 항우의 고향 숙간… 소주에서 숙간까지 자동차로 약 4시간 거리 이다. 숙간에서 서북쪽으로 조금 더 가면 항우의 숙적 유방의 고향인 서 주 패현, 서주에서 북쪽으로 조금 더 가면 유방의 충신 장량의 고향이 나 온다. 다시 조금 더 올라가면 춘추전국 제자백가 묵자의 고향, 거기서 조

항우의 무덤. 안휘성 화현 오강공업원구 패왕사 경내에 있다.

금 더 올라가면 맹자의 고향 추성, 또 조금 더 올라가면 공자의 고향 곡부, 그리고 그 위는 중국역사상 72명의 황제가 봉선의례를 올렸다는 태산. 이렇듯 한 줄에 엮어지는 역사인물의 고향들이 모두 한 줄기 고속도로 선상에 놓여 있다. 고속도로가 난마처럼 얽혀 있는 중국대륙에서 역사적 고향들을 이처럼 한 줄에 이어서 보기는 쉽지 않다.

항우 당시 지명이 회계 혹은 오중이던 소주는 8대문 8수문의 거대한 성곽도시였다. 오늘날 소주 시가지를 에워싼 4각형 수로가 바로 춘추시대 합려성의 성곽을 둘러친 해자였다. 오늘날의 계산에도 성의 규모가 어마어마하다. 망국이라하나 초나라의 귀족 집안이었으므로 항량은 웬만큼의 재물도 가지고 왔을 것이었다. 초나라 고토를 수복하겠다는 염원과 더불어 좋은 날이 올 때까지 장손인 항우를 지키겠다는 의지도 있었으므로 빈손으로 오지는 않았을 터였다. 여기서 조카 뒷바라지도 하고 장정을 모아 고토수복군으로 양성하겠다는 항량이었다.

항량은 항우를 훈육하는 한편으로 진나라에 역심을 품고 있는 세력을 하나하나 규합해나갔다. 마침 소주에는 진시황의 진나라에 불만을 가진

자가 많아서 충분한 군자금을 가지고 있는 항량의 휘하로 하나둘 몰려들었다. 그러는동안에 항우는 성장했고, 꾀는 없으나 힘으로 그를 당할 자가 없었다.

중국천하의 물을 다스리고 신이 된 인물이 있다. 하우(夏禹), 일명 대우(大禹), 혹은 우왕(禹王)이다. 그의 무덤은 절강성 소흥의 회계산 자락에 대우릉이라는 이름으로 장엄하고, 전국 여러 곳에 그의 사당이 있다. 소주에는 태호 서산에 있는데, 항우 당시에도 이곳에 있었는지, 그것은 잘 모르겠다. 하우 혹은 우왕의 사당 이름은 우왕묘이다.

소주 우왕묘에 1천명의 밥을 한꺼번에 지을 수 있는 큰 무쇠솥이 있었는데 그 무게가 자그만치 6천근이었다. 우왕의 제삿날이면 우왕묘에 임시장시가 섰다. 술장수 떡장수가 난전을 펼치고 야바위꾼 놀이패가 전을 벌였다. 이 날 이 자리에서 항우는 일생일대의 드라마를 연출한다. 수많은 사람들 앞에서 우왕묘의 6천근짜리 무쇠솥을 번쩍 들어올려보인 것이다. 제사를 집전하러 온 지역 장로에서부터 구경나온 아녀자들에 이르기까지 우왕묘에 모인 모든 사람들의 입이 쩍 벌어지지 않을 수 없었다. 이변도 일어났다. 태호 물 속에서 용 한 마리가 올라와 검은 말로 변하더니 뛰고 차고 박고 일대를 난장판으로 만들어놓는 것이었다. 모두들 놀라 피하기 바쁘고 숨느라 어수선했다. 이때 항우가 나섰다. 기괴하게 날뛰는 검은 말에 다가가 훌쩍 잔등에 올라탔다. 그리고 힘차게 뻗치는 갈기를 움켜잡았다. 성난 검은 말은 잔등의 항우를 떨어뜨리기 위해 발광을 하며 날뛰었고 항우는 태연히 말머리를 쓰다듬었다. 검은 말의 난동을 피해서 숨었던 구경꾼들이 하나둘 나와서 항우와 말을 보았다. 미친 듯 날뛰던 말이 어느새 순하게 머리를 수그리며 앞발로 땅을 긁고 있었고 항우는 회심의 미소를 지으며 말에서 내려왔다. 사방에서 탄성과 박수소리가 일었다. 한 장로가 항우 앞으로 다가왔다. 우노야(虞老爺)였다. "내 집으로 모시고 싶소." 우노야의 말이었다. 항우는 태호의 용이 변해 검은 말이 된 오추마(烏騅馬)를 하인에게 시켜 집으로 데려다놓게 하고 우노야의 집으로 갔다.

우노야의 집은 오늘날 소주 평강로 정향항에 있었다. 지금 이곳에 가보면 너무나 평범한 골목이라 여기가 과연 항우의 처갓집이 있던 동네인가 싶다. 그러나 옛날부터 전해지는 얘기라고 증언하는 노인과 향토사학자가 있으니 믿지 않을 수도 없다. 졸정원 앞에서 남쪽으로 흐르는 수로를 따라내려가면 관광명소 평강로가 있고, 평강로 중간지점을 유심히 살피면 정향항이라는 골목이름의 표지판을 발견할 수 있다. 우희(虞姬)로 분장하고 사진 찍는 여성들의 모습이 나타나기 시작하면 정향항 가까이에 온 것이다.

항우를 집으로 데리고 간 우노야는 외동딸 우희를 내놓는다. 이 애가 마음에 들면 내 사위가 되라는 것이었다. 꾀는 없고 힘은 세고 생각은 단순한 항우는 첫눈에 우희에게 반해버렸고, 그 자리에서 혼인하겠다고 맹세해버렸다. 항우와 우희는 혼인한 이후 죽는 날까지 단 하루도 떨어져 있지 않았고 단 한번도 사랑에 소홀하지 않았다. 소주에서 모병한 '강동(강남)병사 8천'을 거느리고 진나라 도성을 향해 출격할 때도 항우와 우희는 함께였고 치열한 전투의 현장에서도 함께였고 그들 생애 마지막 날 새벽까지도 함께였다. 항우와 우희는 처음 만난 날부터 죽는 날까지 함께 있었고 한결같이 사랑을 했다.

항우가 비장한 최후를 맞이한 오강 유적지는 안휘성 화현에 있다.

고대 중국 영웅의 행적을 떠올리고 그 영웅의 유적지를 답사했을 때만큼 허탈해지는 일도 없을 것 같다. 특히 역발산기개세의 영웅 항우가 잠

소주 평강로 우희의 마을 '정향항'과 마을 입구의 표지.

든 안휘성 화현 오강공업원구 패왕사(覇王祠)를 찾았을 때의 허탈함이라
니. 찾아가는 길도 쉽지 않았다. 산천이 험해서가 아니라 특색 없는 시
골 소도시의 도무지 특별하지 않은 산야에 숨은 장소여서 그러했다. 사
방 백리를 둘러봐도 영웅들이 용쟁호투했을만한 산천이 보이지 않았다.
차로 몇십 분을 달려서야 참한 산능선 몇 개가 나왔는데 그중 닭벼슬 모
양이기도 하고 조롱 모양이기도 한 봉우리의 계룡산 정도가 눈에 들어올
뿐 산도 들도 평범했다. 그러나 그 가운데에서 사면초가를 들었을 것이
고 우희의 시신을 묻었을 것이다. 애마 오추마를 배에 실어보냈다는 오
강만 해도 그랬다. 물론 항우가 길을 물었던 농부에게 속아서 잘못 찾아
온 곳이었다지만 오추마가 스스로 몸을 던진 오강은 강도 아니고 수로도
아니고 작은 웅덩이로 남아 있었다. 항우가 스스로 자기 목을 벤 자리도
웅덩이 옆의 낮은 언덕이었다.

"강동병사 8천을 다 잃고 나 어찌 돌아가리."

항우가 강동(강남)으로 돌아가지 못한 이유이다. 물론 안휘성 화현도 강

강소성 강음시 서하객의 고향집.

남에 속한다. 그러나 항우가 가야 할 강동(강남)은 오강을 건넌 곳에 있었다. 항우, 그는 강남의 소주로 돌아가야 했는데, 갈 수 없었다. 강동병사 8천 뿐만 아니라 우희를 잃었기 때문이었다. 항우, 이승에서의 마지막 나이 31세였다.

패왕사 경내 항우의 무덤 앞에 항우와 우희의 넋이 와서 이루어낸 연리지(連理枝)가 있다.

돌아온 서하객

관광대국 중국의 '관광의 날'은 5월19일이다. 2011년에 제정되었다. 애초에 중국 관광의 날은 5월19일과 3월29일이 경합을 했다. 이 두 날은 모두 중국 명대의 지리학자이자 여행가인 서하객의 이력과 연관이 있다. 3월29일은 서하객이 고향인 오늘날의 강소성 강음시 서하객진을 떠나 처음으로 여행길에 올랐던 날이고 5월19일은 절강성 천태산 국청사에서 서하객 여행기의 첫째 권이 찍혀나왔던 날이다.(서하객 여행기의 출발점이 천태산 국청사인데, 글을 쓰기 시작한 날이 1613년 5월 19일이라고도 한다.)

서하객은 1587년 1월 5일 오늘날의 강소성 강음시 서하객진에서 부유한 토호 서유면(徐有勉)의 차남으로 태어났다. 이름은 굉조(宏祖·홍주), 자는 진지(振之). 하객(霞客·샤커:노을나그네)은 호이다.

중국에서 알부자 도시로 소문난 강음시는 북쪽으로 장강이 흐르고 남쪽에는 역시 부유한 도시 무석이 있는 고장이다. 서하객의 출생지인 서하객진 '유성 서하객 고리(遊聖徐霞客故里)'는 무석시의 혜산구와 붙어 있다. 유채꽃이 아름다운 4월에 이곳을 찾았다.

강남의 4월은 유채꽃으로 환상을 이룬다. 절강성 남쪽 끝에서 강소성 북쪽 끝까지 3천리가 넘는 길에 유채꽃밭이 끝간데 없이 펼쳐진다. 강남의 유채꽃밭은 청보리 혹은 밀밭과 조화를 이루고 있어 더욱 환상적인 아름다움을 이룬다. 그중에서 가장 아름다운 곳이 강소성의 단양에서 남경에 이르는 구간이다. 상해-소주-무석 구간은 들판까지도 거의 도시화가 되어 있지만 그래도 빼꼼빼꼼 유채꽃밭이 숨어서 고개를 내민다. 서하객의 고향마을 주변도 거의 공업단지이지만 그의 고향집 일대는 성역화가 되어 유채꽃을 비롯한 온갖 꽃들이 현란한 자태를 뽐내고 있다.

유성 서하객 고리, 즉 여행의 성인 서하객 고향집은 대지주의 집이라는 사실을 유감 없이 보여주는 고대광실 서하객 생가와 서하객여유박람원(徐霞客旅遊博覽園), 그 2군데로 나뉘어져 있다. 서하객여유박람원을 들어서면 맨먼저 모택동 주석의 친필 휘호가 아주 커다란 글씨로 관람객을 맞이한다. "서하객을 배우고 싶다." 모택동 주석이 친히 방문하여 이런 글을 남겼으니 다른 유명인사들이 가만 있을 리 없었다. 중국 현대사의 유명인사들이 경쟁이라도 하듯이 서하객에 대한 찬사를 글로 써서 이곳에 남겼다. 서하객이 우리의 김삿갓과 고산자 김정호를 합쳐놓은 인물이라고 생각했는데, 틀린 것이었나? 필자는 이곳에 들어오면서부터 선입관의 파괴와, 그로 인한 혼란에 빠졌다. 이곳에서는 서하객을 이렇게 말하고 있는 듯 했다. '생애에 한 점의 오점도 남김 없이, 부모에 효도하고 나라에 충성하고 드넓은 조국 영토의 지질을 연구하기 위해 죽을 고비를 수 없이 넘기며 마침내 큰 업적을 이루고 고향에 돌아와 거룩하게 죽었다.'

서하객 여유박람원 경내에는 서하객의 일대기 석각벽화가 몇십 폭 돌병풍으로 둘러쳐져 있고, 중국에서 가장 큰 규모의 중국 인장공원이 조성되어 있다. 중국에서 가장 큰 도장과 역사상의 유명인사들 도장들이 수십 점 돌에 새겨져 있다. 그리고 서하객의 위대한 어머니는 석각벽화를 통해 성모화되고 있었다.

위대한 어머니가 말했다. "떠나거라. 넓은 세상으로 나아가서 조국을 위해 할 일을 찾아보아라." 위대한 어머니는 진사 등과를 한 20세의 전도양양한 둘째 아들을 등 떠밀어 바깥으로 내보내고 있었다. 그에게는 신혼의 아내와 아들도 있었다. 서하객은 처음 외가가 있는 무석을 여행했고 다음에는 소주로 가서 문징명(文徵明)의 증손자와 교류를 했다. 서하객의 고조부가 문징명과 교류한 이래 두 집안은 세교를 이어오고 있었다. 여행을 하고 한결 성숙해서 돌아온 서하객은 더욱 아내를 사랑하고 아들을 자애했다. 그때 어머니가 다시 일깨웠다. "일신의 안락에 빠져들지 마라. 큰 꿈을 가지고 먼 세상을 보아라. 머물지 말고 떠나거라. 세상을 위한 큰 일을 하러 떠나가라." 서하객은 이번엔 정말 먼 길을 떠났다.

무석-소주-남경-양주, 다시 소주로 와서 태호를 건너 오늘날의 절강성으로 넘어갔다. 항주를 거쳐 소흥을 유람하고 영파를 지나 바다 건너 보타산(普陀山)을 다녀왔다. 그리고 마침내 천태산에 이르러 여행기를 남기기로 작정했다. 이때 쓰기 시작한 여행기가 60만 자에 이르는 방대한 〈서하객여행기(徐霞客旅行記)〉이다.

21세에서 54세까지 33년에 걸쳐 중국 전역을 돌아다니며 카르스트지형을 연구하고 오지의 동굴들을 탐사, 개척하면서 그 과정을 낱낱이 기록했다. 이러한 기록의 공적을 인정받아서 서하객은 세계 카르스트지형학의 비조, 세계 동굴학의 비조라는 평가와 존경을 받게 된다.

고향 떠난 유랑의 33년. 그동안 물론 몇 차례 고향을 다녀가기도 했다. 그럴 때마다 하나씩 자녀를 낳게 되었지만 오래 머물지는 않고 이내 다시 떠났다. 1640년. 그는 33년에 걸친 대유랑의 장정을 끝내고 귀향했다. 그의 나이 53세였다. 그리고 이듬해 54세에 고향집에서 아내와 자녀들이 지켜보는 가운데 눈을 감았다.

서하객의 집을 다녀와서 한류에 대한 생각을 했다. 한류 드라마는 있는데 왜 중국 드라마는 화류(華流)를 만들어내지 못하는 것일까. 스토리텔링이 주목받는 오늘날, 그 어떤 사물이나 사건이나 인물에도 '이야기'가 없으면 주목을 받지 못한다는 시대이다. 이야기산업이라면 곧 중국이고 이야기산업이면 곧 '드라마'인데, 5천년 인류 유사 이래 이야기산업이라면 중국을 빼놓고 말할 수가 없는데, 그로 보면 드라마산업이 가장 융성해야 하는 곳이 중국인데, 지금 중국에서는 오히려 한국드라마가 일으키는 한류에 사로잡혀 있다. 왜 그럴까.

먼저 '결손나그네 김삿갓'과 '모범나그네 서하객'에 대한 생각을 했다.

대뜸 지어지는 문장이 있었다. '모범생에게는 드라마가 없다.'

결손적 인간 김삿갓은 그 자체가 드라마이지만 모범적 인간 서하객에게는 드라마가 나올 여지가 없다. 중국에서는 집 떠나 유랑한 서하객을 '가족 두고 혼자 평생을 떠돈 사람'으로 보지 않고 '국토지리를 연구하기 위해 장기간 국토를 탐험한 지리학자'라는 모범인간으로 평가하기 때문에 그에게서 드라마를 찾아낼 수가 없는 것이다. 김삿갓 뿐만 아니라 〈동의보감〉의 허준도 우리는 결손적 인간으로 보고 드라마를 만들어낸다. 그러나 중국은 교훈적 인간을 만들기 위하여 서하객 일생의 드라마성을 되도록 외면한다.

한류와 같은 의외성 문화선풍의 있고 없음은 인간 설정의 문제, 즉 결손과 모범의 차이라는 생각이었다.

강남 대평원. 이정표가 없으면 방향 잡기 어렵다. 대평원에는 초점이 없고 기준점이 없고 표준이 없다. 오래 고향 떠났다가 돌아오는 탕아는 집 찾기가 어렵다. 대평원이라 산이나 언덕 등의 표지점도 없다. 김삿갓의 고향이면, 아 김삿갓이 저 산모롱이를 돌아갔겠구나, 김삿갓이 동구 밖에서 저렇게 왔겠구나 할 수 있는데 대평원의 서하객 고향에는 서하객의 무덤이 있어도 그가 오고 그가 갔을 그의 동선을 짐작하기가 어렵다. 서하객은 대평원의 무엇을 표지삼아 고향집을 찾아왔을까.

동양의 유토피아, 어미지향

강남을 상징하는 표현 중에 몽리수향(夢里水鄕)이 있다. 꿈 속의 물고장이라는 뜻이다. 우리 생각으로는 '몽리'가 꿈마을이겠지만 중국은 전혀 그렇지 않다. '꿈 속'이라는 의미이다.

고속철을 타고 북방에서 남방으로 내려오다 보면 장강을 지나면서 창밖 풍광이 확연히 달라진다는 사실을 확인하게 된다. 농촌의 나지막한 벽돌집들은 벌써 사라지고 없고 들판 수로변에 빼곡이 들어선 흰 회벽의 좁다란 2층 3층 농가 풍경이 차창 밖으로 흘러간다. 농촌 농가에 마당이 보이지 않는 것은 북방 남방 할 것 없이 공통된 현상인데 집집마다 마당을 두고 있는 한국 농가와는 판이한 모습이다. 넓은 대륙의 중국인이 좁은 반도의 한국인보다 훨씬 비좁게 살고 있는 현장은 중국 어디서나 목격이 된다.

강남의 땅은 호미로 한 줄 쭈욱 긋기만 해도 물길이 된다는 말이 있다.

고속철을 타고 북방에서 남방으로 내려오다보면 더러는 흐르고 더러는 말라있던 강이 어느 지점에선가 문득 넘실넘실 넘치고 있는데, 거기가 바로 강남이다. 강남의 강이라는 강, 수로라는 수로는 모두 물이 출렁출렁 넘친다. 강남의 수로에는 마른 데가 없고 모자라는 데가 없다. 모든 강이 둑의 높이로 넘쳐 흐른다. 몽리수향, 꿈 속의 물고장은 그런 넘치는 물의 환경에서 돋아난 표현이다.

하늘에는 천당이요 땅에는 소주 항주

강남은 왜 몽리, 꿈 속에 있는 것일까. 서양의 유토피아에 해당하는 말로서 동양에는 어미지향이 있다. 어미지향은 바로 소주에서 나온 말이었고, 소주는 예로부터 강남의 핵심지역이었다. 소주의 소(蘇)에는 물고기(魚)와 벼(禾)가 있다. 물고기와 쌀이 풍족하면 천하가 태평하던 시절에 강남은 그것을 갖추고 있었다.

의식이 풍족한 강남에서 절세의 문화적 인물 왕희지가 전에 없던 문화행사를 벌였다. 문화인들이 유상곡수(流觴曲水)에 둘러앉아 자기 앞으로 술잔이 떠와서 멎으면 그 잔을 비우고 시를 짓는, 놀라운 문화적 행위를 한 것이다. 가마득한 1천7백년 전의 일이었다. 그 이후 강남을 꿈 속의 물고장으로 만들 문화인들이 끊이지 않고 태어나거나 찾아들었다.

천하의 성인은 춘추 말기에 다 나왔고, 천하의 서예가는 당 태종 때에 다 나왔으며, 천하의 시인은 당 현종 때에 다 나왔다. 공자 노자 등 제자백가가 춘추 말기의 인물인데 이 시대에 석가모니는 인도에서 성불을 했고 소크라테스는 그리스에서 태어났다. 천하의 서예가는 당 태종이 서예를 좋아한 영향인지 그 시대에 다 명성을 얻었다. 당 태종은 앞서 간 왕희지의 글을 천신만고 끝에 손에 넣고는 혼자만 보면서 내놓지 않다가

하남성 용문 백거이의 묘.

결국 무덤 속으로 가져가버렸다. 당 현종 시대의 바람을 마신 시인도 그 이름을 다 부를 수 없을만큼 많다. 두보 이백 왕유(王維) 맹호연 백거이 (白居易) 풍간(豊干) 한산(寒山) 습득(拾得)… 이들은 모두 강남을 얘기할 때 빼놓을 수 없는 인물들이다.

이들 성당(盛唐)시대 시인 중에서 백거이는 문화행정에 밝고 문화행동 에 능한 인물이라 할 수 있다. 장안의 지가를 올렸다는 〈장한가(長恨歌)〉 로서 양귀비를 역사의 미인으로 자리매김한 공로자인 백거이는 또한 〈하 늘에는 천당이요 땅에는 소주 항주〉라는 말이 있게 한 인물이다. 백거이 는 항주태수로 있을 때 서호를 준설하여 백제(白堤)를 쌓았고 소주태수로 있을 때 소주성 합려문(창문)과 호구 사이에 산당(山塘)을 쌓아 수로를 냈

중국 4대 정원 중의 하나이며 세계문화유산인 졸정원.

다. 산당은 수로 양쪽의 뚝을 말하는 것이다. 강남 민요 중에 "하늘에는 천당이요 땅에는 소주 항주라. 항주에는 서호가 좋고 소주에는 산당이 좋다"라는 가사가 있다.

북경의 이화원에 소주가(소주거리)가 조성되어 있다. 강남을 여러 차례 순방한 청나라의 강희제(康熙帝) 옹정제(雍正帝) 건륭제(乾隆帝)는 특히 강남 풍광과 정취를 좋아했다. 이화원의 후문 쪽에 있는 '소주가'는 황제가 그리워하는 강남 소주의 산당을 모방해놓은 곳이다. 민요에서도 그랬듯이 뱃놀이하기 좋고 여자 데리고 문화적으로 놀기 좋은 곳이 강남이라는 증명을 했다고 할 수도 있다. 산당 홍등가의 불빛이 수로에 비쳐서 흔들리고, 촘촘히 놓인 예쁜 돌다리들이 수로 양쪽 산당을 연결하고 있어야 강남풍경화가 된다. 대표적인 강남풍경화 중에, 안개비 흩날리는 수로의 돌다리를 우산 쓴 미인이 지나가는 그림이 있다. '강남은 곧 풍류'라는 시각이 이런 그림에서 묻어난다. 미인에 취하고 술에 취하고 시에 취하고 그림에 취하고 싶은 문화인들에게 강남은 언제나 꿈 속의 물고장이 된다고 할 수 있다.

천하의 화가는 명(明) 성화(成化) 가정(嘉靖) 연간(서기 1500년 전후) 소주(오문화파·吳門畵派:오파·吳派)와 항주(절파·浙派)에서 다 나왔다고 할 수 있다. 이 시대 소주에서는 심주(沈周) 문징명(文徵明) 당인(唐寅) 등 의 뛰어난 화가들이 나와서 소주파, 즉 오파를 이루었고 항주에는 대진 (戴進) 오위(吳偉) 장노(張路) 장숭(蔣嵩) 등이 나와서 전당파(錢塘派), 곧 항주파, 즉 절파를 이루었다. 항주의 절파에는 상업화가가 많아서 기교 와 화풍이 화려하다 할 수 있는데 소주 오파는 담백하고 고고한 문인화 의 전통을 세운다. 오파의 비조 심주의 그림 〈경강송별도(京江送別圖)〉 는 그 깔끔함과 그 단순함과, 그러면서도 그 세밀함으로 감상하는 이의 가슴에 충격파를 던진다. 심주의 제자인 문징명은 시와 그림과 글씨 등 문화예술 전반에 '문징명 스타일'의 자취를 남겨놓은 인물이다. 문징명 은 소주의 유명정원 졸정원의 설계자이기도 하다. 은퇴한 관리 왕헌신 (王獻臣)이 황폐한 절터를 구입하여 집을 짓고 정원을 꾸미면서 친구인 문징명에게 설계를 의뢰했던 것이다. 한편 졸정원 자리에 처음 집을 지 어 살았던 사람은 당나라 시인 육구몽(陸龜蒙)이다.

중국에서 손꼽는 4대정원이 있다. 북경의 이화원과 승덕의 피서산장(避 暑山莊), 그리고 소주의 졸정원과 유원이 그 4대정원이다. 이화원과 피서 산장이 황제의 궁원인데 소주의 졸정원과 유원은 민간의 집이다. 지금도 소주에는 오래된 유명정원이 많지만 최고의 부를 누렸던 명대에는 8대문 8수문의 소주성 안 가득 고대광실의 유명정원과 고층 석탑들로 빼곡했다 고 한다. 중국 천지의 쌀값은 소주 풍교장에서 매겨진다고 할 정도로 강 남의 곡물이 이곳에 다 모였고 세계와 무역하는 중국비단의 중심산지가 바로 이곳 소주였으니 그 번창함과 번화함은 미루어 짐작을 할 수 있다. 강남을 '꿈 속'에 놓는 관점이 이런 데서도 나왔을 것이다.

명대(明代)의 한량 풍몽룡(馮夢龍)은 경기 좋아 돈이 잘 도는 고향 소주에서 통속소설을 많이 저술했다. 사치하고 화려한 풍속의 소주에서는 통속소설도 잘 팔렸다. 그 형제들이 모두 소주의 천재로 불릴 정도로 머리 좋은 가문에서 태어나 그 역시 머리가 좋은 풍몽룡은 옛 기록들과 민간의 설화들을 종합하여 여러 편의 역사소설을 썼다. 그중 유명한 것이 〈열국지〉이다. 열국지는 춘추전국시대의 영웅 스토리로서 이 책에서 가장 강력한 드라마는 강남지역 오나라와 월나라의 '오월춘추' 스토리이다.

열국지가 제왕과 대장군들의 얘기라면 사내암이 쓴 〈수호지〉는 역사에 이름을 남기지 못한 영웅들이 얘기이다. 그런데 이름 없이 죽어간 수호지의 영웅들이 모두 오늘날 항주에 살아 있다. 수호지 영웅들이 비장하게 죽어간 곳이 항주인 것이다. 서호 가에는 무송(武松)의 무덤이 있고 노지심(魯智深)은 전당강변의 육화탑(六和塔)이 있는 육화사(六和寺)에서 파란만장한 생을 마감했다. 왜 하필 항주였을까. 실제 역사상의 인물도 아닌데 대하소설의 주인공들이 왜 항주에 와서 비장한 생애의 막을 내린 것일까. 항주는 재화가 넘치고 독서시장이 잘 형성된 곳이기도 하지만 한족왕조(漢族王朝) 남송(南宋)의 도읍이었다는 의미가 있다.

한족왕조의 거점이라는 점과 강남이 꿈 속의 고장이라는 점은 잘 접목이 된다. 몽리수향이라는 말을 창조해낼 수 있는 계층은 거의 한족 문화인이었고, 한족 문화인이면 그들 한족의 왕조가 태어났거나(명, 남경) 보호받았던(남송, 항주) 강남을 찬양하지 않을 수 없는 것이었다.

항주는 두 번 강남 왕조의 도읍지였다. 첫 번째는 10세기 당 멸망 후 중국대륙 전역에서 군웅할거하던 오대십국(五代十國) 시기 오월국(吳越國)이었고 두 번째는 송나라가 몽고군에게 밀려 내려와서 강남에다 세운 남송이었다. 항주의 다른 이름 중에 전당(錢塘)이 있다. 원래 지명이 임안

(臨安)인 이곳에 전류(錢劉)가 오월국을 세운 뒤로 전당이라 했고, 이곳을 흐르는 절강(浙江)도 전당강으로 불렸다. 전당의 이 전씨는 한국에도 있는 성씨이다.

상해는 하루 아침에 이루어지지 않았다

강남 도시들 중에서 가장 많은 이름을 가진 도시는 남경이다. 건업, 말릉, 금릉, 건강, 응천부, 경사등 남경의 이름은 무려 20여 개를 헤아린다. 소주도 이름이 여럿이다. 중국 역사인물의 이력서에서 출신지가 고소, 오현, 오중, 장주, 평강 등으로 소개되면 모두 소주 사람이다. 이곳 출신의 유명인사가 워낙 많다보니 한국에서 출간된 하나의 책자에 등장하는 여러 사람 가운데 어떤 이는 오현사람, 어떤 이는 장주사람, 또 어떤 이는 회계사람으로 소개된 경우도 있었다.

당나라 시인 육구몽은 호를 보리선생(甫里先生)으로 썼다. 육구몽의 이력서를 보면 송강인(松江人)으로 나오는데 송강은 오늘날 상해시에 속해 있다. 그런데 보리는 유명 운하마을 녹직(루즈)의 옛이름이고, 원래 소주에 속해 있던 루즈는 오늘날 행정주소지가 곤산시(쿤산시)로 되어 있다. 오늘날의 송강 일대까지 보리라는 지명으로 불렸다는 얘기이다. 육구몽은 오늘날 소주 성내에 집을 짓고 살았는데 이 집은 뒷날 헐려서 원나라 시대에는 절이 되고 명나라시대에는 유명정원 졸정원이 되었다. 보리(루즈)에 육구몽의 묘가 있다.

중국의 각 지역은 제각기 한 글짜의 약자를 가지고 있다. 그 약자는 춘추시대 그 지역 제후국의 이름을 차용하거나 그 지역의 역사기록 속에서 한 글짜를 찾아 쓰기도 했다. 북경의 약자는 경(京), 사천성의 약자는 천(川), 호북성의 약자는 악(鄂), 안휘성의 약자는 환(晥), 강소성의 약자

동방명주. 중국 상하이 푸동지역에 있는 높이 468m의 방송탑. 여의주를 희롱하는 용의 형상이다.

는 소(蘇), 절강성의 약자는 절(浙), 그리고 복건성은 민(閩), 호남성은 상(湘), 광동성은 월(粵), 산동성은 제(濟)와 노(魯), 산서성은 진(晉)을 약자로 쓴다. 상해의 약자는 호(滬)이다.

'호'라는 단어를 처음으로 만들어낸 사람이 육구몽이다. 보리에서 어부의 삶을 살면서 어기구와 농기구를 개발하기도 하던 시인 육구몽은 〈어구시십오수병서〉라는 시집을 남겼는데 그 중 한 수의 시 제목이 〈호〉였다. 육구몽은 황포강의 깊은 물에서 고기 잡을 수 있는 대나무 기구를 개발하고 그 이름을 호라고 했다. 오늘날에도 상해지역 수로에서 가끔 보게 되는 고기잡이 통발이 바로 그 호인데, 육구몽 이후의 사람들이 고기잡이로 번성한 촌락이 된 이곳을 간단히 호라고 불렀다. 호 이외에도 고기잡이와 관련한 상해의 옛 지명이 더 있다. 호독(滬瀆)과 신(申)이다. 호독은

'통발 놓는 강'이라는 뜻이고 신은 통발을 의미하는 단어이다.

고기잡이 통발 놓던 이곳 황포강에 황룡이 살고 있다고 했다. 그런 까닭에 황포강 이전의 이름은 황룡강이었다. 오늘날 상해의 외탄 맞은편 육가취(루쟈주이) 강변에 동방명주타워가 이 도시의 랜드마크로 우뚝 솟아 있다. 동방명주 방송타워에 층층이 여러 개 달린 크고 작은 구슬들이 빛의 각도에 따라 다양한 색깔을 내고 있는데, 천변만화하는 이 구슬들은 황룡강의 황룡이 희롱하는 여의주를 상징하는 것이다.

상해는 육씨 집안과 인연이 아주 깊은 듯하다. 당대 시인 육구몽의 시〈호〉로 유명해진 지역이지만 그 이전에 이미 유명한 육씨가 있었다. 〈삼국지〉의 오나라 손권의 부하 중에 용맹스러운 청년 무장이 있었다. 손권의 조카사위이기도 한 그는 소주 출신의 육손이었다. 육손이 손권으로부터 받은 영지가 이곳 화정(상해)이었고, 따라서 그의 작호는 화정후(華亭侯)였다. 오나라 승상인 화정후 육손은 육항을 낳았고 육항은 육안, 육경, 육현, 육기, 육운, 육탐을 낳았다. 이중 육기 육운 형제는 '운간이륙(云間二陸)'으로 불리는 위진남북조시대 대문호이다. 육기 육운 형제는 조부 육손의 고향인 소주에서 나고 자랐다. 나라도 망하고 집안도 망한 뒤 진나라 수도 낙양으로 상경하여 출세를 했지만 혼란한 정국에 휩쓸려 멸문지화를 당했다. 화정후 육손 이후 한참의 세월이 흘러 육심이라는 명나라 한림학사가 등장을 한다. 송강 출신의 이 사람이 황포강을 건너가 농장을 개설하자 이 지역 이름은 육씨의 마을, 육가취(루쟈주이)가 되었다. 오늘날 상해의 와이탄에서 강 건너 보이는 빌딩 숲, 중국의 맨허튼으로 불리는 상해의 루쟈주이 바로 그곳이다.

상해는 결코 하루아침에 이루어지지 않았다. 상해의 역사는 선사시대까지 치면 자그만치 6천년이 되고 유사 이래로 쳐도 2천년을 훌쩍 넘어선

다. 육구몽이 살던 당나라시대에도 이름 없이 한적한 어촌이던 이곳은 그 훨씬 이전 시대인 춘추시대에 오나라 영토였고 전국시대에는 월나라 영토였다가 초나라의 영토가 되었다. 초나라 때의 이곳 지명은 춘신군. 오늘날에도 상해에는 춘신군에서 유래된 지명이 곳곳에 남아 있고, 상해에서 가까운 소주에는 춘신군의 영주 춘신군의 사당, 무석에는 춘신군이 말을 기르던 춘신동이 있다. 춘신군의 영역은 과거의 오나라와 월나라를 합한, 오늘날의 강소성과 절강성을 합한 아주 넓은 땅이었다. 뒷날 진시황이 천하를 통일하고 천하를 36개 군으로 나눌 때 이곳은 다시 회계군으로 개편되었다. 오(吳)라는 약칭도 회계와 병용되었다.

시안에 있는 진시황의 병마용갱에 가면 네 마리의 말이 *끄*는 구리마차가 있다. 천하를 통일한 진시황은 4두마차를 타고 천하의 곳곳을 순방했다. 산동의 태산에 올라 봉선 제례를 올리고 천하명검이 묻혀 있다는 오왕 합려의 릉을 파기 위해 소주로 내려왔다. 이때 진시황의 4두마차가 편안히 달릴 수 있게 넓고 단단한 도로를 건설했다. 오늘날의 고속도로에 해당하는 길이 강남으로 뻗어온 것인데, 이 길은 강남에서 풍족하게 넘쳐나는 물산을 수도로 실어나르는 용도로 이용되었다. 뒷날 건설되는 대운하의 뱃길 역시 강남의 재물을 수도로 실어나르는 것이었다.

중국은 북방의 군사력과 남방의 경제력으로 크게 분류할 수 있고, 북방의 정치와 남방의 문화로도 분류할 수 있다. 진시황 시대에는 그저 물산과 오왕의 검을 위해 탄탄대로의 마차길을 닦은 것인데, 이 길은 점차 가지를 쳐서 상해지역으로까지 뻗쳐오게 된다. 운하도 마찬가지이다. 남방의 물산을 탐낸 수 양제는 고구려와 전쟁을 벌이는 와중에서 '싸우며 건설'하는 정신으로 대운하를 건설했다. 오늘날 경항대운하는 사실 북방으로 가면 볼 것이 없다고 해도 과언이 아니다. 경항대운하는 남방에 이르

상해와 장강 삼각주 숭명도를 연결하는 다리. 끝이 보이지 않을만큼 길다.

러 볼 것도 많고 누릴 것도 많고 활기도 있다. 강남의 운하 길목은 그 어디라도 번창하고 번화해서 오늘날까지도 그 모습을 거의 그대로 전해주고 있다. 그에 비해서 북방의 운하는 남방의 물산을 실어나르는 기능만 하는 것으로 보여지기도 한다.

중국에서는 최고의 명승지에 별 5개를 매긴다. 강남의 운하마을들 중에서 주장(조우쨩)이 별 5개로서 세계문화유산에 등재된 곳이다. 상해와 소주의 중간에 있고 행정구역으로는 곤산시에 속한다. 이곳 주장을 두고 중국의 유명 현대화가 오관중은 "중국 산의 아름다움은 황산에 다 모였고 중국 물고장의 아름다움은 주장에 다 모였다" 고 했다. 흔히들 강남육진이라고 한다. 강남에 있는 6개의 옛마을이라는 뜻이다. 강소성의 주장, 동리, 녹직, 절강성의 남심, 오진, 서당. 이 6곳은 모두 운하마을로서 '몽리수향'에 해당하는 곳이다. 상해의 주가각과 강소성 금계 등, 그밖에도 수많은 강남 운하마을들이 있지만 대표적으로 이곳 6진을 꼽는데 그곳

태호. 호수 한가운데에서 둘러보면 사방이 수평선이다. 제주도와 맞먹는 넓이다.

들의 풍광은 대동소이하면서도 저마다의 특색이 뚜렷하다. 주장은 종합적인 장관, 동리는 고풍, 서당은 회랑의 특색을 가지고 있다. 오진은 잘 정비되어 있지만 오히려 옛맛이 떨어지고, 남심은 규모 있는 수향이지만 도시와 경계가 모호한 지점들이 있어 전체 분위기를 해치는 면이 있다. 녹직과 주가각과 금계 역시 도시에 많이 잠식된 느낌이다.

주장과 동리와 녹직과 금계 등은 강소성으로서 소주와 가깝고, 절강성의 3개 운하마을 중 남심은 호주, 오진은 가흥, 서당은 상해에서 가깝다. 강남6진. 이 운하마을들은 모두 강소성의 거대호수 태호의 동남쪽과 남쪽에 위치해 있다.

태호는 그 넓이가 제주도와 맞먹는다고 한다. 둥근 모양의 태호 한복판에서는 사방이 수평선 뿐이다. 그야말로 망망대호 태호이다. 이 태호에 유서 깊은 마을들이 있다. 행정구역상으로는 모두 소주시에 속하는데 역사가 춘추시대로 거슬러올라가는 명월만 마을이 있고 명대의 명신이자 문장가인 왕오(王鏊)를 배출한 육항마을도 있다. 어미지향이라는 호칭도 이들 태호 옛마을에서 나온 것이다. 명실상부하게 지중해라 할 수 있는 태호에 는 봄이면 매화가 만발하고 계절마다 다른 과일이 풍성하게 생산된다. 호 안에서는 유자 밀감 비파가 익고 호수에서는 민물새우 등 이 지역 특산어 종이 넉넉하게 잡힌다. 이곳에 '외할머니다리'라는 다리가 있다. 같은 이 름의 옛날 유명 중국영화가 이곳에서 촬영되었다고 하는데, 강남의 곳곳 에서 만날 수 있는 이름이 바로 외파교(外婆橋·외할머니다리)이다.

외할머니다리를 노래한 상해의 민요가 있다. 자장가의 일종이다.

요아요 요아 搖啊搖 搖啊
요도 외백도교 搖到 外白渡橋
외백도교 설, 아 호 보보 外白渡橋 說, 我 好 寶寶

노래는 다음과 같이 하고

야오야 야오 야오야
야오따오 와이포챠오(와이바이두챠오)
와이포챠오 수어, 워 하오 바오바오

뜻은 이러하다.

흔들어라 흔들어
외백도교까지 흔들어라
외백도교가 말하네, 우리 아기 착한 아기

외백도교는 상해의 와이탄(외탄) 북쪽에 있는 철교이다. 관광객의 눈에도 잘 띄고 사진에도 잘 잡히는 옛날 철교 바로 그것이다. 조계시대의 영국은 소주운하가 황포강으로 흘러드는 지점에 외탄과 홍구를 연결하는 철교를 세우고 중국인에게는 통행료를 받았다. 그러다 중국인의 원성이 높아지자 무료로 건너다니게 해주었는데 이때부터 상해사람들은 이 다리를 '돈 안 내고 공짜로 건너는 다리, 외백도교(外白渡橋)'라고 불렀다. 위의 자장가에서 가사는 '외백도교'인데 발음은 '와이포챠오', '외할머니다리'로 한다. 속절없이 외세에 침략 당한 처지를 자장가의 가사로 올렸다는 의미이다.

흔들어라 흔들어, 외할머니다리까지 흔들어라

풍족한 몽리수향을 서세동점 야만의 외세가 지나칠 리 없다. 상해 외탄의 오래 된 서양건물들 중에 우리의 과거 중앙청 건물(일제 조선총독부 건물)과 똑같이 생긴 건물이 있다. 이 건물이 우리의 그 건물보다 3년 앞서 훨씬 웅장하고 화려하게 지어져 홍콩상하이은행(HSBC 전신)이 되었다. 1920년대 건물이다. 영국은 저들이 일으킨 아편전쟁의 배상금을 오히려 중국에게 받아내면서 수납은행을 설립했다. 그것이 홍콩상하이은행이었다. 중국에서 받아낸 전쟁배상금의 규모가 얼마나 엄청난 것이었는지 이 신설은행은 금방 세계 굴지의 거대은행이 되었고, 이와같은 동양 최고의 건물을 짓게 되었다. 몽리수향 강남, 그리고 강남은 꿈꾸는 여행자에게 여전히 몽리수향이다.

중국 강남 상해·남경·항주·소주·영파·양주·소흥
그리고 중국 속 한국 이야기

제2장

강남,
바다로
나아가다

서복徐福과 달봉산

강남은 내륙국가 중국의 세계를 내다보는 창문이자 대륙국가 중국의 바다 관문이라 할 수 있다. 강남의 중심도시 상해는 그 이름에서부터 바다를 지향하고 있다. 상해는 '바다로 나아간다'는 뜻이다.

세계에서 가장 긴 다리인 36킬로미터 항주만대교를 건너 영파 쪽으로 가다보면 장기라는 지명의 톨게이트가 나온다. 2200년 전에 바다 건너 일본으로 간 서복(徐福), 일명 서불(徐巿)의 유적지로 가려면 장기에서 달봉산 가는 길을 물어야 한다. 행정구역으로는 절강성 자계시 용산진 달봉산이다. 휴양지로 잘 가꾸어진 달봉산 입구 관광대로 위로 불쑥 튀어나온 커다란 전광안내판이 있다. '중국의 서복, 세계의 서복'이라고 쓴 전광안내판이다. 그 이름에 중국을 걸고 세계를 걸 정도로 서복이 대단한 사람이었나, 하는 생각이 들었다.

우리가 알기로 서복, 일명 서불(徐巿)은 불노영생을 꿈꾸는 진시황에게 불노초와 불사약을 구해다 주겠다며 동남동녀 3천을 거느리고 중국의 산동반도를 출발했다. 한반도 남해안의 남해섬 금산 중턱 바위에 '서불과차(徐市過次)' 네 글짜를 남겼고, 제주도에서도 불노초 불사약을 구하지 못한 서복, 일명 서불은 중국으로 되돌아갔다. 제주도 서귀포가 서복이 중국으로 되돌아간 곳이다.

중국에서는 서복이 한반도나 제주도로 갔다는 글을 찾아 읽기 어렵다. 서복은 일본으로 갔다고만 하는데, 아마도 제주도 서귀포에서 돌아간 뒤 다시 준비하여 일본으로 갔을 것이었다.

2200여년 전 서복이 일본으로 출발한 곳이 이곳 달봉산이라고 한다. 지금은 바다와 다소 떨어져 있지만 서복 당시엔 달봉산 동남쪽 기슭이 바다와 면해 있었다고 볼 수 있다. 이곳을 출발하면 영파 앞바다를 지나 주산군도 연꽃바다로 나아가게 된다. 달봉산이라는 이름의 '달봉'도 도달봉래(到達蓬萊)의 약자라고 하는데 방장(方丈)·영주(瀛州)와 더불어 신선이 사는 산, 삼신산(三神山)을 이루는 봉래(蓬萊), 바로 그곳을 말하는 것이다. 서복을 종교적 신분으로 말하면 도교의 술사였다.

진시황에게 불노초를 구해다 바치지는 못했지만 서복은 일본까지 항해에 성공했고, 그곳에 자손도 남겼다. 그는 일본에서 죽어 그곳에 묻혔고, 후손은 대대로 그의 묘소를 돌보고 제사를 지낸다 하며, 서복의 후예라는 신분으로 중국 출입도 자주 한다고 한다. 후쿠다(福田) 등 '복 복(福)' 자 붙은 성씨는 모두 서복의 후손이라는 것이 일본 측의 주장이다. 아무튼 달봉산 바닷가에서 배를 타고 일본으로 갔던 서복은 그곳의 신이 되었다. 일본에서는 중국의 선진 농업기술, 의약기술, 방직기술을 가지고 온 서복을 농업의 신, 의약의 신, 방직의 신으로 모시고 추앙한다. 백제에서 건너가 천자문을 전하고 한문을 가르쳐준 백제 석학 왕인 박사를

진시황의 불노초를 구하기 위해 먼 바다로 떠났던 서불, 혹은 서복을 중국에서는 해양개척의 위대한 선각자로 보고 있다.

지식의 신으로 모시듯이.

달봉산은 산의 기운이 아주 맑다. 지나온 도로나 마을에 대한 인상 때문에 전혀 기대하지 않았는데 산 입구에서부터 맑은 기운이 끼쳐 왔다. 인간의 지역에서 얼마 벗어나지 않은 곳에 이런 맑은 기운이 살아있다는 점이 놀라웠다. 복을 빌면 잘 이루어지는 기복성지라는 안내판도 군데군데 붙어있고, 관세음보살이 보타산으로 가면서 왼발을 딛었다는 자리에 지은 불적사도 있다. 강남 해양 관련 역사의 현장인 주산군도를 보려면 먼저 달봉산을 봐야 한다는 말의 의미를 이곳을 둘러보고 나서야 어느 정도 이해할 수 있을 것 같았다. 맑은 기운에서 벗어나고 싶지 않아서 산 입구의 호텔을 찾아갔다. 한적한 시골 소도시에 인접한 호텔인데도 20층을 훌쩍 넘어서는 대규모 고급호텔이었다. 평일이었으므로 당연히 빈방이 있을 줄 알았는데 '만실'이라고 했다. 이곳 자계시(慈溪市)가 중국 자동차산업의 기지라는 사실을 일깨우는 현상이었다.

달봉산에서 확인한 사실은 서복이 오늘날 중국에서 높이 평가되고 있다는 것이었다. 아무도 생각하지 못하던 때에 바다로 나아간 그의 개척정신과, 바다 밖에서 인류에 도움이 되는 업적을 이루고 신으로 추앙된 그의 존재를 기리는 것이었다.

한편, 서복은 일본으로 간 것이 아니라, 주산섬 지나 보타섬 지나 대산도로 가서 살았다는 설도 있다. 서복이 바다 건너가고 한참 세월이 흐른 뒤에 대산도의 섬사람이 배를 타고 육지로 와서 약초를 팔고 옷을 사가면서 자신은 서복의 자손이라고 했다는 것이다. 중국의 가장 동쪽 승사군도 끄트머리의 섬인 대산도는 예로부터 신선의 섬 봉래도(蓬萊島)로 불렸다고 한다.

강남 갑부 심만삼

위험한 바다 항로를 중국에서는 주로 강남에서 개척했다. 강남에는 바다를 향해 크게 벌린 아가리의 강구(江口) 2개가 있다. 장강구(長江口)와 절강구(浙江口·항주만)이다. 장강구에 상해가 있고 절강구에 영파가 있다. 상해는 '바다로 나아간다'는 뜻이고 영파는 '바다가 안녕하다'는 뜻이다.

영파의 원래 이름은 명주(明州)였다. 명주가 영파로 바뀐 것은 주원장이 원나라를 멸망시키고 명나라를 세웠기 때문이었다. 나라 이름과 같은 지명을 쓸 수 없어서 명주를 지우고 영파가 되었다.

장강구의 막힘과 열림을 보면 중국의 번성과 침체 역사를 읽을 수 있다. 장강구가 막힐 때는 내부에 반란이 있을 때이고 장강구가 열릴 때는 천하가 화평할 때이다. 장강은 반란군이 발호할 때마다 폐쇄되었고, 반란은 거의 하층민들이 일으켰다. 한국역사에서 새 왕조를 연 인물은 거의 귀족계급이지만 중국역사에서 새 왕조를 연 인물은 거의 하층민이었다. 하층민으로서 반란을 일으켜 성공하면 새 나라를 세우고 황제가 되었다. 명나라를 건국한 주원장도 황건적 4대 두목 중의 한 사람으로서 황제가 된 인물이었다.

원말명초(元末明初) 강남의 최고부자는 오늘날 주장의 무역상 심만삼(1330~1379)이었다. 오늘날 절강성 남심(난쉰)에서 태어난 심만삼은 어려서 아버지를 따라 오늘날의 강소성 주장으로 이주했다. 당시 남심은 번성한 운하시장이었고 주장은 그때 막 시장으로 개발되기 시작한 운하 마을이었다. 주장에서 심만삼은 소주비단으로 20대에 이미 거부를 쌓았고, 장강 뱃길에 무역선을 띄웠다. 심만삼은 30대에 강남 최고부자가 되었다. 강남 최고부자이면 곧 중국 최고부자였다. 때는 원나라 말기였고, 전국에 반란 군웅이 할거했다. 가장 큰 세력의 반란군은 황건적이었다. 황건적은 장강을 점령하고 있었다.

황건적의 도움이 없이는 장강을 건널 수도 없고 장강을 타고 바다로 나갈 수도 없었다. 황건적은 4명의 두목이 세력을 나눠가지고 있었다. 서수휘(徐壽輝) 장사성(張士誠) 진우양(陳友諒) 주원장(朱元璋)이 그 4명의 두목이었다. 그중에서 가장 약세가 주원장이었다. 심만삼은 주원장과 손을 잡았다. 주원장은 심만삼 상단 선박의 장강 왕래를 도와주고 군자금 지원을 받았다. 자금력을 가지게 된 주원장은 서수휘 장사성 진우양 등 자기보다 힘 센 경쟁자를 무찌르고 황건적의 명실상부한 수령이 되었다. 황건적은 하층 신분의 반란군이라 하나 몽고족 원나라에 짓눌린 한족의 정신적 지원을 받고 있었다. 황건적은 그 힘으로 장강 이북의 원나라를 무찔렀고, 명나라를 건국했다.

명나라의 수도가 된 오늘날의 남경은 말릉-금릉-건업-건강-집경 등으

강남 제일부자 심만삼의 집 부두. 물길이 저택의 후원까지 들어와 바로 배에 오를 수 있다.

로 이어져 온 지명을 응천부로 바꾸고 세상에서 가장 튼튼한 도성 성곽을 건축했다. 오늘날 남경성이라 부르는 이 성곽을 건설하면서 심만삼은 그만 자신의 처지를 망각하고 말았다. 주원장의 건국에 큰 힘을 보탰으니 명나라에 그만한 지분을 가지고 있다는 착각을 했다. 도성 건축에 사비를 털어넣고 성곽 건축에 공로가 있는 자에게 자기 이름의 표창을 했다. 월권이라도 이만저만한 월권이 아니었다. 황제가 할 일을 일개 상인이 한 것이었다. 강남거부로서 중국 최고재벌이던 심만삼은 명나라 건국의 공로자이지만 주원장의 미움을 받아 오늘날의 운남으로 귀양을 가고 귀양지에서 죽임을 당했다.

강남에서 가장 유명한 관광지로 꼽히는 주장에는 심만삼의 흔적이 즐비하다. 그가 즐겨 먹었다는 돼지족발 만삼제(萬三蹄)도 주장의 특산요리로 팔리고 있다.

해양 탐험가 정화

　　주원장의 명나라 건국 과정에서 포로로 잡혀 성기를 거세 당하고 환관이 된 소년이 있었다. 운남지방 아라비아 상인의 아들 마화가 그였다. 주원장의 넷째아들 주체(朱逮)는 운남지방 아라비아 상권을 아주 잔혹하게 초토화시켰다. 성인남녀는 모두 잡아 죽이고 어린 남자아이는 잡아 성기를 거세하여 도성으로 끌고 갔다. 어린 마화도 거세되어 응천부(남경)로 끌려 갔다.

　주원장은 황태자인 장남이 죽자 그의 아들, 즉 장손자를 황태손으로 삼았고, 주원장이 죽자 황제의 대는 황태손에게 이어졌다. 그러자 주원장의 넷째아들 주체가 반발하고 일어났다. 명나라를 세운 1등공신은 용맹한 넷째아들, 바로 자신인데 맏아들이면 몰라도 맏아들의 맏이라는 이유로 어린 손자에게 황제 자리가 넘겨지는 것을 용납할 수 없다는 것이었다. 이때 주체는 연왕(燕王)에 봉해져서 연경(북경)지역을 통치하고 있었다.

거세되어 응천부의 환관이 된 어린 마화는 현실에 적응하고 황제의 신임을 받았다. 성장하면서 기골이 장대해진 마화에게 맡겨진 업무는 응천부(남경)와 연경(북경)을 오가며 황제의 명령을 전하고 연왕의 보고를 받아오는 것이었다. 연경의 연왕 주체. 그는 마화 등 아라비아 상인의 어린 아들들을 거세하라고 명령했던 인물이었다. 마화가 그것을 모를 리 없었다. 그러나 마화는 전령환관으로서의 임무에 충실했고 연왕 주체는 그를 눈여겨 보았다.

연왕 주체는 조카인 황제를 몰아내고 자신이 황제가 되려면 황궁 내에 수족같이 부릴 환관이 필요했다. 그가 마화를 눈여겨 본 이유였다. 마화는 기골이 장대한데다 순발력과 통솔력이 뛰어났다. 연왕 주체가 마화에게 여러 차례 다양한 방법으로 신임의 표시를 했고, 마화는 강력한 통치력을 가진 연왕 주체의 충신이 되기로 결심했다. 연왕 주체의 반란군이 철통같은 수비의 황궁을 돌파해 들어가는 데 있어서도 마화의 도움이 절실했다. 마화는 연왕 주체를 도왔고 연왕 주체는 조카를 제거한 뒤 명나라 제3대 황제, 영락제(永樂帝)가 되었다.

영락제는 마화에게 새로운 성을 하사했다. 정씨였다. 이때부터 마화는 정화(1371~1434)가 된다. 영락제의 신임을 받은 정화의 벼슬은 태감(太監)에 이르렀다. 영락제는 정화에게 남방 바다 항로의 개척을 명령했다. 정화는 7차례에 걸쳐 남방 바다의 항로를 개척했다. 처음에는 오늘날의 동남아시아 바닷길을 개척했고 다음 인도 바닷길을 개척했다. 영락제가 수도를 북평(북경)으로 옮겨간 뒤에도 정화는 경사(남경)에 남아 남방 바닷길을 계속해서 개척해 나갔다. 중국 무역항로의 개척이자 중국 군사력의 과시였다.

정화보선. 세계 최대의 보물 운반선이라 불리는 정화의 보선. 함대는 60여 척의 대형 함선과 100여 척의 소선으로 구성되어있다.

　정화 함대는 아라비아반도를 거쳐 아프리카의 항로까지 개척했다. 정화는 자신의 아버지 어머니가 떠나왔을 땅을 밟았을 것이고, 아버지 어머니를 죽이고 자신의 남성을 거세한 영락제에 대해서도 생각했을 것이다. 정화는 7번째 항해를 마치고 귀국하는 배 안에서 기구한 그 63년의 생애를 마감했다.

　정화함대의 통솔자 정화는 유럽의 해양 탐험가들보다 훨씬 앞서 훨씬 더 넓고 먼 바다 항로를 개척했다는 평가를 받고 있다. 마젤란보다도 콜럼버스보다도 위대한 탐험가라고 중국은 자랑한다. 강소성 남경과 장강구 류하진에 정화의 자취가 남아 있다. 류하진 정화공원에서는 실제 크기로 복원한 정화보선을 볼 수 있다.

중국 강남 상해·남경·항주·소주·영파·양주·소흥
그리고 중국 속 한국 이야기

제3장

강남에
자취를 남긴
우리 선조

〈표해록〉의 조선 문신 최부

역사 이전에 사람이 있었고, 항로가 있기 전에 표류선이 있었다. 난파선이 표류해 닿은 곳에서 항로가 모색되었다. "큰 파도를 만나 배가 부서지고 물결치는대로 흘러왔는데 여기로구나, 물결이 이곳으로 떠밀은 거로구나…" 바다의 물결은 일정한 방향으로 밀려왔다가 밀려간다는 것을 바다사람들은 안다.

난파선을 수습하고 건강을 챙긴 뒤에 물때를 기다렸다가 배를 띄우니 물결이 밀려왔던 방향으로 떠밀어주었다. 이것도 경험이다. 경험자는 돌아가서 가족과 이웃에게 얘기했고, 그것이 소문이 되었다. 바닷길은 그렇게 소문 속에서 절로 열렸다. 항로의 생성이었다.

한반도와 중국 강남 절강성 사이의 뱃길은 여러 차례 난파 표류선을 주고받은 뒤에 형성이 되었다. 중국 절강성 바다에서 풍랑을 만난 사람이 우리 흑산도 해안에 떠밀려와서 생명을 구하고, 한반도 바다에서 풍랑을 만난 사람이 중국 절강성 해안에 떠밀려와서 생명을 구하는 일이 반복되면서 그 표류의 파도길은 항로가 되었다.

　조선 초 성종조의 문신 최부(1454~1504)는 제주도에 공무 출장을 가있다가 부친의 부음을 듣고 고향인 전남 나주로 가기 위해 배를 탔다. 제주에서 나주 영산포로 가는 이 배가 풍랑을 만나 중국 절강성 해안에 표착을 했다. 천신만고 끝에 조선 한양으로 돌아간 최부는 이 경험담을 성종에게 보고서로 제출했다. 〈표류록〉이었다.

　1487년 2월 초, 불순한 일기 속에 제주를 출항한 배에는 최부 외에도 군관과 상인 등이 타고 있었다. 일기가 워낙 불순한지라 제주에서 나주 영산포까지의 항로도 만만치가 않았다. 제주를 떠난지 4일이 되어서도 육지에 닿지를 못했는데 결정적인 풍랑을 만나고 말았다. 표류 16일의 시작이었다. 배가 뒤집혀 수중고혼이 되지 않은 것만도 천만다행이라 할 수 있었다. 상인들이 육지에 장사하러 싣고 가는 귤과 술을 먹으며 허기를 면하고 자신의 오줌을 받아 갈증을 이겨내던 공포의 표류 16일만에 가서 닿은 곳은 중국 절강성 태주부의 해안이었다.

　난파선에서 내린 최부 일행을 태주부의 관원들이 왜구로 의심을 하는 바람에 고초를 겪기도 했다. 중국의 해안도시는 왜구들로 하여 편할 날이 없었다. 일본의 학자들은 초기 왜구, 중기 왜구 식으로 나눠서 초기 왜구만 일본인이고 그 이후에는 한국 해적, 중국 해적 등이 왜구라는 이름으로 횡행했다는 주장을 하기도 하는데, 아무튼 왜구로 몰려서 고초를 겪기도 한 일행은 최부의 학식 덕분에 오해를 풀게 된다. 그리고 최부가 조선 조정의 관료라고 주장했으므로 당시 명나라 수도인 북경으로 호송이 된다. 태주-영파-소흥-항주-가흥-소주-무석-상주-진강-양주-서주-

천진 코스의 육로 호송이었다. 육로라 하나 바닷길이 아닐 뿐 거의 대부분 운하를 타고 가는 뱃길이었다.

조선의 지식인들은 중원과 북방의 정치사 위주로 중국을 이해하고 있었다. 남송이 항주에서 수립된 강남 정권이었고 초기의 명이 남경 도읍의 강남 정권이었지만 그 기간들이 워낙 짧아서 조선은 강남에 적응되지 않았고, 강남을 잘 아는 사람도 조선에는 드물었다. 조선 태종조에 세자였던 양녕대군이 조선 정부 사신단의 정사로서 당시 명나라 수도 남경을 다녀간 적이 있었지만 명나라 수도가 북경으로 바뀌면서 조선과 강남은 다시 멀어져 버렸다. 이러한 때에 강남의 절강성 해안에 표착한 최부 일행이 북경 호송길에 강남천지를 관통하게 된 것이었다. 최부는 이 과정에서 보고 들은 것을 놓치지 않고 기억했다가 빼놓지 않고 기록을 했다.

최부가 조선에 돌아가 한양 청파역에 도착한 것이 6월 중순이었다. 2월 초에서 6월 중순까지 약 4개월간의 기록인 최부의 〈표류록〉은 중원과 북방의 정치사 위주로 중국을 이해하던 조선인에게 강남 풍광과 강남 사정을 공식적으로 소개한 최초의 글이었다.

최부는 호남 출신이지만 영남학파의 큰 스승인 점필재(佔畢齋) 김종직(金宗直·1431~1492)의 제자로서 무오사화(1498) 때는 유배형을 받았고 갑자사화(1504) 때에 죽임을 당했다.

2008~9년경, 강소성 무석시의 석혜공원에 최부를 기념하는 비석이 세워졌다. 북경 호송길에 거쳐간 것을 기념하는 비석이다. 다른 기착지에 비해서 이곳을 특별히 기록한 것도 없는데 무석시가 기념비를 세웠다는 것이 다소 뜻밖이라 할 수 있다. 이 지역에 진출한 한국 대기업과 적잖은 한국 교민들에 대한 배려가 섞여 있다고 봐야 할 것인지, 조선 선비의 고단한 호송길을 위로하는 미소와도 같다 싶어서 훈훈한 감동을 받게 된다.

경항대운하의 강소성 무석시 통과 구간이다.

최부가 호송선을 타고 흘러간 경항대운하. 이 운하는 곧잘 만리장성과 비교가 된다. 만리장성이 고비용 저효율의 상징이라면 강남의 경제와 문화를 북방으로 실어나르고 북방의 정치와 군사를 남방으로 실어나른 경항대운하는 상대적인 저비용에다 절대적인 고효율의 결정판이라고 할 수 있다. 사실 산동성 이남에서부터 절강성까지의 대운하는 거의 저습지를 통과하고 기존의 물길을 활용했기 때문에 그 규모에 비해 비용은 적게 들었다고 할 수 있고, 그 기능은 오늘날에도 활발한 작용을 하고 있다. 대운하를 떠 가는 석탄운반선 화물선 각종 산업선박들에서 지금도 중국 국토의 대동맥이라는 느낌을 받게 된다.

강남의 신라 천재 최치원

당나라시대의 양주는 소주와 더불어 강남에서 가장 번성한 도시였다. 양주의 다른 이름으로는 강도와 광릉이 있다. 수 양제는 아버지 수 문제(文帝)가 시작한 대운하를 완공하고 양주에 머물면서 이곳의 지명을 강도라고 지었다. 양주의 번영은 운하의 덕분이라 할 수 있다. 춘추시대의 오왕 부차가 소주-양주 사이의 운하 한구(邗溝)를 건설한 이래 양주는 언제나 운하도시의 이점을 톡톡히 누렸다. 북경과 항주 사이의 대운하를 건설한 수 양제는 수도인 장안(서안:당시 지명 대흥성)을 놔두고 이곳 양주가 좋아서 기거하다가 반란군에게 죽임을 당했다. 양주 인근에 '소금 염(鹽)' 자 염성이라는 도시도 있지만 양주는 질 좋은 소금 생산지로 유명했고 소금장사로 갑부가 된 사람이 많았다.

양주의 최전성기는 아무래도 당나라시대로 봐야 한다. 흔히들 수나라와 당나라 시대를 하나로 묶어서 수당시대라고도 하는데 당나라를 세운 이

연(李淵·당 고조高祖)이 수 양제의 이종아우였고, 당나라는 수나라가 세운 국가 기틀 위에서 수나라의 국정 방향을 크게 이탈하지 않으면서 성장했기 때문이었다. 당은 고조(이연)의 아들인 태종, 이세민(李世民)이 이룩한 '정관지치(貞觀之治)'로 세계제국의 길에 들어서게 되었으나 그 기초는 운하로서 중국을 통일한 수나라의 업적이라 할 수 있다.

전성기의 당나라는 세계의 수도라 할만큼 수도 장안에 세계인이 거주했다. 특히 유학생이 많았는데 그들이 본국에서 바닷길로 당나라 장안을 갈 때는 장강을 통해야 했고 장강과 운하가 연결되는 곳에 양주가 있었다. 따라서 신라 백제, 통일신라와 일본의 학생, 승려들이 장안으로 유학하러 갈 때, 유학을 마치고 귀국할 때 양주를 통과했다.

지금 양주 당성(唐城) 옆에 대명사(大明寺)가 있다. 이 절은 수당시대 양주의 중심부였다고 할 수도 있다. 수 양제의 미궁(迷宮)이 대명사와 미로로 연결되는 점을 봐도 그렇고, 대명사가 올라앉은 평산(平山)의 이름을 봐도 그렇다. 왕궁과 대명사를 짓기 위해 언덕을 올려쌓고 평산이라 이름 지으며 의미를 부여하기를 "강남의 모든 산이 이곳을 향해 고개 숙인다"고 했다.

평산 대명사의 신세를 많이 진 사람들에 통일신라와 일본의 유학생들이 있었고, 이 절에 감진화상(鑑眞和尙)이라는 고승이 있었다. 이 고승을 일본의 유학승들이 탐내고 있었다. 어떻게 하든지 감진화상을 일본으로 모셔가려 했고, 감진화상 역시 일본에 가서 불교를 지도하는 일에 관심을 가지게 되었다. 그러나 험한 뱃길이 가로 놓인 당과 왜였다. 두 척의 배가 뜨면 한 척은 도중에 없어지고만다는 험한 뱃길이었다. 늙은 몸임에도 불구하고 일본으로 향했던 감진화상은 첫 항해에서 실패하고 돌아왔다가 앞 못 보는 장님까지 되었다. 그러나 일본으로 가겠다는 그의 의지

양주의 당성 한복판에 자리잡은 최치원기념관. 신라천재 최치원은 이곳에서 '계원필경'을 저술하고 '토황소격문'을 썼다.

는 장님이라는 악조건도 꺾을 수 없었다. 가면 돌아올 수 없는 길임을 알고서도 다시 그 길을 떠난 감진화상은 마침내 일본에 닿았고, 그 땅에 불교를 가르쳐 오늘날의 일본불교가 되는 데 지대한 공헌을 했다. 양주 대명사에 가면 일본인의 시주가 많은 듯한 느낌을 받게 된다. 감진화상에 대한 고마움 때문일 것이다.

　대명사는 당성과 붙어 있다. 평산 위의 한 울타리라 할 수 있다. 신라 천재 최치원(崔致遠·857~?)이 중국에서 남긴 자취를 가장 잘 정리해주는 곳이 양주 당성이다. 현재의 양주 당성은 오로지 최치원 기념관을 위해 존재하는 것 같은 느낌까지 받게 될 정도이다. 성곽만 당성이고 그 내용물은 온통 최치원 기념관이 차지하고 있는 듯 하다. 부산 해운대구와 경주최씨 종중의 성의가 당성 곳곳에 배어 있다. 해운대의 '해운(海雲)'은 '고운(孤雲)'과 더불어 최치원의 호이고 경주최씨의 선조 중에 최치원이 있다. 해운대 동백섬에 최치원 동상이 있을 정도로 최치원과 해운대는 밀접한 관계이다.

최치원의 영정과 쌍계사 진감선사비에 새겨진 그의 필체.

최치원은 서기 857년 신라의 육두품(六頭品) 집안에서 태어났다. 귀족도 평민도 아닌, 중상류쯤 되는 신분의 육두품 출신이었다. 어려서부터 천재로 소문이 난 그는 서기 868년, 12세 나이에 국비 유학생이 되어 당나라 유학을 떠났다. 해마다 평균 200명이 넘는 유학생이 신라에서 당나라 수도 장안(지금의 서안)으로 신학문을 배우러 가고 있었지만 시기적으로 당나라는 말기에 접어들었고 신라는 쇠퇴기에 접어드는 때였다. 이러한 시대적 운명은 곧 천재 최치원의 운명이 되었다.

전남 영암 월출산 기슭에 바닷길로 통하는 구림이라는 지역이 있다. 백제 왕인(王仁) 박사가 일본으로 건너갈 때 배를 탔던 곳이다. 12세 신라 소년 최치원은 이곳에서 중국 행 배를 타고 서남쪽 멀리 장강 하구, 오늘날의 상해 오송구(吳淞口)까지 바다 항해를 했다. 그리고 장강에 접어들어 강을 거슬러 양주로 올라갔다. 양주가 장강의 항구라 하나 오늘날 고속도로를 자동차로 달려도 장강의 강음대교에서 양주 톨게이트까지 1시간 가까이 걸리는 먼 길이다. 당시에는 장강에서 대운하의 뱃길을 갈아

탔을 것이므로 오늘날 진강시의 마즌편인 오늘날 강도시 아래쪽의 포구를 이용했을 것이다. 그러면 장강과 양주가 바로 연결이 된다.

  장강이라 하면 양주, 양주라 하면 장강이 연상되는 이유는 양주사람들이 장강을 양주에 있는 강, 양자강이라 불렀고, 양주를 드나든 신라와 일본 사람들이 양주사람들이 하는대로 양자강이라 부르면서 자연스럽게 장강=양자강=양주가 된 것 같다. 또한 장안(서안)으로 가려면 양주에서 운하로 갈아타야 하고 장강까지 타고 온 바다의 배를 운하의 배로 갈아타는 지점이 양주이기 때문인 듯하다. 중국에서는 양주사람 말고 장강을 양자강이라 말하는 것을 보기 어려운데 한국과 일본에서는 장강보다 양자강이라 말하는 사람이 더 많은 이유가 거기에 있을 것이다. 아무튼 12세 소년 최치원은 상선의 낯선 어른 승객들 틈에 끼여 수천리 바닷길을 항해했고 다시 육로(강과 운하 포함)로 수천리, 합해서 만리 여정으로 당나라 장안에 유학을 했다. 신라 월출산 구림포에서 꼬박 3개월 걸려서 장안에 도착한 소년 최치원은 당나라 국립대학 국자감에 입학했다. 국자감의 학생 수는 최고 전성기에 8천명에 이르렀고 그중 외국 유학생이 5천명이나 되었다. 최치원이 유학할 때는 당나라의 전성기가 지났을 때라 하더라도 총학생수 수천 명에 그 절반 이상은 외국 유학생이라는 사실만은 분명했을 것이다. 외국 유학생이라면 신라 발해 왜(일본), 그리고 중앙아시아 서남아시아 등지에서 온 청년 혹은 소년이었고, 신라와 왜에서 온 불교 승려도 상당수였다. 당나라의 과거제도에는 외국인이 응시하는 빈공과(賓貢科)가 있었다. 외국인에게 과거시험을 보게 하여 급제하면 관리로 채용하는 제도였다. 최치원은 18세에 빈공과를 급제하는데, 그것도 당당하게 장원 급제였고, 역대 최연소였다.

  상해에서 남경으로 가는 고속도로를 쭈욱 타고 가다보면 소주 지나 무석 지나 상주 지나 단양 지나 진강 지나 율수-양주 인터체인지를 만나게 된다. 그 길로 진입하면 곧바로 나타나는 두 갈래 길, 왼쪽은 율수 길이고 오른쪽은 양주 길이다. 양주 길과 갈라지는 율수 길, 이 율수가 최치원이 중국에서 처음 벼슬살이를 한 고장이다. 빈공과에 장원급제한 최치원은 20세에 율수현의 현위(縣尉)로 발령받아 부임을 했다. 오늘날의 경찰서장에 해당하는 벼슬이었다.

남경과 의흥의 중간지점에 위치한 율수지방에서 지금도 전해지는 쌍녀분(雙女墳)의 전설이 있다. 율수 현위로 부임한 최치원도 그 얘기를 들었다. 가난한 자매가 마음에도 없는 남자에게 인신매매로 끌려갈 처지가 되자 스스로 목숨을 끊었는데, 그때부터 마을의 총각들이 이유도 없이 하나씩 죽어나가는 사건이 발생하고 있다는 것이었다. 최치원은 그 자매의 원혼을 달래주기로 결심하고 시를 지어 자매의 무덤에 바쳤다. 그런데 그 날 밤 최치원의 잠자리에 그 자매가 나타나 말했다. "너무나 아름답고 절절한 시로 우리 자매의 원한을 풀어주어 고맙습니다, 고맙습니다…" 이 얘기와 함께 최치원의 명문장에 관한 소문은 이내 널리 퍼져서 회남절도사 고병(高駢)의 귀에 들어갔고, 고병은 최치원이 율수 현위를 1년만에 사임하자 바로 종사관으로 영입을 했다.

오늘날의 강소성을 관할하는 회남절도사의 관아는 양주 당성 안에 있었다. 최치원이 회남절도사의 종사관으로 양주에 머물고 있을 때 황소(黃巢)의 난(難)이 일어난다. 소금장수로 돈을 번 황소가 산동지방에서 반란을 일으켜 당나라 국토의 곳곳을 점령하고 수도인 장안까지 점령한 사건이었다. 이때 유명한 최치원의 〈토황소격문(討黃巢檄文)〉이 등장한다. 고병의 지시로 쓴 이 글에서 최치원은 황소에게 "천하의 사람이 모두 너를 죽이려 하고 지하의 귀신까지도 너를 죽이려 하니 너는 이미 살아있는 목숨이 아니다" 라며 항복하라고 호통을 친다. 고병은 최치원의 이 글을 황소에게만 보낸 것이 아니라 황소의 반란군이 점령한 모든 지역에 살포했고, 그로하여 최치원의 문장은 중국 전역에 널리 알려지게 되었다. 황소의 반란군이 토벌되었을 때 최치원의 문명은 그야말로 하늘을 찌를 듯이 높아졌고 황제는 그에게 자금어대(紫金魚袋)를 하사했다. 자금어대는 정5품 이상에게 황제가 하사하는 붉은 비단주머니이다.

최치원은 중국에서 많은 글을 남겼다. 시문집 〈계원필경〉에 담긴 대부분의 글은 이곳 양주 당성에서 쓴 것이다.

서기 885년 29세의 최치원은 떠난지 17년만에 신라로 금의환향을 한다. 그러나 이미 쇠퇴기에 접어든 신라에서 그가 뜻을 펼 자리는 없었다. 귀족세력의 견제를 받으며 지방의 군수 자리로 떠밀려 다니다가 말년을 해인사에서 보냈다는 얘기가 전해진다. 경남 함양의 인공숲인 상림은 그가 함양군수로 재직하던 시절에 조성한 것이고, 지리산 쌍계사 입구의 '쌍계석문(雙溪石門)'이라는 글씨는 그의 유랑시절 작품이다. 최치원의 말년 행적은 지리산과 가야산 일대에서 많이 발견이 된다. 그리고 문득 그 행적마져 없어지고 만다. 전설에서 그는 신선이 되었다 하고, 지리산 불일폭포에서 청학을 보았는데 최치원이 환생한 모습이라고 한 이도 있었다.

최치원의 호인 해운과 고운. '구름 운(雲)' 자. 이 글짜에는 무사귀환을 기원하는 뜻이 담겨 있다고 한다. 12세 어린 아들을 위험한 항로에 실어 보낸 부모의 마음과, 무사히 신라에 돌아가 포부를 펼치겠다는 최치원의 의지가 구름 운 자, 무사귀환의 기원 속에 담겨 있었다고 하겠다.

의상과 혜초

최치원보다 약 200년 앞서 강남 양주 대명사에 바랑을 내려놓은 신라 승려가 있었다. 의상대사(625~702)이다. 당나라가 개국한지 43년이 되는 661년 바닷길로 와서 장강을 타고 올라왔다. 장보고가 중국 동해에 등장하기 약 150년 전의 일이었다. 장보고도 처음엔 장강을 타고 양주에 당도했다.

20세에 출가한 의상은 25세 때인 650년 승려 원효(617~686)와 함께 육로로 당나라 유학을 떠난다. 원효는 의상보다 세속의 나이로 8년 연상이고 법랍으로는 3년 연하였다. 천축국(인도)에서 불경을 가지고 온 현장법사(602~664)의 가르침을 받기 위한 유학이었는데 유감스럽게도 이들은 요동에서 되돌아와야 했다. 고구려 땅 요동에서 간첩으로 몰려 체포되었다가 신라로 추방되었기 때문이었다.

현장법사가 천축국에서 가져와 한문으로 번역했다는 74부 1,325권의 불경은 의상과 원효를 자꾸만 당나라 장안으로 부르고 있었다. 이들은 11년 뒤인 661년에 다시 당나라 유학의 길에 오른다. 이때는 고구려를 통과해야 하는 육로 말고 바닷길을 이용하기로 했다. 불과 7년 뒤에는 멸망할 고구려였지만 그래서 더욱 위험한 고구려 길이었다. 마침 신라에서는 이 해에 문무왕이 왕위에 올랐고, 당나라 축하사절이 서라벌에 와 있었다. 의상과 원효는 당나라 사신단의 배에 편승하기로 했다.

661년이면 백제가 멸망한 이듬해이다. 그러므로 부여 백마강에서 당나라 사신단의 배가 떴을 가능성이 있다. 의상과 원효는 당나라 사신단의 배에 편승하기 위해 국토의 동쪽 서라벌에서 당나라 배가 떠나는 국토의 서쪽을 향해 걸어갔다. 유명한 원효의 해골 일화는 이 도중에 일어나게 된다.

걸어서 국토를 횡단하는 일이니 고단하지 않을 리 없었다. 밤에 노천, 혹은 동굴에서 곤히 잠을 자다가 목이 마른 원효가 무심코 팔을 뻗어 더듬은 곳에 물그릇이 있었다. 원효는 그 물을 벌컥벌컥 시원하게 들이키고 다시 잠에 빠져들었다. 이튿날 아침이었다. 원효는 그의 곁에 나뒹굴어 있는 사람의 해골을 발견했고, 거기 고인 빗물을 보았다. 밤에 자던 잠결에 시원하게 마신 물이 바로 해골에 고인 물이었던 것이다. 순간 구역질을 하고 목을 빼어 몸 안의 물을 토해 냈다. 그리고 원효는, 문득 깨달았다. 이 물이 그릇에 담긴 물이었어도 이토록 구역질을 하고 괴로워했을 것인가, 모르고 마실 적엔 그릇의 물과 해골의 물이 과연 서로 다를 것인가. 원효는 모든 것이 마음의 작용임을 깨달았다. 경전에서 보고 읽을 땐 체득하지 못한 진리였다. 진리는 밖에 있는 것이 아니라 내 안에 있다는 것이 이때 원효의 깨달음이었다.

원효는 의상과 헤어져 서라벌로 되돌아 갔다. '나로부터의' 진리 추구를 위해 천재적인 순발력으로 당나라 유학을 포기한 것이었다. 의상은 그대로 유학의 길에 올랐다. 그후 원효는 천재의 삶을 살았고 의상은 노력가의 삶을 살았다.

의상은 처음 양주 대명사에 머물다가 장안(서안)으로 가서 중국 화엄종 2대 조사 지엄(602~663)의 가르침을 받았다. 의상이 신라로 돌아온 것은 유학한지 11년 되던 해였다. 당나라가 신라를 침범한다는 정보를 입수하고 문무왕에게 고하기 위해 서둘러 귀국한 것이었다.

돌아온 의상은 문무왕의 지원(확인되지 않았지만) 아래 많은 절을 창건하게 된다. 먼저, 동해 낙산사. 의상이 동해안에서 관세음보살을 친견하고 절을 지은 것이 낙산사와 홍련암이라는데, 이곳의 지형지세가 중국 주산군도 보타산의 불긍거관음전(不肯去觀音殿) 주변과 너무나 닮았다. 물론 불긍거관음원은 커녕 불긍거관음이라는 말도 나오기 전이지만 보타산이 있는 연꽃바다에서 관세음보살이 현신했다는 얘기는 의상의 시대로부터 3백년 전, 지금으로부터 1천7백년 전에 이미 있었다. 불긍거관음에 대해서는 차차 자세히 설명하기로 한다.

의상은 귀국길의 배를 주산군도에서 탔을 것이고, 3백년 전에 관세음보살이 이 바다에 나타났다는 얘기를 들었을 것이다. 배가 출항하는 날짜를 기다리는 동안 관세음보살 출현지 바다의 보타산(보타섬)에도 가보았을 것이다. 귀국해서는 절터를 찾아 전국을 헤매다니다가 당나라 보타산 해안과 흡사한 지형지세의 낙산사 홍련암 자리를 발견했고, 그곳에서 관세음보살을 친견한 것이다.

의상이 세운 절은 낙산사 말고도 해인사, 화엄사, 범어사, 갑사, 옥천사, 부석사 등 무수히 많다. 그 절들마다 의상과 관련된 전설도 많다. 부석사의 부석에는 신라 유학승 의상을 사랑한 당나라 처녀 선묘(仙妙)의 애달

중국 관음성지 보타산의 불긍거관음원 원경. 우리나라 동해안 낙산사 의상대와 홍련암 일대의 풍경과 흡사하다. 주산군도 연꽃바다 작은 섬인 보타산의 바다 건너에 보타산과 한 쌍을 이루는 작은 섬 낙가산이 있다.

픈 전설이 서려 있다.

의상대사를 '해동화엄(海東華嚴)의 초조(初祖)'라고 한다. 의상이 발전시킨 화엄사상은 중국 일본의 화엄사상에 큰 영향을 주었다.

혜초(704~787)는 719년 신라의 서해안, 오늘날 평택항에서 배를 타고 당나라 남해의 광주로 갔다. 그렇다면 확실히 강남의 섬에 기항을 했다. 강남의 섬들 중에서도 몇 곳을 짐작해볼 수 있다. 먼저, 주산군도의 동쪽 군도인 승사군도의 대산도에 기항했다가 해안선을 따라 광주까지 남하했을 수 있다. 신라의 흑산도에 기항한 이후 첫 번째 기항이므로 배의 파손된 부분을 고치고 승객의 휴식과 필요한 항해 물자를 이곳 대산도에서 조달하는 것이다.

승사군도의 대산도를 지나쳐 주산군도 깊숙이 들어왔을 가능성도 충분하다. 주산군도 심가문은 오늘날 중국 최대 어항이자 세계 3대 어항에 드는 항구이다. 광주로 가는 내륙의 손님을 싣기 위해 주산군도 안쪽 명주

(영파)까지 들어갔을 수도 있다. 심가문에서 기항을 했건 명주에서 기항을 했건 광주로 가는 뱃길은 해안 가까이 해안선을 따라 내려가게 되어 있다.

16세 신라 소년 혜초가 찾아가는 인물은 중국 밀교의 초조로 평가되는 인도 승려 금강지(金剛智)였다. 금강지는 제자 불공(不空)을 데리고 당나라 광주에 와서 밀교를 전파하고 있었다.

광주에서 금강지를 만난 혜초는 그를 따라 13~4년간 당나라 각지를 다니며 밀교를 전수받는다. 그리고 금강지의 권유에 따라 천축국(인도) 구법여행을 떠난다. 혜초가 당나라로 돌아온 것은 5년 뒤였다. 천축국의 다섯 개 나라를 여행하고 스승 금강지의 곁으로 돌아온 혜초는 밀교 경전을 한문으로 번역하는 일에 몰두했다. 그 일은 스승 금강지와 그의 1대 제자 불공이 사망한 뒤에도 계속되었다.

중국 밀교사는 금강지를 초조, 불공을 2대 조사, 혜초를 3대 조사로 기록하고 있다. 16세에 밀교를 배우기 위해 신라를 떠났던 혜초는 장안 낙양 오대산 등지에서 수도하고 경전을 번역했다.

월야첨향로 月夜瞻鄕路

부운삽삽귀 浮雲颯颯歸

함서참거편 緘書參去編

풍급불청회 風急不聽廻

아국천안북 我國天岸北

타향지각서 他邦地角西

일남무유안 日南無有雁

수위향림비 誰爲向林飛

달밤에 고향을 바라보니

구름만 너울너울 고향으로 가네.

뜬구름에 편지 한 장 부치려 해도

바람이 빨라 구름을 잡을 수 없네.

내 고향은 가마득히 하늘 저 북쪽

내가 있는 남의 땅은 서쪽 끝이라.

더운 남쪽에는 기러기도 오지 않고

누가 계림으로 내 소식 전해주리.

고국 신라를 그리는 혜초의 시 〈여수(旅愁)〉의 전문이다.

혜초는 787년 오대산에서 구법의 생애를 마감한다. 향년 84세, 끝내 고향은 불귀(不歸)였다.

1906년부터 1909년까지 중국 감숙성 돈황석굴을 탐사한 프랑스 학자가 있었다. 폴 펠리오였다. 그는 앞면과 뒷면이 떨어진 고서 2권을 발견했다. 말로만 전해지던 혜초의 저서였다. 마르코 폴로의 〈동방견문록〉 등과 함께 '세계 4대 여행기'로 평가되는 혜초의 〈왕오천축국전〉 전3권 중 두 권이었다.

등신불이 된 신라 왕자 김교각

혜초와 비슷한 시기에(어쩌면 같은 배를 타고) 중국에 온 신라 왕자가 있었다. 세상에는 김교각(金喬覺·697~794)스님으로 널리 알려져 있다. 원래 신분은 신라 33대 성덕왕의 왕자로서 화랑이던 김중경(金重慶)이었다. 그는 24세에 홀연히 중국으로 불법 수행의 길을 떠난다. 중국에서의 행적은 당나라의 기록인 〈구화산 화성사지(九華山化成寺志)〉〈구화산지(九華山志)〉 등에 상세히 나와 있고 이백(이태백:701~762)의 시에서도 나타난다. 중국에 온 신라 왕자 김중경은 장안과 오대산 등 여러 곳을 다니다가 구화산에 와서 기도를 시작했다.

구화산 역사에 등장하는 첫 번째 승려는 401년 천축국에서 온 회도(懷渡)이고, 두 번째 승려는 양무제(梁武帝·464~549) 시절인 503년에 복호암(伏虎庵)을 짓고 수도한 복호(伏虎)이다. 그리고 당 개원(開元·713~741) 천보(天寶·742~756) 연간에 신라에서 온 김교각스님을

신라왕자 출신의 등신불 교각스님을 모신 절이다. 등신불을 모셨다 하여 '육신보전'이지만 '육' 자 대신 '달 월' 자를 써서 월신보전이라고 한다.

맞이하게 된다.

당 개원 천보 연간이라 함은 당 현종 재위 연간을 말함이다. 양귀비의 연인으로 유명한 당 현종은 712년 황제에 즉위하면서 연호를 선천(先天)으로 쓰다가 그 이듬해에 개원으로 바꾸어 741년까지 사용했고, 742년부터 재위 마지막 연도인 756년까지는 천보라는 연호를 사용했다. 신라 왕자로서 화랑 출신인 김교각스님이 당 현종 시대에 구화산 입산을 했다는 얘기이다.

처음 김교각스님은 동애봉의 바위 동굴과 고배경대(古拜經臺)의 바위벼랑 위와 해발 1306미터 그야말로 깎아지른 듯한 천태 암봉 위에서 수도를 했다. 인적이 없고 맹수가 우글거리는 심산의 바위 동굴과 바위벼랑에서 수도하는 신라 왕자의 소문이 나기 시작하고 구경삼아 왔다가 감동하고 돌아가는 사람이 늘어났다. 소문따라 왔다가 절로절로 김교각스님의 신도가 된 사람의 수가 늘어나자 사찰의 필요성이 대두되었다. 신도들이 십시일반 돈을 모으고 지방 유지 제갈절(諸葛晢)이 시주를 해서 절을 짓자 조정에서 '화성(化成)'이라고 사액(賜額)했다. 화성사의 유래이다. 화성사는 현재 구화산역사박물관을 겸하고 있다. 한편 이 절에 김교각스님의 어머니인 신라 성덕왕의 왕비가 다녀가고 그를 사모했던 신라 처녀가 찾아왔다는 얘기가 있다.

구화산의 원래 이름은 구자산(九子山)이었다. 이곳 김교각스님의 화성사 이웃에 머물던 시인이 있었다. 유람 왔다가 정이 들어 초막을 짓고 밥솥을 건 태백 이백이었다. 이백이 산을 둘러보니 '아홉 개의 연꽃송이가 피어난 것' 같았다. 이백은 구자산을 구화산으로 고쳐 불렀고, 그후 사람들은 이백의 시에 나타난 이름대로 구화산이라 부르게 되었다. 이백이 머물던 장소에는 그 물로 술을 빚어 먹었다는 샘과 집터 등이 남아 있다. 화성사와는 작은 개울 하나를 사이에 두고 있다. 당시의 적막한 환경에서 이백이 김교각스님을 잘 지켜보았으리라 여겨진다. 이때 이백은 이미 시인으로서의 명성을 얻고 있었고 김교각스님도 그 법력이 널리 퍼져서 중국은 물론이고 신라에서 친견하러 오는 사람까지 있었다. 두 사람은 성격이 다르고 사는 방식과 얻고자 하는 것도 달랐지만 서로 마음을 통하면서 친교를 유지했다.

구화산은 골짜기마다 끼었다가 흩어지는 아침구름도 좋지만 밤에 구화거리나 민공거리에서 무심코 시선을 들면 다가오는 구화산 하늘의 달도 좋다. 구화산의 능선으로 하여 마치 연꽃받침대 위에 떠오른 달과 같은 느낌이다. 이백도 구화산의 그런 달을 좋아해서 오래 여기 머물었던 것일까. 김교각스님은 이곳에서 풍경을 넘어서는 자취를 남겼다. 고배경대 바위에 남은 발자국도 있고 천태 깎아지른 봉우리 위에 수도한 동굴 지장동(地藏洞)도 남아 있다.

케이블카에서 내려 고배경대로 가는 길에 원숭이가 출몰하는 지역이 있다. 한 마리 보이고 두 마리가 보이는가 하는 순간 여나믄 마리의 원숭이가 어디에선가 떼로 나타나 놀기 시작한다. 고배경대를 오가는 수많은 사람들은 원숭이의 안중에 없는 듯 자유롭게 논다. 순진하게 사람의 발걸음을 따라 움직이기도 한다. 아하, 요런 순진하고 귀여운 놈! 하는 순간, 그 원숭이가 잽싸게 몸을 날렸고, 중국 소녀가 비명을 질렀다. 비닐봉지에 과자며 빵이며 과일을 담아 덜렁거리고 고배경대로 가는 소녀를 노린 원숭이의 습격이었다. 순진한 척 연기하던 원숭이가 만만한 상대를 찾아내고는 잽싸게 몸을 날려 음식물 날치기를 한 것이었다. 비닐봉지에서 빵봉지 과자봉지 골라내는 솜씨며 빵봉지에서 빵 뽑아내는 솜씨며… 한 놈이 빵을 들고 달아나자 다음 놈이 나타나 과자봉지를 들고 달아나고 다른 놈이 나타나 사과를 들고 달아나고… 좁은 산길에 찢어진 비닐봉지만 남아 펄럭였다. 비탈길의 나무에서 수선스러운 기운이 일어났다. 그 나무의 가지들이 마구 흔들렸다. 원숭이떼가 그 나무에 줄을 지어 오르고 줄을 지어 내렸다. 혐의는 없었다. 비닐봉지를 빼앗긴 소녀는 황당한 표정을 풀면서 웃었고 구경꾼들도 웃었다. 원숭이떼에게 혐의를 지우는 사람은 아무도 없었다. 사람과 원숭이가 공존하는 풍경이었다. 언제 원숭이의 소동이 있었을까. 산은 다시 평화롭고 천태사는 가마득한 벼랑 위에 있다.

중국땅에서 소원을 빌면 잘 이루어지는 곳 중의 으뜸이 구화산 천태사라는 얘기가 있다. 고배경대에서 고개를 쳐들고 올려다보면 아스라이 치솟은 곳에 아슬아슬 천태사가 있다. 고배경대를 벼랑 끝의 사찰로 생각하고 올라온 사람의 기를 또한번 질리게 하는 높이의 백척간두와 같은 지형지세에 위치한 천태사이다.

천태에 이르러 김교각스님이 수도한 동굴도 보고 내려오는 길 또한 아슬아슬 헛발 디딜까 겁이 나는, 천길 낭떠러지로 내리꽂히는 계단길이다. 멀리 구화거리에서 바라보면 하늘 중턱에 걸린 듯한 고배경대인데 천태사에서 내려오면 세상의 거리에 다다른 듯 편안한 마음이 된다. 이때 비로소 김교각스님 자취가 지척에 또 있다는 사실을 알게 되었다. 옆으로 조금 가면 관음봉이 있고 그 기슭에 관음전이 있다.

신라에서 온 김교각스님은 중국에 올 때 뱃길로 오늘날의 산동성에 첫발을 딛었을 수도 있고 절강성 주산도에 첫발을 딛었을 수도 있다. 김교각스님 24세면 서기 700년, 신라의 삼국통일이 676년이니 신라와 중국 사이에 서해(황해) 뱃길이 열린지 25년이 되는 해이다. 따라서 신라 왕자가 한반도 서해안과 중국 산동성을 일직선으로 항해하는 데에 문제가 없다. 옛날 고구려 영토를 지나오는 육로 역시 마찬가지로 문제가 없다. 그렇지만 육로는 뱃길에 비해 너무 오래 걸리고 위험요소도 많다. 뱃길을 이용했을 가능성이 충분하고, 뱃길로 중국 동해안(산동성)에 닿았다는 얘기도 있다. 그런데 산동성 뿐만 아니라 강소성 절강성까지도 해안은 중국 동해안이다. 신라가 오래 익숙하게 이용한 뱃길이라면 주산군도 연꽃바다인 것이다. 바다의 모든 문제를 해결하는 장보고가 등장하기 전이니 익숙한 뱃길에 대한 의존도가 높을 수 밖에 없다. 그밖에도 필자가 굳이 주산도 뱃길을 주장하는 이유는 김교각스님의 아주 중요한 행적 중에 보타산이 등장하기 때문이다.

김교각스님은 보타산에서 구화산으로 왔다는 기록이 있다. 우리의 백과사전에서는 신라를 떠나 당나라 수도 장안에 유학하면서 '중국의 여러 곳'을 여행했고 마침내 구화산에 정착했다는 기록을 하고 있다. 그처럼 '여러 곳'을 여행한 곳 중에 보타산이 있고 오대산이 있고 아미산이 있고 천태산 국청사도 있다는 사실은 중국의 옛 기록에 나타난다.

　김교각스님은 '불긍거관음'이 등장하기 170년 전에 보타산을 다녀갔다. 불긍거관음 이전에도 보타산은 관음성지였다는 얘기이다. 실제로 불긍거관음보다 5백년 먼저 보타산과 연꽃바다에 관세음보살의 이적이 나타났다는 기록도 있다. 불긍거관음은 김교각스님이 다녀간 때로부터 170년쯤 뒤에 나타난 것이다. 아무튼 지금으로부터 1천7백년 전부터 관음성지였던 보타산을 1천3백년 전에 김교각스님이 다녀갔다. 김교각스님은 거기서 바로 구화산으로 갔고, 구화산 관음봉에서 어떤 이인(異人)과 만나 차를 마시며 밤새워 대화를 했다. 그런데 하룻밤 대화하고 헤어진 그 이인이 알고보니 보타산에서 김교각스님보다 한 발 앞서 와 있는 관세음보살이었다. 구화산의 한 봉우리가 관음봉이라는 이름을 얻게 되는 사연이다.

　김교각스님의 구화산 행적은 관음봉에서부터 시작된다. 오늘날 관음전 자리이다. 관음전에서 조금 올라오면 고배경대이다. 고배경대에 김교각스님의 좌우 발자욱이 돌바닥에 선명히 남아 있다. 고배경대 뒤 가파른 벼랑 위 천태에 김교각스님이 수도한 동굴이 있다.

　천태에서 김교각스님이 득도했을 때 구화산 전체가 빛에 휩싸이고 아름다운 노래소리가 들리고 꽃들이 피어났다. 세상의 사람들은 구화산의 이적에 놀라서 몰려왔다. 김교각스님이 있었다. 지역사회가 시주하여 화성사를 세우고 김교각스님을 모셨다. 시인 이백은 화성사 이웃에 머물고 있었다. 그는 화성사에 주석하는 25세 연상의 김교각스님을 존경했고 그분을 위한 시도 지었다.

　구화산에서 70여년을 수도한 김교각스님은 99세에 평소와 다름없이 가부좌한 자세로 입적했다. 입적할 당시 산이 울고 골짜기가 떨고 땅에서 불꽃이 솟아오르고 온 산의 새들이 울었다. 그리고 김교각스님의 가부좌한 시신은 3년이 지나도록 썩지 않고 생시와 같았다. 시신을 건드리니 맑은 쇳소리가 났다. 등신불이었다. 지켜본 모든 사람들이 '지장보살의 화신'이라고 외치며 엎드려 경배했다.

김교각스님의 등신불은 육신보전(肉身寶殿·현지에서는 肉자 대신 月자를 써서 月身寶殿이라고 한다)에 1천2백여년 보존되어 있다. 김교각스님 이후로 구화산에는 입적하여 등신불이 되는 스님이 계속 나타나서 지장보살이 주재하는 지장성지가 되었다.

중국 불교 4대성지 중 지장성지인 구화산은 김교각 스님을 기리는 중국 불교신도들 뿐만 아니라 한국 관광객도 많이 찾는 곳이다. 불교성지를 순례하는 한국 신도들도 많고 황산을 거쳐 구화산으로 오는 한국 등산객 혹은 관광객도 많다. 구화산은 황산의 가까이에 있는 안휘성 동남부 명산이다. 멀리서 구화산을 바라보면 한국의 영암 월출산을 확대해놓은 것같이 보인다. 구화산 초입에서부터 관광객을 압도하는 것은 99미터 높이의 김교각스님 금동상이다. 한국인 선조가 중국땅에서 이토록 거대하고 장엄하게 서 있다는 사실에서 감동을 받게 된다. 한국인 선조가 산을 열고 불교성지를 이루었다는 자부심 또한 아울러 가지게 된다.

구화산 입구에 대규모 불교문화원이 있다. 99미터 높이의 김교각스님 금동상이 압도적인 위상을 드러내고 있는 바로 그곳이다. 광활한 대지 위에 박물관과 공원으로 잘 가꿔진 구화산 불교문화원의 최고 정점에 김교각스님 상이 있다. 그곳에 이르기 전에 반가운 탑 2기를 만나게 된다. 경주 불국사의 석가탑과 다보탑을 재현해놓은 것이다.

석가탑 근처에 제청(帝聽·띠팅)이라는 동물의 상이 조성되어 있다. 전설에서나 만나게 되는, 성수리에 도톰한 뿔이 있는 비현실적인 모습의 동물이다. 김교각스님이 24세 나이에 신라를 떠나오면서 데리고 온 동물이라는 설명이다. 필자는 제청(띠팅)의 모습에서 얼핏 삽살개를 떠올렸다. 혹시 삽살개를 데리고 오신 것일까? 삽살개는 한국에서도 경상도 지역의 개로 알려져 있고, 신라의 수도 경주는 경상북도가 아닌가. 눈매나 귀의 생김새에서 제청과 삽살개의 닮은 점이 엿보였다.

한편 김교각스님은 신라에서 볍씨와 소나무 씨앗과 차를 가지고 왔다는데 화성사에 신라산 벼와 솔가지와 차잎이 진열되어 있다. 오래 된 것이긴 한데 당시의 것이라고 할 수는 없겠다. 화성사 진열대에는 생강처럼 생긴 황정이라는 식물도 전시되어 있다. 김교각스님이 잘 드시던 것이라고 했다. 구화산 구화거리 상점에 황정이 판매되고 있었다. 닳여서 마시면 몸에 좋다고 했다. 식후에 보리차나 옥수수차를 마시듯이 마시면 좋겠다는 생각이었다. 이태백이 말했듯이 누가 봐도 그러하듯이 구화산은 아홉 겹의 꽃잎 같은 해발 1342미터 강남 명산이다. 아홉 겹 꽃잎의 구화산 중심은 연꽃잎 속의 연밥과 같은 형상으로 들어앉아 있다. 지금도 990개소의 사찰이 있다는 이 곳에서 김교각스님의 자취가 서린 천태와 고배경대는 워낙 높아서 어디에서나 다 잘 보인다.

김교각스님은 경주와 보타산과 구화산을 선으로 이어놓았다. 그리고 아마도 천태산 국청사에도 점을 찍었을 성 싶다. 가신 김교각스님이 지장보살로 나타나시고 3백여년, 또 한 사람의 왕자가 중국에 점을 찍는다. 천태산 국청사를 찾아온 고려 왕자 의천(義天)이다.

천태산과 고려 왕자 의천

당나라 시대 중국의 3대 교역항으로 양주와 명주(영파)와 광주가 꼽힌다. 3대 해상 실크로드라고도 한다. 그중 양주와 명주 양대 교역항이 강남에 있다. 양주는 장강의 강항이고 명주(영파)는 그 앞자락에 주산군도를 끼고 있는 바다항구이다. 텔레비전 다큐멘터리 '7백년의 약속'의 내용처럼 고려 시절에는 고려 개경 입구 예성강 벽란도-신안-흑산도-중국 명주 코스의 뱃길을 이용했던 것 같다. 중국 명주에서 고려로 올 때는 그 역순이다. 오늘날의 절강성 영파인 명주에서 고려 예성강 벽란도로 출항할 때는 남풍에 배를 띄웠는데 남풍이라도 하지 이후의 남풍이 가장 순했다고 한다.

명주 정해(주산 혹은 진해)에서 예성강 벽란도 가는 배에 오른 고려국 왕자가 있었다. 그의 이름은 의천(1055~1101). 장차 대각국사가 되어 해동(한국)천태종을 창설하는 이다. 고려 제11대 문종의 넷째 아들로 태어난 의천 왕후(王煦)는 11세에 출가하여 승려가 되고 1085년 31세에 아무도 몰래 혼자 중국 송나라로 떠났다. 송나라의 정국이 혼란할 때라 모두들 반대했기 때문에 부모인 왕과 왕후에게도 알리지 않고 떠난 것이다.

왕후(의천) 왕자는 중국의 여러 곳을 다니며 다양한 것을 보고 들었다. 그는 마침내 강남에 이르러 항주 고려사를 찾았다. 서호 호반에 있던 고려사는 사찰이면서 객사의 기능도 하고 있었다. 한국의 고려시대, 중국의 송나라시대에는 오늘날의 절강성에도 고려인 거주지인 고려촌, 고려원(高麗院)이 군데군데 형성되어 있었다. 예성강 벽란도에 송나라 상인들이 거주하듯이 명주 항주 천태산 황암(임해 태주) 등지에 고려원이 있었다.

절강성에만도 이처럼 여러 곳 있었는데 천태산의 고려원은 국청사 앞에 있었다. 고려 왕자 의천스님은 항주에서 천태산으로 떠났다. 천태산 가는 길에 신창 대불사가 있다. 그곳은 천태 지자대사(智者大師)가 열반한 곳이었다. 의천은 대불사를 참배하고 천태산으로 향했다. 천태산 가는 길은 한국의 강원도나 충청북도 산간의 길과 흡사한 풍경이다. 회계산맥과 천태산맥 사이에 좁으나 비옥한 들판과 강의 풍경이 그러하다. 그러나 어느 순간 험한 재로 앞이 가로막힌다. 의천은 이렇듯 막힌 길을 뚫고 끝내 걸어서 천태산에 이르렀다.

천태산 국청사는 오늘날에도 한국인이 많이 찾는 사찰이다. 한산, 습득, 풍간 등 당대의 유명한 시승(詩僧)들이 머물렀던 이 절의 맨 위쪽 전망 좋은 곳에 중한천태종조사기념당(中韓天台宗祖師紀念堂)이 있다.

천태종을 창건한 천태지자대사와 고려 의천대각국사와 한국의 상월원각대조사(上月圓覺大祖師·1911~1974)를 삼존불로 모신 곳이다. 이곳에 중국의 불교신도들이 향을 사르고 절을 한다. 바로 이 천태산 국청사의

절강성 천태산 국청사의 높이 80미터 수나라 탑.

앞에 신라원 고려원이 있었다.

이 궁벽한 산간에 왠 신라원 고려원일까 의아한 느낌이다. 양주 명주 소주 항주 등지의 신라방 신라원 고려원은 그 지역이 경제와 문화가 집중되는 거점도시들이기 때문에 이해가 되는데 천태산 국청사 앞에 신라원 고려원이라는 데에서는 머리를 갸웃하게 된다. 깊은 산의 오래 된 절 앞에 무슨 일로 신라인 고려인을 위한 신라원 고려원이 세워지게 되었을

까. 천태산 국청사가 예사 절이 아니긴 하다. 중국불교 천태종의 총본산
으로서 크고 유명한 사찰이 많고도 많은 중국에서 '4대 사찰'에 꼽히는
명찰이며, 일본불교 최대종단인 일본천태종의 근본이고 한국불교 3대종
단에 드는 한국천태종의 근본이 되는 거찰이다. 중국의 불승들 뿐만 아
니라 일본과 신라 고려의 불승들 중에서도 천태산 국청사 한번 다녀 가
는 것이 필생의 소원인 이가 많았다. 그러하니 바다 건너 유학 온 승려는
분명히 많은 곳이었고, 불경과 불상, 그리고 차 등을 구입하러 온 무역상
들도 국청사를 드나들었을 것이었다. 신라원 고려원의 설치 조건을 구비
한 셈이다.

중국의 기록인 〈천태전지(天台全志)〉 6권 사원조(寺院條)에서는 '국청
사 앞에 신라승려 오공(悟空)이 세운 신라원이 있었다'고 적고 있다. 오
공은 어떤 사람일까. 천태전지의 기록에서는 '신라승려 오공'이라고 했
다. 책과 인터넷에서 그를 찾아보았다. 그런데 신라승려 오공은 없고 고
려승려 오공이 있었다. 신라국 말년에 태어나 고려국 초년에 국청사에
온 오공이었다.

우리의 후삼국시대, 후백제를 건국한 견훤왕은 중국 강남 임안(항주) 땅
에 개국한 전(錢)씨 왕조 오월국과 국교를 수립한다. 후백제와 오월국의
뱃길은 장보고 시절부터 잘 나 있었고, 그 뱃길로 양국은 빈번한 왕래를
했다. 당연히 임안(항주)에 후백제 사신을 위한 사관(使館)이 있었다. 후
백제와 오월국의 외교가 왕래한 이 뱃길은 후백제를 멸망시킨 고려국에
서도 그대로 유지되고 후백제 사신이 묵던 사관도 고려국으로 이월되어
고려관이 되었다.

고려국이 건국된지 13년이 되는 940년 고려국 스님 한 분이 이 뱃길로
항주에 간다. 29세의 진관선사(眞觀禪師) 오공(悟空·912~964)스님이었

다. 오공스님은 오늘날 절강성에서 햇수로 7년을 머물렀는데 그중 상당 기간 천태산 국청사의 신세를 졌다.

 천태산 국청사 앞에는 높이 80미터의 수탑(隋塔)이 있고, 국청사 산문과 수탑 사이에 '서하객의 길' 진입로가 있다. 한국의 김삿갓과 고산자 김정호를 합해놓은 것 같은 인물인 서하객은 그 33년 여행의 기록을 이 지점에서 시작했는데, 신라원 혹은 고려원의 위치도 이곳 '서하객의 길' 진입로인 듯하다. 서하객이 30년 여행의 첫 발을 옮기던 때도 오공스님이 설립한 고려원 혹은 신라원은 당연히 존재했다. 지금은 그 일대에 기와 파편들만 무수히 널려 있다.

 한국 서남해에서 풍랑을 만나면 그 배는 대체로 중국 절강성 해안과 복건성 북부 해안으로 떠밀려온다. 그중에서도 황암(임해 태주)으로 많이 표류해 온다. 수천년 표류의 기록을 봐도 그렇고, 〈표류록〉의 저자 최부가 조선왕조 초기에 영산포-제주 구간의 바다에서 풍랑을 만나 보름만에 와 닿은 곳도 이곳 황암지역이었다. 이 황암에 신라 배가 들어와 정박하던 신라서(新羅嶼)가 있었고 신라인이 머물던 신라원이 있었으며 신라인이 죽어서 묻힌 신라산(新羅山)이 있었다. 이와 같이 '신라' 자 붙은 곳들이 오늘날 절강성 남부 황암과 그 주변에 많이 널려 있다. 절강성 소흥 영파 태주, 복건성 북부 지역 중국인의 말과 한국인의 말 중에는 비슷한 것이 많다고 하는데 이것이 황암 주변의 '신라' 자들과 무슨 연관이 있는지도 모르겠다.

 천태산 국청사 앞에 신라원 혹은 고려원을 세운 오공스님은 국청사와 황암의 중간지점에 신라인 혹은 고려인을 위한 오공원(悟空院)도 세웠다고 전해진다.

그런데 의문이 있다. 천태전지에서는 왜 오공을 신라승려라 하고 오공이 신라원을 세웠다고 기록했을까. 오공 진관선사 말고 다른 신라승려 오공이 있었던 것일까, 아니면 신라가 망한지 얼마 되지 않았고 고려가 세워진지도 얼마 되지 않은 때여서 그냥 편하게 신라승려, 신라원이라고 써버렸던 것일까.

의천 대각국사가 천태산 국청사에 온 것은 오공 진관선사가 이곳을 다녀가고 145년이 지난 뒤였다. 의천은 이곳에서 아마도 반년 이상을 머물렀을 것이다. 1086년 명주항에서 신라 배가 출항하는 때를 기다리던 의천은 황토색 누런 바다를 건너 관세음보살이 출현했다는 보타산으로 간다. 의천이 보타산에 간 얘기는 원(元)나라시대 천하명필 조맹부(趙孟頫·1252~1322)가 1304년에 쓴 〈관음원기(觀音院記)〉에서 읽을 수 있다. 송설체(松雪體) 374자로 기록된 그 글의 내용을 보면 이러하다.

'전란이 발발하자 보타산 관음원(불긍거관음원)의 대중스님들은 백의관음상을 숨기고 피신했다. 전란이 진정되고 관음원으로 돌아온 스님들은 먼저 백의관음상을 찾았다. 그런데 감췄던 곳에 백의관음상이 없었다. 당황하지 않을 수 없었다. 분명히 잘 모셔둔 관음상이 없어진 것이다. 이때 홀로 관음원 도량을 거닐던 고려왕자 왕후(王煦·의천)가 통지전의 우물을 가리켰다. 다들 가서 들여다보니 그 우물 안에 백의관음이 계셨다. 고려왕자로서 스님이 된 의천이 우물 안에서 들리는 소리를 듣고 백의관음상을 찾아낸 것이었다. 백의관음상을 다시 받들어모신 불긍거관음원은 대대적인 불사를 일으켜서 절을 중흥시켰다'

앞서 말했던 보타산 불긍거관음이 고려국 의천 대각국사의 행적과 만나는 장면이다. 송설체의 천하명필 조맹부가 1304년 보타산 불긍거관음전에 가서 듣고 현장을 확인한 내용인 것이다. 고려로 귀국한 의천은 개성 영통사에서 통합불교종단 천태종을 창건한다. 천태산 국청사 생활이 그에게 준 의미가 컸음을 알 수 있다. 한편 120여년 전에 입적한 오공 진관 선사의 법맥을 계승하여 천태종을 창건했다는 시각도 있다.

가락국 허왕후의 뱃길

눈물 아롱아롱

피리 불고 가신 님의 밟으신 길은

진달래 꽃비 오는 서역 삼만리.

흰 옷깃 여며 여며 가옵신 님의

다시 오진 못하는 파촉 삼만리.

서정주의 시 〈귀촉도〉를 읊다보면 중국 사천성 그 멀고먼 서역 파촉(巴
蜀)땅이 떠오른다. '사막의 붉은 꽃'과 같은 강렬한 이미지로 떠오르는
파촉이다. 옛날 파촉땅 파족(巴族)의 허성(許聖)집단은 문간에 물고기 두
마리의 쌍어문을 그려 붙이고 살았다고 한다. 인도 아유타국 전통의 쌍
어문과 흡사하고 우리나라 김해의 김수로왕과 그 왕후 보주태후 릉 신문
(神門)에 붙은 쌍어문과 흡사한 물고기 두 마리 문양이다. 김병모 교수와

같은 이의 연구 업적에 의해 알게 된 상식이다. 가락국 왕후 허황옥의 묘호가 보주태후인데 보주는 파촉땅, 중국 사천성 안악현의 옛 지명이라고 김병모 교수가 밝혀냈다. 인도 아유타국의 공주 허황옥은 정치적 사변을 당해 파촉땅으로 피신해 있다가 가락국에 와서 김수로왕의 배필이 되었다는 것이다. 그 연구 결과에 따라 상상력을 펼치게 된다. 먼 파촉땅에서 가락국으로 오는 강의 뱃길과 바다의 뱃길에 대하여.

중국 파촉 보주 땅에 망명해 있던 인도 아유타국 공주 허황옥은 한반도 남쪽의 가락국으로 와서 김수로왕과 혼인하여 허왕후가 되었고, 보주태후로 불리었다. 그이가 온 길은 그대로 뱃길이었다. 오늘날의 사천성에서 장강에 배를 띄웠고, 흘러흘러 장강을 타고 내려와 장강 하구의 삼각주 모래톱인 오늘날 상해시의 숭명도(충밍다오)에 이르렀다. 숭명도는 그 안에 산도 없는 평지이지만 중국에서 해남도 대만도에 이어 3번째로 큰 섬이다. 이 섬에서 숨을 돌린 허황옥 일행은 장강구의 거친 물살을 헤치고 명주로 이동했다고 봐야 한다. 이 당시에 중국에서 한반도의 남쪽으로 갈 수 있는 배는 오늘날 중국 절강성 영파인 명주의 정해에서나 구할 수 있었다. 중국 역사상 최초의 원양 항해가인 서복이 한반도와 일본으로 떠나간 곳도 이곳의 달봉산 아래쪽 포구였다. 최초의 정해항인 것이다.

명주부 정해현은 중국에서 4번째로 큰 섬인 오늘날 영파 앞바다 주산시의 지역명이기도 하고 영파시 진해구의 옛이름이기도 하다. 명주부 정해현이 영파시 진해구와 주산시 정해구 등으로 나뉘어진 것이다. 주산시에는 정해구와 보타구가 있다. 이곳 보타구에 세계 3대 어항이자 중국 최대 어항인 심가문 항구가 있다. 그리고 그 앞 연꽃바다에 불긍거관음의 보타섬(보타산)이 있다. 보타산 기슭의 신라암초, 즉 신라초(新羅礁)는 이름 그대로 신라 뱃길에 박힌 암초인 것이다.

정해에 온 아유타국 허황옥 공주 일행은 물때를 기다렸다. 이윽고 흑조가 시작될 때 이들은 정해-매잠(보타산 연화양 신라초 일대)-백수양(승사열도)-황수양(장강구 바깥바다:오늘날 양산도陽山島)을 지나 오늘날의 전남 신안군 가거도, 흑산도를 거쳐 한반도 서남해안으로 흘러갔다. 그리고 해안선을 따라 동남해안 김해에 가 닿았다. 한편 이때 허황옥 공주 일행을 따라 한반도에 유입된 것이 불교였다. 불교가 한반도에 처음 전래된 것은 고구려를 통한 육로가 아니라 중국 절강성에서 한반도 남해안으로 통하는 해양수로였다. 그렇게 보면 한반도에서의 불교 역사는 좀 더 길어진다.

〈가락국기〉는 허왕후말고도 또 하나, 바다에서 온 사람을 기록하고 있다. 그는 석탈해이다. 허왕후가 가락국의 서남방 바다에서 온 인물인데 비해 석탈해는 가락국의 동북방 바다에서 온 인물이다. 오늘날 러시아 영토인 캄차카반도에서 온 석탈해는 가락국 영토를 두고 김수로왕과 한바탕 신기의 1대1 결투를 했다. 승자는 김수로왕이었다. 패배한 석탈해는 떠나갔다. 해안선을 끼고 오늘날의 부산을 거쳐 울산에 이르러 상륙하여 오늘날 경주인 서라벌, 즉 신라로 갔다.

가락국 허왕후가 배를 탄 곳은 서복이 한반도와 일본열도로 떠나갈 때 배를 탄 곳과 거의 일치한다고 봐야 할 것 같다. 영파시의 위성도시인 자계시 장기의 달봉산 기슭 포구에서 배를 탔을텐데 지금 그 포구의 흔적이 없다. 서북이 배를 탄 2천2백년 전 달봉산 포구는 달봉산 기슭 저수지에서 그 흔적을 찾아야 할 것 같다. 당시 바다로 통하던 물길이 오랜 세월의 변화에 따라 육지의 작은 지당이 되어 있는 것이다. 백제의 왕인 박사가 일본에 천자문을 전해주러 가던 전남 영암 월출산 아랫녘 구림포

주산군도 연꽃바다 작은 섬 보타산의 기슭에 있는 암초와 그 위의 바위 관음도. 배가 풍랑을 만나 좌초될 지경에 이르자 신라 상인이 관세음보살상을 이곳에 올려놓자 바다가 잔잔해졌다고 하는데 일본인과 중국인은 신라 상인이 아니라 일본승려 혜악이 그랬다는 주장을 하고 있다.

구, 신라의 천재소년 최치원이 당나라로 유학 갈 때 배를 탔던 월출산 구림포구의 물길이 오늘날에는 서복의 중국 달봉산 포구와 같은 모습이 되어 있다. 천년 천년 양천년의 세월이 지상의 흔적을 지우고 이야기만 남겨놓은 것이다.

동양 제1 인물 장보고

천하통일은 한 때의 혼자 힘으로 되는 것이 아니다. 천하에는 군웅이 할거하고 할거군웅의 마지막 승자가 천하를 얻는다. 군웅은 단하나 영웅의 터를 닦아주는 배역인 것이다. 진시황이 한 때의 혼자 힘으로 천하통일을 했겠는가. 초(楚) 연(燕) 제(濟) 한(韓) 조(趙) 위(魏) 진(秦), 전국7웅(戰國七雄)이 혈투와 혈투로 만신창이가 되어 있을 때 그중 최강자에게 결정적인 한 방을 먹이고 마지막 승자가 된 것이 진(秦)이었다. 7웅을 다 상대한 게 아니라 승전과 승전 끝에 지치고 지친 최강자를 꺾음으로써 천하의 패권을 잡았다. 한나라의 유방 또한 한 때의 혼자 힘으로 천하를 얻은 것이 아니었다. 통일황조 진나라를 멸망시켜 놓은 서초패왕 항우를 꺾으므로써 천하의 패권을 차지한 것이다. 이와 같이 해상왕 장보고(?~846)도 한 때의 혼자 힘으로 동아시아의 바다를 제패한 것이 아니었다. 그의 앞에 중국의 동해(우리의 서해)를 주름잡은 고구려 유민 출신 이정기(732~781)가 있었다.

이정기의 본명은 이회옥으로서 고구려 유민의 후손이었다. 멸망한 고구려의 유민들이 산동반도 해안에 모여 살고 있었는데 이곳에는 백제 유민도 있었고 통일신라에서 이런저런 사연으로 흘러와 있는 사람도 많았다. 한반도에서 이곳 산동반도로 오는 뱃길은 해안선이 보이는 바닷길이었다. 망망대해를 가로질러 오는 것이 아니라 저만치 육지를 보면서 해안선을 타고 빙 둘러서 산동반도까지 바다를 떠 온 것이다. 이렇게 한반도에서 온 사람들이 모여 일정한 세력을 이루고 살 때 중원에서는 안록산의 난이 발생했다. 이때 산동반도 고구려 유민의 지도자인 이회옥이 군사를 일으켜 안록산의 난을 평정하는 데 상당한 기여를 했다. 난의 와중에서 양귀비를 잃은 황제 당 현종은 이회옥의 공로를 치하하고 이정기라는 새로운 이름과 식읍을 하사했다. 고구려 유민이 터를 잡고 있는 산동반도 해안 일대가 그 식읍이었다. 그리고 다시 이정기를 이 지역 절도사에 임명했다.

절도사는 행정권 사법권을 행사하는 지역 수령으로서 난리가 있은 뒤 끝이라 이정기와 같은 군벌의 수령에게 이러한 지위가 하사되었고, 그 수는 50이나 되었다. 당나라 말기에는 지역 군벌인 절도사가 스스로 왕이 되는 경우가 허다했다. 765년 이정기도 그와같이 자신이 다스리는 번진(藩鎭)의 이름을 제(濟)나라로 칭하고 스스로 왕이 되었다. 제나라는 춘추전국시대의 강국으로서 산동반도에 있던 나라였는데 이정기가 그 이름을 그대로 딴 것이었다. 중국역사에서 같은 이름의 왕조가 수도 없이 반복되는 경우가 있는데 거의 칭왕(稱王)하는 절도사들이 지역 연고에 따라 춘추전국시대에 융성했던 그 지역 국가의 이름을 차용한 것이었다.

말기의 당나라 조정은 각 지역에서 발호하여 칭왕하는 절도사들을 통제할 힘이 없었다. 그냥 방치하고 있는 상황에서 이정기의 왕국은 산동반도 해안에서 55년을 누렸고 그의 손자 이사도에 이르기까지 그 지위를 세습했다. 전국 50개가 넘는 번진 세력들의 횡포를 보다 못한 당나라 조정에서는 마침내 칭왕하는 세력들의 권력을 회수했는데, 거의 대부분 순순히 응했지만 이사도는 그렇지 않았다. 이사도는 당나라에 반기를 들고 군사를 일으켰다. 안록산의 난을 평정하는 데에 기여한 공로로 번진을 하사받았던 이정기 가문이 이사도의 대에 이르러 안록산과 같은 반란군이 된 것이었다.

 이사도의 영토와 가까운 곳이 오늘날 강소성으로서 회남(淮南)절도사의 영토였다. 회남은 황하와 장강의 사이에 위치한 회수(淮水)의 남쪽 지역을 말하며 오늘날 안휘성 강소성 일대였다. 회수는 중국의 중심인 중원에서 발원한 강이기 때문에 중국 역사의 대접이 황하나 장강에 결코 못지 않았고, 회수를 지키는 일은 곧 중원을 호위하는 일이었다. 당나라 조정에서 회남절도사에게 이사도 반란군을 토벌하라고 명령한 것은 당연한 일이었다.

 회남도호부 부성은 오늘날 강소성 양주에 있었고, 오늘날 강소성 서주(徐州)에 회남절도사 휘하의 군대인 무녕군이 주둔하고 있었다. 이 무녕군 부대에 신라에서 온 장궁복(張弓福)과 정년(鄭年)이 있었다. 오늘날의 전남 완도, 혹은 그 근처 지역에서 이곳 중국 회남땅까지 온 장궁복과 정년은 둘 다 회남 무녕군의 소장(小將)이었다. 두 사람 다 태어난 해와 태어난 곳에 대한 기록이 없다. 〈삼국사기〉에서는 해도인(海島人)이라고 했다. 섬사람이라는 뜻이다. 장궁복과 정년은 아마도 호남 서남부 다도해의 한 섬에서 태어난 듯하며, 나이는 장궁복이 정년보다 몇 살 더 많은 듯하다. 장궁복은 정년보다 나이가 많고 리더십이 뛰어난 인물로, 정년은 바다를 헤엄치는 실력과 무예가 뛰어난 인물로 기록되어 있다. 장궁복과 정년은 고국을 떠나 중국 강남에 와서 입신할 때까지만 해도 그 사이가 의형제 쯤 되었을 듯하다. 한편 장궁복은 장궁파(張弓巴)라는 다른 이름도 가지고 있었다. 활보로도 불렸다. 활을 잘 쐈던 듯하고 흥보(흥부)와 놀보(놀부)에서 볼 수 있듯이 남자의 이름자인 '보(부)'를 활에 붙여서 활보라 했던 듯 하다.

이사도가 산동성에서 반란을 일으키자 당나라 조정에서는 그 지역과 가까운 회남도호부에 반란군 소탕의 명령을 내렸고, 회남절도사는 서주 주둔 무녕군에게 출병을 명했다. 이사도 군사가 중원으로 진격하는 길목과 가까운 곳에 서주 주둔 무녕군이 있었던 것이다.

장궁복과 정년의 서주 무녕군은 이사도의 군대가 중원으로 쳐들어가는 길을 차단하고 맞싸워서 무찔렀다. 이정기에서 이사도에 이르는 3대 55년의 고구려 유민 왕국이 장궁복과 정년이 소속된 회남절도사의 무녕군에 의해 멸망한 것이다. 그러나 이 지역에 고구려 백제의 유민과 신라의 교민이 그대로 살고 있었다. 당나라 조정은 장궁복에게 그 백성을 관리하는 직책을 맡겼다. 장궁복이 파견된 곳은 산동반도 적산포(赤山浦)였다. 신라방과 사찰 적산법화원(赤山法華院)으로 유명한 바로 그 적산인데 오늘날 행정구역명으로는 산동성 영성시 석도만의 적산이다. 장궁복은 아마도 이때부터 장보고라는 이름을 썼던 듯하다. 그런데 '張保皐'는 일본승려 옌닌(圓仁·793~864)의 기록에 나오는 이름이고 중국의 기록에는 '張寶高'로 나온다.

적산에 신라방과 법화원을 세우고 신라 교민을 보호 관리하면서 장보고는 교민사회의 여러 참혹한 현상들을 목격하게 된다. 정착하지 못하고 떠돌다가 왜구가 된 신라인도 있고, 왜구에게 납치되어 노예로 팔렸다가 도망쳐 온 신라인도 있었다. 도망치지도 못하고 낯선 땅에 끌려가서 노역에 시달리다 죽은 신라인 또한 부지기수였다. 신라방이 있는 지역이면 어디든 신라인의 무덤이 즐비했다. 해상(海商)과 해적을 구별하기 어려운 바다의 난제도 장보고가 풀어야 할 숙제였다.

장보고를 일컬어 해상왕이라고 한다. 텔레비전드라마에서는 그를 해신으로도 호칭했다. 바다의 왕, 바다의 신으로 불리는 장보고, 그는 한국의 〈삼국사기〉, 일본의 〈속 일본후기〉, 중국의 〈신당서〉 등 동아시아 삼국의 정사(正史)에 모두 등장하는 인물이다. 정작 조국인 신라에서는 그에 관한 기록이 상대적으로 인색한데 중국과 일본에서는 그렇지 않다. 〈아방궁부〉와 〈강남춘〉으로 유명한 당나라 말기 시인 두목(803~852)은 특별히 장보고의 행적을 노래했고, 오늘날 일본 불교 최대종단인 일본천태종의 교조 원인(圓仁·옌닌)대사는 그의 기록인 〈입당구법순례행기〉에서 장보고 선단과 상단의 도움이 없었다면 자신의 당나라 10년 유학은 불가능했을 거라고 밝혔다. 옌닌의 〈입당구법순례행기〉는 그 시작에서부터 끝날 때까지 거의 모든 길목에 장보고 선단과 상단이 등장을 한다. 장보고의 배를 타고 중국에 와서 장보고의 배를 타고 일본으로 돌아갈 때까지 10년동안 요소요소 신라방 신라인의 도움을 받고 장보고 상단의 정보에 따라 어려운 고비를 넘겼다는 내용이다. 이것은 옌닌 개인의 일이 아니라 고대 일본 최고 선각자의 일이므로 일본문명사 그 자체의 일이었다. 그러한 일을 장보고 선단과 상단이 한 것이다.

장보고 이전의 바다에는 해적이 횡행했다. 동아시아에서는 해적을 왜구라고 불렀다. 왜나라 도적이 바다를 건너와 육지의 물산과 인명을 도륙하고 달아난다는 것이었다. 일본에서는 해적을 일괄적으로 왜구라 부르는 데에 불만을 터뜨린다. 초기에는 왜나라 해적이었을지 몰라도 일정 시기 이후에는 각국의 유랑민이 바다로 흘러나와 해적이 되었는데 그들을 모조리 왜구라 부른다고 억울해 한다. 심지어 장보고를 해적이라고 음해하는 자가 있고, 양민을 납치하여 팔아먹는 노예상인이라고 음해하는 자도 있다.

장보고가 신라 조정에 요청하여 오늘날 전남 완도 바다에 청해진을 설치하고 청해진대사로서 상주하면서부터 동아시아의 바다에 질서가 잡힌다. 장보고가 신라 조정에 청해진 설치의 필요성을 설명할 때 가장 중점을 둔 부분이 '왜구의 무고한 양민 납치' 문제였다. 신라인이 왜구에게 납치된 뒤 중국에 노예로 팔려 고생한다고 보고한 것이었다. 신라 조정은 장보고에게 바다를 지켜서 신라 인민이 납치되어 노예로 팔려가는 것을 막고 왜구들이 어지럽히는 해상무역의 질서를 바로 잡으라고 명했다.

장보고는 청해진대사가 되어 청해진으로 오면서 정년과 헤어지게 된다. 정년은 적산포에 남아 중국 대륙의 강과 운하 등 물길을 따라 조직적으로 교역하는 신라상인망을 관리했거나 아니면 다른 사정으로 역사에서 사라지게 되었을 것이다.

장보고의 수군 병력이 청해진을 중심으로 왜구 소탕을 하므로써 동아시아 바다에서 해적이 자취를 감추고 한 중 일 동양 3국의 해상무역은 활기를 띠게 된다. 장보고 이전의 해상무역은 주로 국가와 국가 간 조공과 하사 형태의 공공무역과, 해적의 위협에 무방비로 노출된 일부 선박상인들의 사무역으로 크게 구분이 되었다. 그러나 장보고가 청해진을 설치하고 바다에 질서가 잡히면서 공공무역과 사무역을 합한 오늘날 종합무역상사 기능의 해상무역그룹이 등장하게 되는데, 바로 장보고 상단이었다. 이를테면 장보고 상단은 동아시아 해상경제를 독점, 총괄하는 해상재벌이었다. 장보고 상단은 해상무역 뿐만 아니라 여객 운송도 했다. 당시 세계제국 당나라는 문호를 활짝 개방하고 세계를 받아들였다. 신라 발해 왜 베트남 인도 인도네시아 스리랑카 아라비아 로마 등 세계가 당나라로 몰려들었는데 그들은 초원의 길과 사막의 길과 바닷길을 이용했다. 초원이나 사막이 바다보다 덜 위험하지 않았고 바다가 초원이나 사막보다 더 위험하지도 않았다. 물류와 인원을 한꺼번에 많이 이동시키기에는 오히려 초원이나 사막보다도 바다의 길이었다. 해양실크로드. 바닷길 상인은 중국 강남의 항구로 들어왔다. 그중 장보고 선단은 신라와 왜와 당나라, 3국의 해상수송을 독점했다. 왜나라의 승려가 세계제국 당나라를 배우기 위해 출국할 때는 오늘날 큐슈지방의 신라방을 찾아가서 배 뜰 때를 기다렸다가 승선을 했고, 당나라 수도 장안(서안)에서 유학을 마치고 왜나라로 귀국하는 승려는 강남 내륙 장강의 항구와 인접한 국제도시 양주에서 배를 타고 장강을 따라 내려와 바다로 나왔다. 소주에도 신라방이 있었다. 중국 강남의 경제적 거점도시에는 거의 대부분 신라상인과 신라방이 있었다. 소주 신라방 사람들은 소주에서 운하를 타고 장강 류하구에 나와 양주 발 명주(영파) 행 배에 올랐다. 장강에서 바다로 나온 장보고의 국제여객선은 일단 명주로 내려와서 물때를 기다렸다. 명주에는 천태산 국청사의 신라방, 황암(임해 태주)의 신라방 등에서 온 여객들도 물때를 기다리고 있었다.

한편, 당나라 동부 내륙의 국제도시 양주는 당나라 수도인 국제도시 장안과 물길로 통했다. 강과 호수와 운하 등의 물길을 적절히 이용하면 수월하게 두 도시를 오갈 수 있었다. 육로는 험하고 위험하고 고단한 길이었기 때문에 물길을 선호했고, 장안으로 가는 물목의 도시들은 번성할 수 밖에 없었다. 그러한 양주에 아라비아 상권이 형성되어 있었다. 장보고 상단은 양주의 아라비아 상인들과 교역을 해서 아라비아 특산물을 구매하고 비단 등 신라 특산물을 판매했다. 아라비아 상인들은 신라산 범포(범선 돛의 베)를 선호했다.

오늘날 절강성 영파시는 자기네 고장이 '중국 해상무역의 메카'라고 자랑한다. 서남아시아와 아라비아와 유럽과 아프리카 등지에서 온 배들이 드나들고 어느 지방의 교역시장보다 다양한 다국적 상품들이 거래된 곳이 명주(영파)인 까닭이다. 장보고 상단이 이 황금시장을 외면할 리 없었다. 청해진시대의 장보고가 중시했던 곳은 산동반도보다도 이곳 절강성 영파지역이었다고 주장하는 이유이다.

전남 강진과 해남 지역에 신라 말기의 도요지가 여러 곳 발굴되었고, 그중 강진에서 생산되는 녹청자는 고려 비색청자의 원조라는 평가가 있다. 바로 이 도요지들이 장보고 상단의 자기 생산공장이었다고 관련학계에서 보고 있다. 오늘날 영파의 위성도시 자계시에 유명한 월주자기(越州瓷器) 가마터가 있다. 고대 도자기시장을 석권하던 중국 월주자기가 명주(영파)에 있었고 이곳을 중국 거점으로 삼고 있던 장보고 상단은 월주자기를 신라와 왜에 싣고 가서 팔았다. 그러다가 중개무역만 할 게 아니라 직접 생산해서 팔자며 오늘날 전남 강진 해남 일대에 가마를 짓고 도자기를 생산했다는 것이다. 장보고 상단은 강진과 해남의 도요지에서 생산한 청자를 당나라와 왜나라에 수출했다. 비색 고려청자 이전의 신라청자였다.

그야말로 바다를 '청해(淸海)'하고 '영파(寧波)'했던 장보고는 그러나 신라 국내정치의 소용돌이에 휘말리면서 푸른바다 파도에 실었던 꿈도

야망도 접을 수 밖에 없었다. 846년 장보고가 배신자 염장(閻長)의 손에 암살 당하면서 그가 쌓아올린 해상왕, 무역왕의 위업은 허물어지고 만다. 그리고 동아시아의 바다는 다시 한동안 왜구의 수중에 들어가고 만다.

그리고 1200년. 여기서 김성훈 교수의 논문 〈미래사 시각에서 본 장보고 해상경영〉의 한 대목을 읽어볼 필요가 있다.

〈한 중 수교가 늦어짐에 따라 1988년 2월까지는 실질적으로 한국 국적을 가진 학자들이 중국을 방문할 수 없었고, 그러한 외교공백기를 틈타 장보고 대사와 신라인들의 본거지인 산동성 적산 법화원에서는 일부 국수주의적인 일본인 사학자와 언론인들에 의해 엄청난 역사 왜곡이 시도되기도 했다〉

우리보다 20년 먼저 중국과 국교를 수립한 일본의 자본이 장보고 유적지인 적산 법화원의 역사까지 왜곡시키고 있는 현장을 목격한 김성훈 교수는 당시의 심정을 이렇게 적고 있다.

〈(일본자본이 적산 법화원 복원을 지원하면서 경내에 16개의 비석을 세워놓았는데) 그 중 두 번째로 큰 비석에 다카스 미쓰유키의 명의로 '배나무밭 시원한 그늘 아래 옌닌의 옛 절터'라고 버젓이 새겨놓았다. 장보고가 세운 신라원이 그의 식객이었던 일본인 승려 옌닌의 절 터로 바뀐 것이다. 장보고 대사의 도움 없이는 당나라에서의 구법은커녕 생명을 부지할 수 없었고 귀국마저 불가능했던 옌닌의 후손들이 그 은혜를 역사왜곡으로 갚고 있었던 것이다. 그리고 집채만한 자연석을 깎아 세운 기념비에 장보고 대사와 신라원의 내력은 한 마디도 언급하지 않고 단지 옌닌의 위대함만을 높이 치켜세운 다음, 밑도 끝도 없이 한 중 일 3국의 우호의 원류라고 새겨놓았다. 필자는 이 사실을 카메라와 비

디오 테잎에 담아 제남의 산동성 정부를 찾았다〉

이 때 김성훈 교수의 심중이 어떠했을 것인지 짐작이 간다. 그후 한 중 수교가 되고 복원된 적산 법화원은 바른 역사를 전시하게 되었다.

산동성 적산법화원의 예를 절강성 보타산 불긍거관음의 예에 비춰보지 않을 도리가 없다. 한 중 국교가 중 일 국교보다 20년이나 뒤에 수교되는 바람에 보타산 불긍거관음이 신라의 것에서 일본의 것으로 변조되어버렸다는 생각을 지우기가 어렵다.

중국 강남 상해·남경·항주·소주·영파·양주·소흥
그리고 중국 속 한국 이야기

제4장

강남바다와
동양 3국

강남바다 3가지 핵심어

　　　　　강남바다의 심장으로 들어가는 3가지 키워드가 있다. '강남바다'를 '보타산'으로 바꿔 말해도 좋다. 보타산이라는 이름의 보타섬이 강남바다의 핵심이기 때문이다. 강남바다의 핵심을 여는 첫 번째 단어는 앞서도 밝힌 바 있는 '불긍거관음'이다. 강남바다 주산군도 연꽃바다에 떠 있는 아름다운 섬 보타산은 중국 4대 불교성지 중의 하나인 관음성지이다. 두 번째 단어는 만고효녀 심청(沈淸), 바로 그 이름이다. 1천7백년 전 한국 고대국가 백제의 효녀 심청이 주산본섬 심가문 항구 인근의 타오촌으로 시집 왔다는 것이 이곳의 전설이다. 세 번째 단어도 한국인의 이름인데, 청해진대사 장보고, 바로 그 사람이다. '강남바다의 장보고'라는 문을 열고 들어가려면 일본승려 옌닌의 기록을 참조하고 중국 산동성 적산포의 적산법화원과 일본 교토의 천년고찰 적산선원을 답사해야 한다.

불긍거관음

　　　　　강남바다 주산군도를 옛날에는 해중주(海中洲)라고 불렀다. 중국의 다도해라고 할 수 있는 이곳에 크고작은 섬 1390개가 있는데 중국 전체 섬의 20%에 해당한다. 이 많은 섬들이 불교 관련 설화들로 덮여 있다.

　주산군도 보타산을 말하자면 먼저 중국 4대 불교성지를 참조해야 한다. 산서성 오대산은 문수보살이 주재하는 문수성지, 사천성 아미산은 보현보살이 주재하는 보현성지, 안휘성 구화산은 지장보살이 주재하는 지장성지, 절강선 보타산은 관음보살이 주재하는 관음성지라고 한다. 이 4대 성지 중 양대 성지가 우리 한민족 선조에 의해 조성된 것이다.

　안휘성 지주시 구화산의 해발 1300미터 동굴 속에서 수도하고 등신불(等身佛)의 이적을 세상사람들에게 보여준 이는 신라의 왕자 김교각이었다. 왕자요 화랑이었던 20대 젊은이가 구화산에 들어와 99세에 입적할 때까지 남긴 일화들과 등신불의 이적은 김교각스님이 지장보살의 화신임을 설명하는 데 부족함이 없었다. 구화산이 지장성지가 된 내력이다.

'중국 4대 불교성지'와 신라인

절강성 주산군도의 섬 보타산 해안에 신라초(新羅礁)라는 암초가 있다. 지금은 그 이름을 아는 사람이 거의 없지만 옛 사람들은 다 그렇게 불렀고 옛 기록에서도 신라초를 명시하고 있다. 신라초라는 이름은 신라로 가는 뱃길에 있는 암초라는 뜻일 수도 있고 신라 국적 장보고 상단의 영향력이 암초의 이름에까지 올랐을 수도 있다.

신라초에 관한 기록이 중국 남송 때 발간된 책 〈불조통기(佛祖統記)〉에 나온다. 〈일본 승려 혜악(慧鍔)이 오대산에서 관세음보살상을 구해 일본으로 가져 가려는데 배가 바다로 나아가지 않고 한 자리에서 자꾸만 맴돌더니 암초에 가서 걸렸다. 혜악은 그 관음상을 암초 위에 모셨다〉라는 기록이다. 일본 승려 혜악이 주산군도 보타산에 처음으로 관음상을 모셨고, 그것이 중국 관음성지 보타산의 출발점이라는 것이다. 혜악이 암초 위에 관음상을 모셨다는 이 때가 연도로는 당 함통(咸通·860~873) 연간으로서 당나라 제17대 의종(懿宗) 때의 일이다.

이 책보다 150년 정도 앞서 신라초를 기록한 책이 있다. 서긍(徐兢)의 〈고려도경(高麗圖經)〉이다. 이 책의 기록은 이러하다. 〈신라 상인이 오대산에서 관음상을 새겨 가지고 바다를 건너려는데 배가 신라초에 걸려서 움직이지를 않았다. 신라 상인은 할 수 없이 관음상을 암초 위에 모셨는데, 사람들은 이 관음상이 영험이 있다고 하였다〉

신라초 위에 커다란 바위 하나가 있는데, 거기에 관음도(觀音跳)라는 글이 새겨져 있다. 관음보살이 올라섰다는 뜻이다.

오늘날 중국에서 발간되는 거의 모든 관광안내 책자에서는 보타산 관음성지의 개산자를 일본 승려 혜악으로 기록하고 있다. 중국 4대 불교 성지 중 관음성지를 일본인이 열었다는 것이다. 지장성지의 신라 왕자 김교각 스님 개산설은 부정할 수 없이 확실한 것이므로 어떻게 할 도리가 없고 관음성지는 일본의 공로로 주어서 엔화 수입을 올리자는 것이었을까? 보타산에 맨먼저 관음상을 안치한 신라 상인의 존재는 간 데가 없다.

일본인이 가장 존경하는 옌닌의, 일본인이 가장 자랑하는 '세계3대 기행문'인 〈입당구법순례행기(入唐求法巡禮行記)〉에서 우리는 '보타산 불긍거관음'에 관한 힌트도 얻을 수 있게 된다. 일본 견당사(遣唐使)의 통역관으로 일한 신라인 역관 유신언(劉愼言)과 신라상인 장공정(張公靖) 장우신(張友信)의 배에 관한 기록이 옌닌의 책에 나온다. 신라상인 장공정과 장우신은 무사항해를 위해 보타산 관세음보살에게 치성을 드렸다는 기록이 있고, 보타산의 대부분 사찰과 불상과 시설물은 장공정 장우신 등 신라상인이 시주한 것이라는 기록이 있다. (중국 관음신앙 연구학자인 일본의 사에키(佐伯富) 교수도 〈보타산의 절과 종 등은 거의 신라 상인들이 시주한 것이다〉 라고 그의 논문에서 밝혔다) 당나라시대의 그림을 보면 신라 유학생은 가죽신을 신었지만 일본 유학생은 맨발이다. 가난한 일본의 가난한 맨발 승려 혜악이 그 귀한 관음상을 쉽게 보타산에 시주할 수 있었을까. 사업을 위해 수시로 시주해온 신라상인이 불긍거관음 설화의 주인공일 수 밖에 없다.

신라초 위에 서방정원(서방정토불교원)이라는 이름의 아주 규모가 큰 불교선원이 있다. 1910년대에 왠만한 규모로 처음 건립된 이 선원은 20세기 전반기의 혼란 속에서 저절로 퇴락했다가 1991년에 현재의 규모로 중건되었다. 이때 이 선원의 중앙에 '혜악대사 기념당'을 조성했다. 지금이 불교선원의 이름이 서방정원이라는 사실을 아는 사람은 거의 없다. 보타산을 찾는 거의 모든 사람은 이 불교선원의 이름이 혜악기념당인 것으로 알고 있다. 현재 보타산의 신라초를 아는 사람이 거의 없고 혜악기념당을 모르는 사람은 거의 없다.

　여기서 이런 생각을 해볼 수 있다. 일본은 중국과 1972년에 국교정상화를 하고 중국에 막대한 투자를 했다. 한국이 중국과 국교정상화를 한 것은 이보다 20년 뒤인 1992년이다. 한국과의 국교정상화를 내다보지 못한 중국 당국은 보타산을 관음성지로 조성함에 있어 '신라 상인' 설보다 '일본승려 혜악' 설을 내세우고 싶었을 것이다. 중국경제가 이렇게 성장할 줄 모르고 일본경제가 중국경제보다 못하게 될 줄 모르는 상황에서 일본 관광객과 일본 자본을 유치하려면 '일본승려 혜악' 설에 의한 관음성지를 개발해야만 했을 것이다. 상당한 경제력을 갖춘 대한민국과 국교정상화까지 하게 될 줄을 어떻게 알았으랴.

　남해관음대불 가는 길과 혜악기념당 가는 길이 갈라지는 지점에 대리석 표지판이 제법 큼직하게 서 있다. 단순히 '일본 중국' 네 글짜가 새겨진 표지석이다. 그 중 '일본' 두 글짜만 누군가 쇠망치 같은 것으로 망가뜨려놓았다. 반감을 가진 자의 의도적인 소행으로 보여진다.

뮤지컬과 영화의 보타산 불긍거관음

　중국의 유명 관광지에서는 지역의 역사나 특성도 홍보하고 관광수입도 올리기 위해 대형 현장실황극, 즉 실경뮤지컬을 기획, 공연한다. 항주의 〈인상서호(印象西湖)〉, 장가계 천문산의 〈천문호선(天門狐仙)〉, 계림의 〈인상유삼저(印象劉三姐)〉, 태산의 〈봉선대전(封禪大典)〉, 숭산의 〈선종소림·음악대전(禪宗少林 音樂大典)〉 등이 그러한 실경 뮤지컬, 즉 현장실황극이다. 보타산에서는 단건평(段建平) 연출의 〈관세음(觀世音)〉과 장예모(張藝謨) 연출의 〈인상보타(印象普陀)〉를 공연하고 있다. 〈관세음〉은 극장 뮤지컬이고 〈인상보타〉는 대자연의 실경 뮤지컬인데, 제목에서 짐작되듯이 두 공연 모두 보타산 개산설화(開山說話)가 극중에 등장한다. 승려가 관음상을 모시고 가다가 풍랑을 만나 보타산에 안치한다는 설정이다. '신라 상인'은 간데없고, '일본 승려'가 중국불교의 관음성지를 개산했다는 내용이 세계적 명성의 연출자 작품으로 세계인에게 소개가 되고 있는 것이다.

  중국의 명승지에서 공연되는 이런 대형 현장실황극이 연중무휴로 몇 년씩 계속 공연되고 있지만 관객은 매회 거의 만석을 이룬다. 입장료도 한국돈으로 5만원이 넘는다. 이렇듯 흥행이 되니까 명승지나 유적지에서는 경쟁적으로 이런 공연물을 기획하게 된다. 어떤 공연에서는 이것을 벤치마킹하기 위해 실무진을 거느리고 온 한국의 지방자치단체장이 목격되기도 했다. 그런데 한국의 그 지자체에서 실제로 벤치마킹하고 무대를 만들어 공연했다는 얘기는 듣지를 못 했다. 뜻은 있으나 관객동원에 자신이 없기 때문일 것이다. 산간오지에서 연중무휴로 공연되는 무대의 관객이 매회 만석인 중국의 현실이 놀랍고 부러울 따름이다.

  보타산 공연물의 내용에 대한 얘기로 돌아가서, 필자는 이런 생각을 해보게 된다. 한국과 중국, 양국의 공연기획자가 만나 한중 합작극을 만드는 것이다. '일본 승려' 대신 '신라 상인'을 등장시키고, 단건평이나 장예모의 작품에는 등장하지 않는 심청의 이야기를 보타산 관음설화에 배합시키는 것이다. 작곡가 윤이상이 생전에 심청 설화를 음악극으로 창작, 공연하여 유럽에서 호평을 받은 적이 있다. 심청 설화는 충분히 세계적인 소재라는 사실의 확인이었다. 심청, 우리의 그녀는 1천7백년 전 심가문 타오촌의 무역상 심국공(沈國公)에게 시집을 왔다. 주산군도 연꽃바다 보타산 신라초를 돌아서. 인당수에 피어난 연꽃봉오리라는 우리 전설의 설정과 연꽃바다를 향기롭게 한 백제 효녀라는 중국 전설의 설정이 절묘하게 단일화하고 있다.

주산군도 보타산 부두에서 배를 내려 출찰구를 향해 가다보면 바다 쪽으로 난간처럼 둘러쳐진 각종 광고포스터를 볼 수 있다. 그중에서 제일 눈에 잘 띄는 것이 중국 일본 합작 불교영화 〈불긍거관음(不肯去觀音)〉 포스터이다. 2013년도에 개봉한 영화이고 지금은 상영하는 영화관도 없는데 이 포스터는 해가 바뀌어도 계속 붙어 있다. 한두 장도 아니고 여러 장 줄지어 붙어 있어 관광객의 걸음을 계속 따라오는 느낌이다.

불긍거관음. 당 함통 연간, 지금으로부터 약 1천2백년 전 신라 상인(다른 주장으로는 일본 승려 혜악)이 오대산에서 조성한 관세음보살 상을 배에 모시고 신라로(혹은 일본으로) 가고 있었다. 배가 연꽃바다 신라초를 지나갈 때 갑자기 해류가 이상해지고 배가 제자리에서 맴돌았다. 배는 어쩔 수 없이 신라초에 댔고, 신라 상인(혹은 일본 승려)이 모시고 가던 관세음보살상도 신라초 위에 올려놓게 되었다. 이 때 사람들은 모두 알게 되었다. 이 관음상은 아무 데도 가지 않고 이곳에 있고 싶어 한다는 것을. '떠나지 않고 머물러 있고 싶은 관세음보살, 불긍거관음'이라고. 마침 신라초 근처에 한반도 신라의 동해안 낙가산 홍련암 주변과 지형지세가 아주 흡사한 곳이 있었다. 바윗골로 파도가 몰아쳐 해조음이 이는 조음동이었다. 그곳에 절을 지어 관음상을 안치하고 절이름을 불긍거관음전이라고 했다. 이것이 불긍거관음설화의 내용이자 보타산이 관세음보살 성지로 된 역사적 배경이었다.

한편 바윗골에 해조음이 이는 한국의 낙산사 홍련암은 중국 보타산의 불긍거관음전보다도 약 1백년 앞선 서기 671년에 의상대사가 창건한 암자이다. 홍련암은 낙산사에 속하는 암자이고, 낙산사의 '낙산'은 '낙가산'의 준말이다. 중국의 낙가산은 연꽃바다를 사이에 두고 보타산과 마주보는 불교성지이다.

보타산 불긍거관음과 심청

보타산이 불긍거관음 이전부터 관음성지였다는 사실을 장예모 감독의 〈인상보타〉를 보면 알 수 있다. 물론 이 작품을 통해 알 수 있는 사실도 이 작품의 작가가 참고한 역사기록에 의한 것이다. 〈인상보타〉의 라스트 부분에 가면 이런 나레이션이 나온다.

'1천7백년 전, 주산군도 연꽃바다에서 풍랑을 만난 선원들이 관세음보살의 가피력으로 무사히 항해할 수 있었고, 보타산에 관세음보살이 계시다는 사실을 알게 되었다.'

그렇다면 불긍거관음 5백년 이전에 이미 보타산은 해수관음의 가피력이 입증된 관음성지였다는 것이다. 그리고 5백년. 주산군도 연꽃바다는 한반도의 삼국과 일본 뿐만 아니라 동남아의 여러 나라 무역선도 드나드는 국제 항로였고, 심청 스토리 이후의 보다 거국적인 스토리를 요구하게 되었을 것이다. 마침 신라 상인들의 모금으로(혹은 일본 불교계의 시주로) 불긍거관음전을 세우게 되었고, 그에 맞는 스토리를 만들어 배포할 필요가 있었을 것이다.

인간을 매료시킬 수 있는 인간적 스토리에는 인간이라는 주인공이 있어야 한다. 보타산의 관음성지 스토리에도 인간 주인공이 있어야 인간에게 잘 먹혀들어갈 것이었다. 따라서 인간 주인공이 필요했는데 이름도 성도 모를 '신라 상인'보다는 신원이 확실한 '일본승려 혜악'이 스토리 정립에 더 효과적이었을 것이다. 신라 상인 대신 일본승려 혜악은 그렇게 주인 공이 되었을 것이다. 그런 점에서 일본은 '중국 4대 불교성지' 중의 하나를 그저 얻어가진 것이 된다.

2013년 여름 중일 합작 대작영화 〈불긍거관음〉이 중국에서 개봉되었을 때 관객의 반응이 거의 열광적이었다. 이런 엄청난 스케일과 감동의 영화가 왜 헐리우드 대작영화에 밀려야만 하느냐고 중국 네티즌들이 한참을 떠들었다. 관음성지 보타산에는 매일 수만 명이 방문하여 참배하고 관광한다. 이들은 보타산에서 일본과 불교적인 유대감을 가지게 될 것이고, 합작영화 〈불긍거관음〉의 감동을 되새기게 될 것이다. 이러한 마당에 "불긍거관음은 일본 것이 아니라 신라 것, 즉 한국 것이었어!" 한다면 진실을 모르는 중국사람은 아마도 이런 소리를 하게 될 것이다. "또 그 소리냐? 공자도 너네 꺼라더니 보타산도 너네 꺼였어?" 너무 '나'를 내세우면 도리어 내가 궁지에 몰리는 수가 있다는 걸 알게 된다. 이해관계에 얽히면 진실도 진실이라 말하기 어려워서 안타깝다. 그래서 가슴 속에 꽁꽁 뭉쳐지는 것이 있다. 어떻게 하면 '신라 상인'의 존재를 알릴 수 있을까, 이대로 가다간 머지 않아 신라 상인의 존재가 없어질지도 모른다는 조바심이다. 영화 〈불긍거관음〉의 자료를 찾으러 인터넷에 들어갔다가 연관자료로 달려나온 동국대 조영록 교수의 논문 〈중국 보타산 관음도량과 한국〉을 읽게 되었다. 조교수는 불긍거관음전을 당 함통 연간보다 3백년 앞선 6세기 전반의 양 무제(502~549) 때 세운 절이라고 했다. 한편 백제의 발정(發正)스님이 502년에서 519년 사이에 중국 유학을 하면서 확인한 사실의 기록도 있었다. '보타산에 관세음보살이 현신했다는 사실을 백제에 귀국하여 전파했다'는 내용이었다. 불긍거관음의 연대와 심청의 연대가 접근하고 있다는 증거이다.

심청이 이곳으로 시집 왔다

　　　　　　　　중국 절강성 주산군도 연꽃바다 주산 본섬의 심가문 어항은 중국 최대의 어항이자 세계 제3대의 어항이다. 이 심가문 어항의 도심을 조금 벗어난 야산자락에 만고효녀 심청의 집이 있다. 심청은 심가문의 전설 '백제 효녀 원홍장(元洪庄)'으로 살아 있다.

　심가문의 심청 전설은 우리의 심청 전설과 조금 다르다. 심청은 원래 한반도의 백제 땅, 오늘날 전남 곡성군에서 앞 못 보는 원봉사(元奉事)의 딸로 태어난 원홍장이라는 것이다. 원홍장은 가난한 소경인 아버지를 위해 중국 주산군도 심가문의 거부 무역상 심국공에게 시집을 왔다고 했다. 중국 위진남북조(魏晋南北朝)의 동진(東晋)시대였고 한반도는 삼국시대였다. 심국공은 한반도의 신라 백제와 무역을 하고 있었다. 심국공이 중국에서 실어간 품목은 불경과 불상, 그리고 도자기와 약재였다.

　중국 주산군도 연꽃바다 심가문으로 시집 온 원홍장은 백제땅 곡성에 두고온 소경 아버지 걱정에 생속앓이를 했고, 남편 심국공이 그 사정을 살폈다. 심국공은 장인인 백제땅 소경 원봉사의 눈을 뜨게 해주십사고 발원하며 570존(尊)의 관세음보살 상을 조성하여 한반도의 절과 가정에 시주했고, 그 공덕으로 원봉사는 눈을 뜨게 되었다.

이러한 내력을 1천7백년이나 전해내려온 심청의 집 '심원(沈院)'은 중국불교 관음성지 보타산가는 길목에 있다. 절강성 주산시 보타구 심가문의 신시가지에서 눈 밝은 사람은 '심원'이라는 표지판을 볼 수 있고, 표지판이 가리키는 곳으로 가면 어렵지 않게 심원을 만나게 된다. 저수지를 품은 야산자락에 옛마을 타오촌이 자리잡고 있는데 이 마을에 심청의 집인 심원이 유적공원으로 조성되어 있다. 지명 타오촌의 '타오'는 배의 키rudder를 뜻한다. 이 마을의 생김새가 배의 키를 닮았거나, 아니면 선주의 마을, 혹은 선장의 마을이라는 뜻일 것이다. 이 마을이 있는 주산시는 심청의 고향인 전남 곡성군과 자매결연을 맺고 있다.

한편 심청의 고향 곡성군과 한 묶음으로 엮어지는 지역인 순천시의 옛날 이름이 강남군이었다. 심청이 고향에서 살던 삼국시대 당시의 지명이 그러했다. 심청은 한반도의 강남에서 중국의 강남으로 시집 온 것이었다.

장보고와 옌닌

장보고가 있었기에 옌닌이 있었고 옌닌이 있었기에 장보고가 '남았다'고 한다면 지나친 비약이 될까. 오늘날 우리가 알고 있는 장보고의 진면목 대부분이 옌닌의 〈입당구법순례행기(入唐求法巡禮行記)〉에서 읽어 아는 바이고, 옌닌 10년 중국유학의 중요한 순간마다 도와준 사람이 장보고였다는 얘기를 극적으로 표현하다보니 그렇게 되었다.

장보고가 베푼 은혜의 기록을 우리의 역사에서는 읽을 수 없고 일본승려 옌닌의 기록에서는 읽을 수 있다. 장보고를 잊지 말고 기려야 한다고 유언을 남긴 사람도 우리의 선조가 아닌 일본승려 옌닌이었다. 9세기 한 중 일 동양3국의 바다와 중국대륙 여러 곳의 신라방에 행사한 장보고의 세력을 옌닌의 기록이 있었기에 자세히 알 수 있는 것이다.

일본 불교 천태종과 장보고

일본 교토의 비예산 연력사는 788년 젊은 승려 사이초(最澄·767~822)가 불교 수행을 위해 세운 작은 암자에서 시작한 것이다. 사이초는 804년 국비유학생으로 중국유학을 떠났다. 신문명의 수입 창구를 한반도에서 중국(당)으로 돌린 일본은 유능한 승려를 선발하여 중국유학을 보냈는데 사이초도 그 중의 한 사람이었다. 중국 천태산 국청사에서 1년간 유학하고 비예산 연력사로 돌아온 사이초는 일본불교 천태종을 창건하고 제자를 양성했다. 그의 수제자 중에 옌닌이 있었다.

옌닌은 838년 신라상인이 운영하는 신라 선박을 타고 당나라 유학을 떠났다. 일본 정부가 파견하는 견당사의 일원이었지만 신라인의 도움은 필수적이었다. 당나라 입국허가서를 받는 일이나 당나라 국토를 여행하는 일, 당나라에 관한 각종 정보를 입수하는 일까지 당나라 요소요소에 자리잡은 신라방의 신세를 지는 일본유학승이요 유학생이었다. 신라방은 청해진대사 장보고의 영향력이 막강하게 작용하는 곳이었다.

옌닌은 장보고가 세운 적산 법화원에서 신세를 지고 유학 10년동안 장보고 상단과 장보고 선단의 도움을 많이 받았다. 그리고 옌닌은 그 은혜를 잊지 않았다. 현장법사(602~664)의 〈대당서역기〉, 마르코폴로(1254~1324)의 〈동방견문록〉과 함께 세계3대여행기로 꼽히는 〈입당구법순례행기〉에 장보고 은혜를 기록한 것만으로 그치지 않았다. 사이초스님에 이어 일본천태종 종정을 역임한 옌닌은 열반 직전에 장차 일본천태종 4대 종정이 될 수제자 안에(安慧)스님에게 아주 특별한 유언을 남긴다. 장보고의 은혜를 잊지 말고 그가 창건한 중국 적산 법화원과 비슷한 절을 비예산에 세우라는 유언이었다. 안에스님은 옌닌스님의 유언을 받들어 비예산에 적산선원을 세우고 중국의 적산 법화원에서 '신라명신(新羅明神)'의 화상(畵像)을 모사해 와서 모셨다. 신라명신은 바로 장보고였다.

일본에서 신이 된 장보고

장보고에 대한 일본불교 천태종의 존경은 옌닌스님과 안에스님에 그치지 않았다. 안에스님에 이어 제5대 종정이 된 엔친스님 역시 장보고 선단과 신라인의 도움으로 당나라 유학을 무사히 마친 사람이었다. 그는 장보고와 신라인의 은혜를 잊지 않기 위해 비예산에 삼정사를 세우고 신라선신당(新羅善神堂)을 지었다. 신라선신은 장보고를 말함이었다. 한편 비예산 삼정사는 일본 사무라이의 아버지로 불리는 미나모토 요시미쓰(1045~1127)의 일화가 있는 사찰로도 유명하다.

그는 사무라이가 되기 위한 행사인 성인식을 삼정사 신라선신당 앞에서 치르면서 자신의 성과 이름을 바꿨다. 성인 '원'을 '신라'로 바꾸고 이름은 사부로로 개명했다. 미나모토 요시미쓰에서 신라사부로가 된 것이다. 신라선신의 가피력을 입자는 것이었다. 그는 살아서 무수한 전쟁을 승리로 이끌고 죽어서 신라선신당이 있는 삼정사 뒷산에 묻혔다. 한편 미나모토 요시미쓰가 신라사부로로 개명한 것은 신라 화랑의 상무정신을 추앙했기 때문이라는 해석도 있다.

일본불교 최대 종단인 천태종 총본산 비예산 연력사에는 '청해진대사 장보고 기념비'가 있다. 그다지 오래 되지 않은 이 비석은 교토에 살고 있는 장보고의 32대손이 주도해서 세운 것이라고 한다. 장보고가 일본땅에 자손을 남겼거나, 그의 후손이 일본에 뿌리를 내렸다는 얘기도 된다.

신이 된 장보고의 흔적은 연력사나 삼정사, 적산선원 이외에도 일본에 많다. 그의 은혜를 잊지 않은 옌닌 등 일본유학승들의 성의가 1천2백년

일본 교토 비예산 적산선원 본당 정면 처마 밑에, 장보고 선단의 배가 만경창파를 헤치고 오는 그림이 그려져 있다.

세월에도 퇴색되지 않고 이어져 오는 것이다.

엔닌의 유언에 의해 안에가 888년에 창건한 교토 비예산 적산선원은 기복성지(祈福聖地)로 유명한 사찰이다. 교토에는 기복성지로 알려진 7군데의 사찰 및 신사가 있다. 해마다 1월1일부터 1월7일까지 일본 전역에서 복을 빌러 오는 사람들이 이곳 교토의 7군데 사찰 및 신사를 참배한다. 그중 첫 번째 기복성지가 장보고를 모신 적산선원이다.

비예산 적산선원을 가려면 교토역 앞 버스정류장에서 5번 버스를 타고 1시간 쯤 가야 한다. 은각사를 지나 수학원이궁도 정류장에서 하차하는데 어디에도 적산선원 이정표는 보이지 않는다. 작은 집들이 다닥다닥 붙은 도시민의 마을이 맑은 분위기에 조용하고 깨끗하고 한산하기 짝이 없다. 한국에선 1970년대에나 볼 수 있던 TV안테나들이 작은 집들 지붕마다 불쑥불쑥 솟았고 한국의 도시에서는 보기 어려운 전신주도 좁은 골목에서 행인의 어깨에 걸린다. 그런데도 모든 게 다 잘 정리되고 깔끔한 풍경에 홀리며 걷다보면 전신주의 전선들과 민가의 TV안테나들에 걸린 푸른 산맥이 바로 눈앞에 펼쳐져 있다.

적산선원을 품은 산이다. 찾아간 날이 마침 1월6일이었다. 어디 먼데서 관광버스를 타고 단체 참배를 온 것인지 40~50명의 중·장년 남녀가 적산선원 비탈길을 올라가고 있었다. 그 많은 사람들이 잡담 하나 없이 조용히 2열로 줄을 지어 적산선원 산문을 지나 본당 앞 계단을 오르고 있었다. 적산선원에는 본당 외에도 크고작은 참배소들이 여러 곳 있는데 그 단체참배객을 필자는 본당 앞까지만 보고 그 뒤로는 보지 못 했다. 하도 조용히 참배하고 하도 조용히 떠나버려서 적산선원 산문에서 본당 앞에 이르는 길에서 보았던 단체참배객이 필자가 잘못 본 헛것이었나 할 정도였다. 그들은 그토록 조용히 2열로 줄지어 질서 있게 흔적도 남김 없이 1천2백년 전의 신라인 장보고에게 무엇을 빌고 갔을까 하는 감상이 일었다.

장사하는 사람이 1월5일 적산선원의 신라명신에게 기도하고 가면 수금이 잘 된다고 한다. 신라명신 장보고의 생일이 1월5일이라는 것이다. 적산선원 본당 적산궁 정면 중앙의 처마에 아주 특이한 상징물이 조성되어 있다. 고대의 배 그림이다. 만경창파를 헤쳐가는 고대 선박에 장군과 승려와 비파금을 든 선녀와 재복신과 관리와 무사와 상인과 어부 등이 타고 있는 그림이다. 사찰의 중심인 본당 건물 정면 정중앙에, 사찰의 얼굴이요 이름표라 할 수 있는 본당 처마에, 다른 어느 사찰에도 볼 수 없는 고대의 배 그림을 넓고 긴 직사각형 판액에 새겨 붙인 이유가 무엇일까.

그 해답은 옌닌이 제자 안에에게 '장보고의 은혜를 잊지 말고 그의 적산 법화원과 같은 절을 지으라'고 한 유언에서 찾을 수 있다. 적산선원 본당 처마 정중앙에 붙은 고대의 배 그림은 장보고 선단의 배이고, 만경창파를 헤쳐가는 배 위의 장군은 장보고, 승려는 중국유학길의 일본승려라고 보면 될 것이다.

중국의 적산 법화원은 장보고가 중국 산동성 적산포에 세운 사찰이다. 중국 강남의 바다와는 상관이 없다. 장보고의 본거지가 산동성 적산포였는데, 그곳은 이사도의 난을 진압한 장보고에게 당나라 황제가 하사한 영지였다. 꿈 많고 포부가 큰 장보고는 그 산동반도의 바다에 만족하지 않았다. 당나라 정부가 공식적으로 열어놓은 국제항구로 진출했다. 해양실크로드의 출발점이자 종착점인 강남의 명주(영파)가 바로 당나라의 공식적인 국제항구였다. 그곳의 나들목이 주산군도 연꽃바다이다. 이곳이 장보고의 주무대가 될 수 밖에 없었다. 산동성 적산포의 법화원에 오래 머물며 신세진 옌닌은 절강성 천태산 국청사도 여러 차례 드나들었다. 일본 천태종의 뿌리가 강남의 천태산 국청사에 있기 때문이다. 적산포 법화원과 천태산 국청사를 오가자면 당연히 주산군도 연꽃바다를 통해야 한다. 바다에서 국제도시 장안(서안)으로 가는 시간상 최단거리 길도 명주-장강-양주-회하-낙양-장안 뱃길이다. 고대 중국의 모든 물자와 인물이 강남 주산군도 연꽃바다를 통과해야만 했던 이유이고, 장보고와 옌닌을 강남 이야기에서 들먹이는 이유이다.

전설 없는 바다는 없다. 해양실크로도의 관문으로서 '이야기산업'의 본산이라 할 수 있는 중국의 강남바다에 더구나 전설이 없을 수 없다. 이 바다의 대표 전설이 심청 이야기이다. 연꽃바다의 연꽃과 관세음보살과 심청과 불긍거관음… 이 전설은 교토 비예산 적산선원 본당 처마 정중앙에 걸린 고대의 배, 만경창파를 헤치고 가는 장보고의 신라 배가 실어서 심청의 고향으로 날랐다.

중국 강남 상해·남경·항주·소주·영파·양주·소흥
그리고 중국 속 한국 이야기

제5장

강남의
탄생

유상곡수와 행화촌

강남에서 가장 오래 된 도시는 소주와 소흥이다. 남경 양주 항주 등의 고도가 있지만 이들 도시보다도 소주와 소흥은 천년을 앞서 도읍이 된 곳이다. 이 두 도시는 고소(소주)와 회계(소흥)라는 이름 으로 처음 역사에 등장했다. 약 2천5백년 전의 일인데, 소주가 소흥보다 몇십 년 앞선다. 소주는 강소성의 고도이고 소흥은 절강성의 고도이다. 강소성과 절강성은 곧잘 한 묶음으로 분류된다.

오나라와 월나라가 있던 곳이라 하여 '오월(吳越)'로 묶기도 하고 강소 와 절강에서 한 자씩 따서 '소절(蘇浙)'로 묶기도 한다. 오월이든 소절이 든 이 지역은 강남이라는 이름으로 부유하고 문화적 전통이 살아있다는 인상을 주고 있다. 오월도 강남이고 소절도 강남이다. 그리고 강남은 중 화(中華)의 다른 이름이기도 하다. 세계제국 청나라도 이곳의 민심을 얻 고서야 비로소 중화를 외치게 되기 때문이다. 그러나 이곳은 원래 유상곡수도 없고 행화촌도 없던 야만의 땅이었다.

낙양목단 남경매화

강남이 처음부터 매력적인 곳은 아니었다. 산서성 황토고원에 처음부터 문화예술이 있은 것이 아니듯이 중원의 물결이 밀려오기 전에는 강남도 무시로 열병이 퍼지는 비문명의 저습지일 따름이었다.

강남의 군데군데에 우왕묘가 있다. 중국인이 치수(治水)의 신으로 모시는 하우 혹은 대우 또는 우왕의 사당이니 중국천지, 더군더나 물고장 강남에서는 물이 있는 명당이면 어디든 하우 혹은 대우 또는 우왕을 모시는 사당이 있다. 소주의 태호에도 있고, 절강성 소흥의 회계산에는 그의 무덤, 즉 대우릉이 있다.

중국 태초 요순시대의 요임금도 순임금도 못 다스린 것이 천하의 물이었다. 하우는 순임금으로부터 중국천지의 범람하는 물을 다스리라는 명을 받고 고향인 오늘날의 산서성 하현(夏縣)을 떠나 머나먼 강남으로 간다. 이 대목에서 우리 한국의 일부 지식인은 이렇게 설명하고 있다. '당시 조선국 단군의 태자 부루(扶婁)가 오늘날 중국 절강성 소흥 회계산에 머물고 있었으므로 순임금의 명을 받은 하우는 그를 만나러 그곳으로 갔다. 하우는 단군의 태자 부루에게서 치수의 방법을 배워 중국천지의 물을 다스렸고, 그 공덕으로 중국 역사의 첫 나라 하(夏)의 첫 임금이 되었다. 하우는 천수를 다하고 죽은 뒤 부루를 만나 가르침을 받았던 회계산에 묻혔다' 이런 설명을 중국인들은 듣기 싫어하지만 당시의 일을 본 사람이 없으니 그나마 오래된 얘기를 전하게 될 따름이다. 아무튼 중국 최초의 문명이 강남으로 온 기록이고 그 주인공은 치수의 신 하우 혹은 대우 또는 우왕이다.

절강성 소흥시 회계산 원경.

중국의 고대문명은 자연환경이 척박한 황토고원 산서성에서 비옥한 중원인 하남성 낙양으로 그 본거지를 옮겨갔다.

하우 이후에 강남으로 온 왕자가 있다. 주나라 시조 천자의 태자인 희태백(姬太伯)은 아버지가 총애하는 막내아우 계력(季歷)에게 천자의 자리를 넘겨주기 위해 손아래 아우인 중옹(仲雍)을 데리고 도성인 오늘날 섬서성 서안 인근의 풍호를 떠나 오늘날 강소성 무석의 매촌(매리)으로 온다. 여기서 형제는 희씨 성을 버리고 오(吳)씨 성을 만들어 오(吳)나라를 건국한다. 오나라는 뒤에 천도하여 세계에서 가장 오래 된 도시로 평가되는 오늘날 강소성 소주를 건설한다.

강남으로 간 중원을 얘기하자면 북망산의 고장 낙양성을 둘러보아야 한다. 중국의 꽃 목단(모란)의 고장, 그냥 낙양이 아닌 '천하낙양'의 그 낙양. 그런데 오늘날 중국 하남성 낙양시에 그 옛날 천하의 중심이던 낙양성의 흔적은 없고 북망산의 존재도 희미하다. 필자는 낙양에 가면 석숭(石崇·249~300)과 녹주(綠珠)의 얘기가 전해지는 금곡원(金谷園)을 꼭 찾아서 보리라 했다. '찾아서'라고 한 것은 왕궁이 남아있지 않은데 아무리 이름난 정원이었다 하나 그것이 남아 있으랴 했기 때문이다. 다만 자취라도 찾아보리라 했다. 〈금곡원도(金谷園圖)〉라는 유명한 그림이 전해지는만큼 그 정원은 '낙양 하면 모란꽃'이니 모란꽃공원으로라도 남아 있으리라 했다. 그런데 애써애써 어렵게 찾아낸 그곳은 삭막하기 짝이 없는 서민아파트단지였다. 여기저기 갈라진 시멘트바닥과 허술한 저층 아파트 건물과 북적대는 남녀노소가 있을 뿐이었다.

봉건제로 천하를 호령하던 주나라의 수도였고 삼국시대 조조의 위나라 수도였으며 서진(西晉)의 수도였고 북위(北魏)의 마지막 수도, 수와 당과 북송의 임시수도이기도 했던 낙양에 4월이면 모란꽃이 만발해서 중국의 고도라는 느낌이 들지만 정작 고적은 눈에 잘 띄지 않는다. 특설무대에서 공연하는 가무쇼 〈천하낙양〉을 보면서 '여기가 중국의 관광수도로구나' 하는 느낌을 받았을 따름이다. 낙양의 〈천하낙양〉은 북경의 가무쇼 〈금면왕조(金面王朝)〉, 항주의 가무쇼 〈송성천고정(宋城千古情)〉에 견줘 볼만큼 화려한 무대였는데 이것이 북경과 항주의 것보다 훨씬 화려하고 현란하다는 느낌을 받았다.

낙양의 대표적 유적지이자 관광지는 중국 최초의 불교사찰인 백마사와 용문석굴이다. 백마사에서는 달마대사의 자취, 용문석굴에서는 당나라 여황제 측천무후와 시인 백거이의 흔적을 견학할 수 있다.

용문석굴의 역사를 알기 위해서는 멀리 북쪽의 운강석굴을 먼저 보아야 한다. 산서성 대동에서 하남성 낙양으로 천도한 북위 황실이 운강석굴을 조성하던 불심으로 용문석굴을 조성했기 때문이다.

튀르크족과 몽골족의 혼혈인 유목민족 선비족 탁발씨(拓拔氏)가 오늘날 내몽골에서 북위를 건국한 것은 서기 386년. 그로부터 12년 뒤 선비족은 오늘날 중국 산서성 대동으로 수도를 옮기고 지극한 불심을 모아서 운강석굴을 조성했다. 그리고 494년 하남성 낙양으로 다시 천도하면서 그 정성은 용문석굴 조성으로 이전되었다. 중국3대 석굴인 운강석굴 용문석굴 돈황석굴(막고굴) 중 앞의 두 석굴은 그렇게 선비족 북위 황실의 정성으로 건설되었다.

　북위 멸망 이후에 등장하는 수나라의 건국자 양견(楊堅·수 문제)이나 당나라 건국자 이연(李淵·당 태종 부친)도 북위 건국자와 마찬가지로 선비족 출신이다. 탁발씨는 북위의 마지막 황제 효문제(孝文帝) 때 원(元)씨로 성을 고치게 된다. 북위·수·당의 건국자들은 떠도는 자기네 유목 선비족의 내력을 스스로 버리게 되는데, 떠돌지 않고 머물면서 문명을 추구하는 한족의 생활을 선호했기 때문이었다. 그렇게 북위·수·당의 집권 세력들은 한족에 흡수되었고, 그밖의 선비족은 그후 거란족 여진족 등의 이름으로 말 달리며 중국 동북지역을 누비게 된다.

　고조선-삼한-삼국(신라 고구려 백제)-통일신라-후삼국(신라 후백제 후고구려)-고려-조선-대한… 우리나라의 왕조사는 이처럼 간단명료한 한 호흡으로 정리가 된다. 중국의 왕조사는 다르다. 우리와 비슷한 5천년 역사인데도 중국 왕조사의 정리는 전문가에게도 쉬운 일이 아니다. 큰 흐름으로 하-은(상)-주-춘추전국-진-한-수-당-송-원-명-청… 이렇게 정리가 되지만 거대한 통일왕조의 큰 마디 사이사이에 관절처럼 낀 유명무명 크고 작은 왕조들이 수도 없이 많다. 크게 정리할 때 '한나라-수나라' 이렇게 되지만 그 사이에 위·촉·오, 삼국과 위진남북조와 오호십육국 등의 역사가 큰 뼈마디 사이의 관절로 끼어 있는데 그 관절의 기간이 자그만치 360여년이다. 당나라-송나라로 단순하게 정리될 때도 그 사이에 오대십국이라는 관절의 역사가 끼어 있다. 중국 왕조사에서 국가 이름을 정리하는 것도 결코 쉬운 일이 아니다. 같은 이름의 나라가 수도 없이 많다. 예컨대 오나라는 춘추시대에도 있고 삼국시대에도 있고 오대십국시대에도 있다. 당나라 송나라 진나라 등도 같은 이름의 다른 나라로서 여러 차례 역사에 오르내린다. 같은 이름 같은 나라 중에서도 서주·동주, 서한·동한, 서진·동진, 남송·북송… 이렇게 또 갈라지니 그 복잡함은 이루 말로 다할 수가 없다.

이처럼 간단하지 않은 역사에서도 중국의 중심은 언제나 장강 이북, 북방에 있었고 북방의 중심은 중원(中原)이었다. 그러던 것이 317년 오늘날 강소성 남경(당시 지명 건강)이 동진의 수도가 되면서 강남에 중원의 문화가 내려오게 된다.

문화가 호사와 낭만에 치우치고 사상이 지나친 탐미로 흐르면 사치와 방탕과 염세적 쾌락주의가 따라오는 것인지, 절정의 부와 문화를 누렸던 사마씨(司馬氏)의 진(晉:진나라·서진西晉:265~317)는 '고양이에게 생선가게를 맡기듯이' 용병에게 국방을 맡겼다가 반란을 당해서 멸망하고 만다. 그래서 세워진 나라가 강남의 동진(東晉·317~420)이다. 사마씨 황실의 일원인 사마예(司馬睿)가 임자 없이 비어있는 강남의 오늘날 남경땅에 진나라를 재건했는데, 뒷날의 기록자들이 낙양은 서쪽에 있으니 그곳을 수도로 했던 진나라는 서진, 동쪽에 있는 남경을 수도로 한 진나라는 동진으로 분류해서 부르게 된다. 아무튼 이때 서진의 귀족들이 비어있는 강남 신천지로 이동해 와서 권세와 재물을 확장하고 종전의 사치를 더욱 극대화하게 된다. 마침 이 시대에 왕희지(王羲之) 도연명(陶淵明) 고개지(顧愷之) 등 천하의 문화예술인이 등장하여 신천지 강남의 문화를 수놓게 된다. 이러한 천재들이 없었다면 중원의 역사가 강남의 역사로 안착하는 길은 좀더 험난했을 것이다. 문화예술이 없이 이동하는 역사는 모양도 없고 생명도 없기 때문이다.

수 양제는 오왕 부차가 소주-양주 사이에 건설했던 운하 한구(邗溝)를 경항대운하로 확장 건설하고 북방과 남방의 물길을 열었다. 이 길로 북방의 정치와 남방의 경제가 유통했다. 정치는 북에서 내려오고 경제는 남에서 올라가는 구조의 출발점이었다. 경항대운하를 남쪽 끝에서 북쪽 끝까지, 북쪽 끝에서 남쪽 끝까지 훑어보면 확연히 드러나는 것이 있다. 경항대운하의 남쪽 부분은 북쪽 부분에 비해 볼거리 먹을거리 놀거리 즐길거리 누릴거리가 풍성하다는 것이다. 강남지역 대운하의 물길따라 문화유적이 즐비하다. 역대 최고 문인과 화가들이 남긴 시와 그림과, 그에 얽힌 일화들이 진한 문화적 분위기를 만들어내고 있다. 강남의 매력을 설명하는 데에 운하 이상의 것이 없다.

중원의 산서성박물관(태원)과 하남성박물관(정주)은 중국 고대 역사의 보물관이다. 중국역사에서 가지는 중원의 의미를 이 두 박물관은 묵묵히 웅변한다. 이 두 박물관에 버금가는 고대 역사 박물관이 또하나 강남에 있다. 강남의 중심 상해시의 상해박물관이 그곳이다. 19세기 중반의 아편전쟁 이후에 비로소 그 존재를 드러내게 되는 젊디젊은 상해시의 박물관이 이토록 귀중한 고대 유물들을 많이 소장하고 있다는 데에서도 강남의 경제적 문화적 위상을 느낄 수 있다.

난리를 피해 중원에서 이동해온 중국의 강남. 피난 와서도 숨기지 못하고 감추지 못하고 발산했던 중국인의 문화행동. 마침 풍족한 의식을 뒷받침할만한 자연환경을 가지고 있었던 강남은 금방 문화의 고장이 되고 말았다. 강남을 찾아 내려오는 중원의 지식인과 문화인이 없었다면 강남인들 '강남'이 될 수 있었으랴. 수많은 지식인과 문화인들이 이곳에 와서 문화적 행동을 했다. 그리하여 강남은 그 이름 자체만으로도 하나의 문화가 되었다.

문화와 풍류, 정치 따라 강남 오다

청명시절우분분 清明時節雨紛紛

노상행인욕단혼 路上行人欲斷魂

차간주가하처유 借問酒家何處有

목동요지행화촌 牧童遙指杏花村

청명 절기에 실비가 흩날리니

나그네 심사가 어지럽네

마음 따라 술집 있는 곳을 물으니

목동이 멀리 행화촌을 가리키네

만당시인(晩唐詩人) 두목(803~852)의 시 〈청명(清明)〉의 전문이다. 이 시에 나오는 행화촌은 글짜 그대로 살구나무골, 혹은 주막촌의 뜻을 가진다. 중국에는 행화촌이라는 이름을 가진 마을이 수십 곳이나 되는데 그중 유명한 행화촌 두 군데가 있다. 하나는 산서성 분양시의 행화촌이고 나머지 하나는 안휘성 지주시 귀지구의 행화촌이다. 수십 곳의 행화촌이 다들 자기네 마을이 두목의 시 〈청명〉에 등장하는 바로 그 행화촌이라고 주장하지만 여론은 산서성의 행화촌과 안휘성의 행화촌, 그 두 군데로 집약이 되고 있다. 산서성 분양시 행화촌은 중국 4대 명주로 꼽히는 분주(汾酒)의 생산지라는 점에서 주막촌 행화촌의 인정을 받게 되었고, 안휘성 지주시 행화촌은 〈청명〉의 시인 두목이 이곳 지주의 행정장관인 자사(刺史)로 재직할 때 수시로 찾아와 술을 마시고 시를 지은 곳이라는 점에서 또한 행화촌의 인정을 받았다. 이 두 고장을 놓고 볼 때 술로는 천하명주 분주의 생산지인 산서성 분양시 행화촌이 두목 작품의 행화촌에 적합하고, 시로는 이백(李白) 악비(岳飛) 육유(陸游) 등 수많은 문인들의 행적이 묻어있는 안휘성 지주시 행화촌이 두목의 행화촌에 적합하다고 할 수 있었다. 중국 정부는 분양시 행화촌과 지주시 행화촌이 서로 양보하지 않고 자기가 유일한 행화촌이라고 고집을 부리므로 교통정리를 했다. 산서성 분양시 행화촌은 '술의 행화촌'이고 안휘성 지주시 행화촌은 '시의 행화촌'이라는 것이었다. 행화촌은 '술 익는 마을'이자 '시가 흐르는 마을'이라는 의미의 판결이었다.

중국에는 '행화루'라는 간판을 단 찻집 술집도 많다. 상해 문화의 거리 복주로는 20세기 초 조계시대 문화예술인과 기녀들의 거리 사마로(四馬路)였는데 그 당시의 대표적 찻집 겸 주점이던 행화루가 아직도 성업을 하고 있다. 지금 그곳에 술이 익고 시가 익고 있는지 알 수 없지만.

아무튼 중원의 인사 두목은 강남에 벼슬 살러 와 있으면서 〈강남춘(江南春)〉이라는 대표적인 강남시를 남겼고 오늘날 'A' 4개짜리 국가급 관광지 안휘성 지주시 행화촌이 있게 했다.

강남 풍류를 얘기할 때 빼놓을 수 없는 것이 '유상곡수에 흐르는 술잔과 시'이다. 유상곡수의 흔적은 절강성 소흥시 난정진에 있다. 강남으로 온 왕조 동진의 명문가 출신이자 천하명필 문화인인 왕희지가 동지들과 시회를 벌이던 곳이 바로 이곳 난정의 유상곡수이다. 술잔이 유상곡수를 돌아 자기 앞에 왔는데도 시 한 수를 짓지 못하면 벌주 석 잔을 마시는 시회, 시 짓는 모임을 동진의 문화인들이 즐겼다.

유상곡수의 시회와 벌주의 내력은 서진의 낙양 문화인들이 먼저 즐기던 것이었다. '벌주 석 잔'도 원래 서진의 낙양에서는 '벌주 서 말'이었다. 낙양시대의 유명한 시 모임이 금곡원시회(金谷園詩會)이다. 중국뿐만 아니라 동아시아의 상징적 고대 재벌인 석숭은 미녀 왕소군(王昭君)을 추모하는 시 〈왕명군사(王明君辭)〉를 지은 시인이기도 했다. 왕소군을 노래한 시의 제목이 '왕명군사'인 이유는, 서진을 건국한 사마염(司馬炎)의 아버지 이름이 사마소(司馬昭)이기 때문이었다. 황제의 아버지 이름자인 '소'를 피해서 '명' 자를 썼다.

과거 한국의 기생 이름에 '녹주'가 많았다. 석숭과 같은 부자영감을 만나라며 아기기생에게 붙여준 기명이라는 얘기가 있다. 그렇듯 선망한 녹주는 석숭이 총애하던 기생첩이었다. 서진 최고 갑부 석숭은 기생첩이 1백 명이나 되었는데 그중에서 녹주를 특별히 총애했다. 석숭이 시회에서 자작시 '왕명군사'를 읊으면 녹주는 피리로 곡조를 맞췄다. 미색 뿐만 아니라 가무에도 두루 능통한 녹주는 특히 피리를 잘 불었다. 녹주의 피리소리에 왕조와 인간사의 흥망성쇠가 녹아났다.

석숭은 무역으로 거부가 된 사람이다. 낙양성 밖에 금곡원이라는 별장을 짓고 담장을 비단으로 둘렀다. 오늘날 전해지는 〈금곡원도〉를 보면 산과 계류를 담장 안에 조성한 아름답고 사치스러운 별장이었다. 가구와 의관을 산호, 호박 등 진귀한 보석으로 치장하고 변소에는 여나믄 명의 비단옷 입은 시녀들이 향수를 뿌리며 시립해 있게 했다. 시회에 참석한 손님이 거나하게 취해서 오줌누러 갔다가 주인의 침실인줄 알고 돌아나왔다는 일화도 있는 금곡원의 변소이다. 석숭에게는 24명의 시벗 술벗이 있었다. 이들은 '서진 대표 지식인 24명'이라 할 수 있는 인재들이었다. 석숭은 이들을 금곡원으로 초대하여 시회를 열었다. 유상곡수에 띄운 잔이 흐르다가 멈추는 곳에 앉은 사람이 시를 짓는 시회였다. 시를 바로 짓지 못하면 벌주를 마셔야 했다. 벌주는 석 잔도 아니고 서 말이었다. 이때의 금곡원시회에서 생겨난 고사성어가 '금곡주수(金谷酒數)'이다.

1700년 전 천하명필 왕희지의 글씨. 유상곡수에 술잔을 띄우고 시를 짓던 소흥 난정에 있다.

석숭과 재물로서 경쟁관계인 귀족이 있었다. 서진 초대황제인 무제의 외삼촌 왕개(王愷)였다. 그는 석숭과 호화사치의 경쟁을 벌였다. 석숭이 별장 담장을 비단으로 두르자 왕개는 별장의 바닥에 돈을 깔았다. 황제인 세조 무제는 외삼촌 왕개를 아주 좋아했다. 외삼촌이 석숭과의 사치경쟁에서 밀린다는 말을 듣자 황실 보물창고의 산호수를 내주었다. 왕개가 조카인 황제에게서 받은 산호수를 자랑하자 석숭은 그보다 열 배나 많은 산호수로 왕개의 기를 죽였다.

제2대 황제인 혜제 재위시대에 석숭은 최고의 권세를 누렸다. 심신이 부실한 황제를 대신해서 절대권력을 행사한 황후 가씨가 그의 후원자였다. 석숭은 100장(丈) 높이의 초고층 누각을 짓고 애첩 녹주의 이름을 붙

낙양의 금곡원 터. 한 중 일 동양3국에서 부자의 상징으로 추앙되는 전설적인 부호 석숭의 별장이 있던 자리이다. 낙양의 문화인들이 이곳 유상곡수에 술잔을 띄우고 시회를 열었는데 술잔이 자기 앞으로 올 때까지 시를 짓지 못하면 벌주가 3말이었다고 한다. '벌주 3잔'은 아주 뒷날의 얘기이고 이때는 서 말의 술을 벌주로 마셨다고 한다.

여 녹주루(綠珠樓)라 했다. 낙양성의 하늘을 찌르며 치솟은 녹주루의 높이만큼이나 녹주의 명성도 높았다. 녹주는 허공에 솟은 녹주루에 높이 올라앉아서 피리를 불었다. 낙양성을 온통 우울하게 휘감는 구슬픈 곡조였다.

서진의 건국자인 무제 사마염은 원래 근검절약하던 인물이었으나 국내 정치를 안정시키기 위해 귀족사회에 금전적인 특권을 부여했다. 그 결과 귀족사회가 사치와 방탕으로 흘렀고, 국방까지도 유목 이민족 용병에게 맡기게 되었다.

사마씨의 진나라, 즉 서진은 주나라의 국제(國制)인 봉건제를 본떴다. 건국자인 무제 사마염은 아들 3명과 삼촌 2명과 조카 1명과 6촌 2명을 각 지역의 '왕'으로 봉하고 자신은 황제로 낙양에 앉아서 그들을 배후조종했다. 황자와 황실 친척을 여덟 지방의 왕으로 봉했으므로 통칭 '팔왕(八王)'이었다. 오늘날 산동성 동북부 지역의 '제왕(齊王)' 사마경(司馬冏), 오늘날 하북성 서남부 지역의 '조왕(趙王)' 사마륜(司馬倫), 화북성 동남부 지역의 '하간왕(河間王)' 사마옹(司馬顒), 사천성 지역의 '성도왕(成都王)' 사마영(司馬穎), 산동성 동남부 지역의 '동해왕(東海王)' 사마월(司馬越), 하남성 동남부 지역의 '여남왕(汝南王)' 사마양(司馬亮), 호북성 중부 지역의 '초왕(楚王)' 사마위(司馬瑋), 호남성 지역의 '장사왕(長沙王)' 사마애(司馬乂)가 그 팔왕이다. 그중 사마위 사마애 사마영은 아들이고, 사마양 사마륜은 숙부, 사마경은 조카, 사마옹 사마월은 6촌이었다.

 '팔왕의 난'은 혜제의 가황후가 아들을 낳지 못하는 데에서 비롯되었다. 혜제의 후계자가 되기 위해 황실 혈족들끼리 죽고 죽인 팔왕의 난은 16년간 이어졌고, 이때도 유목 이민족 용병들이 동원되었다.

 석숭의 애첩 녹주를 탐내는 한 사내가 있었다. 팔왕 중 한 명인 조왕 사마륜의 측근인 손수(孫秀)라는 인물이었다. 사마륜의 힘이 한때 막강해지자 손수는 석숭에게 녹주를 내놓아라 했고, 석숭이 거절하자 손수는 사마륜의 힘을 빌어 금곡원으로 쳐들어갔다. '석숭의 재물도 하루아침'이라는 속담이 있다. 조왕 사마륜의 군사가 들이닥치자 녹주는 녹주루 높은 누각 위에서 투신자살을 했고 석숭은 사마륜에게 끌려가서 참수형을 당했다. 한편 석숭과 녹주를 파멸시킨 손수도 바로 그 이듬해에 그의 주인인 사마륜의 미움을 받아 죽임을 당했다.

 16년간 이어진 팔왕의 난은 결국 '영가(永嘉)의 난'을 불러오고, 흉노족이 일으킨 영가의 난으로 하여 사마씨의 진나라, 서진은 멸망하고 만다.

 317년 서진이 멸망하자 오늘날 남경에 주둔하고 있던 낭야왕(琅耶王) 사마예(司馬睿)가 스스로 독립하여 동진(東晉:東晉)을 건국하고 초대황제 원제(元帝)가 되었다. 북방 이민족의 발길이 닿지 않는 장강 건너 강남에서 동진국이 세워졌다는 소식을 듣고 서진의 황족과 귀족들이 다투어 망명을 해왔다. 바리바리 재물을 싣고 장강 건너 온 이들 망명귀족들은 강남의 비어있는 땅들까지 무상으로 불하를 받았고, 온갖 개발 이권까지 얻었다. 그렇게 저마다 거부가 된 망명귀족들은 금방 낙양시절의 향락생활로 회귀를 했다.

낭야왕이라는 이름이 붙어 있지만 사마예는 원래 팔왕에 속하는 인물이 아니었다. 사마예는 할아버지 형제, 아버지 형제들이 저마다 왕 한 자리씩 차지하고 '팔왕'을 구가할 때 소외되어 있던 황족이었다. 그러다가 결정적인 기회를 잡은 것이었다. 사마예가 비어있는 강남을 차지하고 동진을 건국하게 된 데에는 왕씨(王氏)가문과 사씨(謝氏)가문의 도움이 있었다. 왕씨 사씨, 이 두 가문을 일컬어 '왕사(王謝)' 혹은 '왕사가문'이라고 하는데, 동진의 정치는 황족인 사마씨 가문보다도 이들 왕사가문이 전횡을 했다. 왕사가문이 거주하던 마을은 오늘날 남경시 중심 진회하(秦淮河) 구역의 오의항(烏衣港)이다. 오의항 골목 입구의 건물 벽에 '왕사고거(王謝古居)'라는 금박글씨가 있다. 천하명필 왕희지가 바로 이 왕사의 왕씨가문 출신이다.

왕희지는 낙양 금곡원의 시회를 강남의 소흥 난정(蘭亭)에서 재현했다. 난정은 원래 춘추시대 월왕 구천이 조성한 난초밭이었다. 왕희지는 난초 향기 가득한 이곳 개울가에 아름다운 정원을 건설하고 유상곡수를 조성했다.

오늘날 우리가 직접 확인할 수 없기 때문에 더욱 인류 최고의 문화유산으로 여겨지는 〈난정집서(蘭亭集序)〉는 왕희지가 유상곡수 난정시회에서

太자 비, 왕희지가 아들 헌지에게 가르친 붓글씨

발표된 시들을 모아 묶으면서 직접 쓴 서문이다. 천하명문에 천하명필의 이 작품은 뒷날 당 태종이 자신의 무덤 속으로 가져가버림으로써 그 뒤의 세상에 보여지지 못했다. 오늘날 전해지는 난정집서는 왕희지가 직접 쓴 것이 아니라는 것이다. 천하를 다 가진 대당황제 태종이 "부장품 다 필요 없으니 왕희지의 난정집서만 내 곁에 묻어라"고 유언을 했음에랴.

 귀족놀음을 위해 국방을 용병에게 맡겼던 서진의 전통은 뒷날 조씨황조(趙氏皇朝) 송(宋)에도 이어진다. 북방 이민족의 침략을 받고 강남 항주로 내몰려서 망명황조 남송(南宋)이 된 이 나라는 머리맡에 사나운 적군을 두고서도 끝내 문화적이고 낭만적이었다. '북방 사람은 주먹으로 싸우고 남방 사람은 입으로 싸운다'는 말이 중국에 있다. 남송 정부는 북방의 정복자와 맞서 싸우지 않고 화친하는 정책을 펼치다가 결국 나라를 잃고 만다. 싸우지 않고 화친하던 남송의 아슬아슬한 평화 속에서 국도 항주는 어느 도시보다도 아름답고 화려하게 치장되었다. 아이러니일 수 밖에 없는데, 강남의 내력에는 이런 아이러니가 수도 없이 박혀 있다.

행화촌과 유상곡수. 이것은 중원에도 있었고 강남에도 있었다. 중원이 강남으로 내려왔다는 얘기도 되고 강남이 중원의 끈을 놓지 않았다는 얘기도 된다. 중국인에게 있어서 중원은 고향 같은 곳이고 강남은 이상향 같은 곳이다.

왕희지와 난정시회蘭亭詩會 난정집서蘭亭集序

1천7백년 전에 천하명필 왕희지(307~365, 혹은 307~361)가 있었다. 왕희지의 조상은 고향이 산동성 임기:임이(린이)로서 사마염이 세운 서진의 개국공신이었다. 동진이 개국했을 때는 권력실세 '왕·사' 중의 '왕'인 왕희지 가문이었다. 건강(남경)에서 성장하여 당연하게 출세길에 오른 왕희지는 우군장군(右軍將軍)이 되어 회계(절강성 소흥)로 부임했다. 왕희지는 이곳의 풍광을 즐기면서 이곳에다 풍류의 전통을 심었다. 동진의 사마씨 황제보다 더 막강한 권세를 가진 왕사 출신이었지만 벼슬자리 회계내사(會稽內史)에 만족하며 회계산 자락에 눌러 살았다. 소흥의 난정이 그의 유적지이고, 그의 무덤은 오늘날 절강성 승주시 금정향 화당촌에 있다.

소흥(회계)에서 바다 쪽으로 자계라는 곳이 있다. 소흥에서 영파로 가는 길목인 그곳에 월주자기 도요지가 있다. 춘추시대 월나라 땅인 이곳에서 생산되는 도자기를 월주자기, 월자기라고 한다. 월자기는 영파 앞바다 주산군도의 무역상들에 의해 한반도와 일본열도로 실려나갔다.

왕희지는 유상곡수에 월자기 술잔을 띄우고 시를 짓는, 문화적 풍류의 전통을 1천7백년 전에 이미 수립하고 〈난정집서〉라는 신화적 작품을 자신의 존재와 더불어 역사 속에 묻은 인물이다.

영화 9년 계축 늦봄 회계 산음 난정에 여러 선비들과 젊은이 늙은이 다 모여서 제일除日 계모임을 가졌다. 산이 높고 재가 험해서 숲이 무성하고 대나무가 울창하니 맑은 여울 좌우의 경치가 아름답다. 여울의 물을 끌어다가 유상곡수로 삼고 그 가에 순서대로 앉았다. 비록 성대한 음악소리 없으나 술 한 잔에 시 한 수, 그윽한 정회를 펼치기에 부족함이 없다. 오늘 하늘은 맑고 봄바람도 화창한데 우러러 우주의 장대함을 보고 굽어 사물의 무성함을 보았다. 눈이 가는 대로 마음과 생각을 달리게 하고, 보고 듣는 즐거움을 만끽하니 참으로 즐거웠다. 무릇 사람이 함께 어울려 한 세상을 살아가는데 어떤 이는 한 곳에 머물러서 벗들과 둘러앉아 정담을 나누고 어떤 이는 현실의 모든 속박에서 벗어나 방랑을 한다. 비록 취하고 버리는 것이 다르고 고요함과 번잡함이 다르겠으나 즐겁게 만나 잠시나마 자신의 처지에 스스로 만족하면 기쁘고 흡족하여 자신도 늙는다는 것까지 모르게 되는 법이다. 흥이 겨우면 다시 권태롭고 세상사 바뀌면 감정도 바뀌어 사람의 마음 또한 거기에서 일어나고, 기쁨도 고개 잠시 숙였다 드는 사이에 이미 시들해 지니 더욱 생각이 깊어진다. 모든 일에는 길고 짧음의 변화가 있고 반드시 그 끝이 있어, 옛 사람이 말하기를 삶과 죽음 역시 모두 큰 일이라 했으니 어찌 비통하지 않으리오. 옛 사람이 술회한 감회를 살펴보면 마치 약속한 듯 일치하니 그들의 글을 읽고 어찌 감탄하지 않을 것이며 가슴에 새겨 깨닫지 않을 수 있겠는가. 삶과 죽음이 하나라고 하는 것은 허망한 소리요,

오래 사나 빨리 죽으나 모두 망령된 것이다. 후대 사람이 지금 우리를 보는 것은 지금 우리가 옛 사람을 보는 것과 다를 바가 없다. 슬프도다. 오늘 모인 선비들 모두 그런 술회를 시로 적었다. 비록 시대가 달라지고 세상이 바뀌어도 감회를 일으키는 바가 같으니, 뒷날 이 글을 읽는 사람이 또한 느끼는 바가 있으리라

　왕희지는 〈난정집서〉를 짓고 쓰고 2년 뒤인 '영화 11년', 서기 355년에 은퇴하여 소흥 산음 난정에서 100리 이내의 거리인 금정향 화당촌으로 이주했다. 왕희지는 이곳에서 말년의 7년을 살다가 별세했다.
　절강성 승주시 금정향 화당촌은 찾아가는 길이 온통 공업단지이고 안내판도 부실한 편이지만 당도해서 보면 '과연!'이라는 감탄사가 절로 나오는 절경이다. 왕희지가 은퇴하여 살만한 곳으로 점찍었으니 그 풍광이 어련하랴. 그런데 이곳에서 눈살을 찌푸리게 하는 것이 있다. 왕희지의 산소 앞에 대문짝만한 크기로 일본인들이 건립한 비석이 그것이다. 1989년에 세운 비석이라 하니 한국과 중국이 국교를 재개하기 3년 전의 일이다. 아마도 당시만 해도 외국자본을 필요로 했던 중국 지방정부 당국이 일본 민간 자본의 도움을 조금 받았던 듯하다. 왕희지 유적지 재건사업에 약간의 금전적 도움을 주고는 일본 민간단체가 이처럼 왕희지의 위엄을 압도하는 비석을 세웠던 듯하다. 기부금을 낸 일본 민간인의 이름들로 채워진 아주 대단히 키 크고 몸통 넓은 비석이다. 이 비석 뿐만이 아니다. 왕희지 산소 입구에 어떤 일본여자 개인이 세운 비석도 있다. '×××꼬'라는 일본여자 이름이 두드러지게 새겨진 비석인데, 왕희지 산소로 향하는 방문객의 발목을 잡는 듯한 느낌이다. 일본여자 ×××꼬가 어느 정도의 기부금을 낸 것인지 왕희지 산소 바로 앞에 자기 개인 이름의 비석을 세워놓은 것이다. 이 비석들로만 보면 왕희지의 산소가 일본

왕희지를 추모하는 건륭황제의 친필 어비와 어비각.

의, 일본인에 의한, 일본인을 위한 것으로 생각될 수도 있겠다. 인류문화사의 명소인 장소에 가장 인류문화적이지 못한 짓을 일본 민간단체가 자행해놓은 현장이 바로 이곳 왕희지 산소이다.

왕희지의 난정집서 원본을 본 사람은 많지 않다. 유상곡수 연회에 참석해서 시를 남겼던 이, 난정집서 원본을 감추고 내놓지 않았던 이, 그것을 빼앗아 당 태종에게 바쳤던 이, 그리고 받아챙겨서 꽁꽁 숨겨두고 혼자서만 꺼내 보았던 당 태종, 그 정도의 사람들만이 왕희지의 난정집서 원본을 보았다. 오늘날 전해지는 난정집서는 당대의 명필이 모사한 작품이다. 무수히 찍힌 도장들은 모사품을 보고도 감동한 이들이 찍은 것이다.

난정집서 원본은 당 태종의 릉에 묻혀 있다고 한다. 당 태종이 죽을 때 "이 세상에 욕심나는 게 아무 것도 없는데 왕희지의 난정집서는 곁에 두고 싶다" 해서 그의 무덤에 함께 묻어주었다고 한다.

중원의 문화가 오호(五胡)에 쫓겨서 강남으로 왔다는 사실을 확실하게 증명해주는 사람이 천하명필 왕희지이다. 한편 왕희지의 난정시회에서 그 직전 세대의 한족 귀족사회 시회들을 떠올려 보게 된다. 3세기 '삼국지 위나라'의 죽림칠현이 대숲에서 술과 마약에 빠져 무위자연을 노래하고 시를 짓던 죽림시회는 왕희지 난정시회의 2~3세대 전 모임이고, 서진의 대부호 석숭(石崇·249~300)의 낙양 교외 별장 금곡원(金谷園)에서 사치스럽고 방탕하게 벌어지던 금곡원시회(金谷園詩會)는 왕희지 난정시회의 불과 한 세대 전 모임이다.

시국은 편안하지 않았지만 문화적으로는 낭만의 시대라고 평가되는 이 시대, 또 하나의 낭만적 천재가 탄생한다. 왕희지가 사망한 바로 그 해에 태어나는 도연명(365~427)이다. 육상경주의 '이어달리기'를 하듯이 왕희지가 사망한 직후에 태어난 그는 〈도화원기〉〈귀거래사〉 등 그야말로 불후의 명작을 남겼다. 강서성에서 태어나 강서성에서 사망했지만 강남의 강주(양주)에서 젊은 날을 보냈다. 강서와 강남은 장강으로 연결이 되고, 그 사이에 고대 중국의 핵심 '중원'으로 통하는 길이 있다. 도연명의 문맥은 맹호연(689~740) 왕유(699~759) 유종원(773~819) 등이 이었다.

왕희지의 외손인 산수시인 사령운(謝靈運·385~433)도 빼놓을 수 없고, 화가 고개지(?~?)는 절대로 빼놓으면 안 되는 인물이다. 고개지는 고대 중국 4대 화가 중의 첫 번째 인물로서 364년 동진 수도 건강(건업:남경)의 사찰 와관사 벽에 〈유마상(維摩像)〉을 그리고 유명해졌다. 유마상을 개막하면서 마지막으로 유마거사의 눈에 동자를 그려넣을 때 그 눈빛이 사방을 환하게 비췄고, 이 소문이 나자 건강의 모든 백성이 와관사 유마상을 보기 위해 몰려들었다. 동진의 백성들은 고개지의 그림으로하여 문화예술의 힘을 느끼게 되었다. 강남 무석(우시)에서 태어나 강남 일대에서 활동한 고개지는 소주 사람 육탐미(陸探微·?~?)를 제자로 두었고, 고개지와 육탐미의 화맥을 소주 사람 장승요(?~?)가 이었다. 뒷날 소주 지역에서 생성하여 중국미술을 채색하는 오파(吳派) 화맥의 뿌리가 여기에 있었다.

위진남북조의 강남 여류들

위 촉 오, 3국을 통일한 진(晉)이 장강 이북을 북위에게 넘김으로써 대륙의 역사는 남북조를 기록하게 된다. 북위가 차지한 장강 이북은 북조, 동진이 차지한 장강 이남은 남조의 역사를 쓰게 된다. 북조 북위 (386~535)는 동위와 서위로 갈라지고 다시 동위는 북제(北齊), 서위는 북주(北周)로 넘어간다. 557년 북주는 북제를 멸망시키고 북조를 통일한다. 그리고 581년 수나라에게 망한다. 남조 동진은 420년 유유(劉裕·363~422)에게 나라를 넘기고, 유유는 송(宋)을 개국한다. 이 때의 송은 유유가 세운 송이라 하여 '유송'으로 분류한다. 남조의 유송은 남제 (南齊·479~502)에게 쫓긴 채 명맥을 유지하다가 524년경에 소멸하고, 남제는 유송이 완전소멸하기 전 양(梁·502~557)에게 나라를 넘긴다. 양은 후량(後梁)를 도모해보지만 진(陳·557~589)에게 패망한다. 남조는 동진 멸망 이후 137년만에 진(陳)으로 통일이 된다. 그러나 581년 통일 북조 북주를 접수한 수나라가 589년 통일남조의 진나라를 복속시킴으로써 남북조 천하통일을 이룩한다. 희(姬)씨의 주(周)나라, 진시황의 진(秦)나라, 유방의 한(漢)나라, 사마씨의 진(晉)나라에 이어 5번째 수나라의 천하통일이었다.

왕희지가 이런 우여곡절을 다 겪은 것은 아니다. 왕희지는 이 험한 시대의 초반부를 살짝 살다간 인물이다. 그는 대륙의 역사가 좁은 중원에서 넓은 강남으로 확장되고 그만큼 치세와 난세도 확대되는 시점에서 이정표처럼 등대처럼 존재했던 인물이다. 앞도뒤도 안 보여 막막할 때 쳐다보고 짚어볼 수 있는 것이 되어준 사람이다. 그가 막 떠나고 난 뒤에 강남에 휘몰아친 비극을 봐도 알 수 있는 일이다.

환현(桓玄·369~404)의 난(亂)도 손은(孫恩·?~402)의 난도 강남에서 일어난다. 환현은 강주(양주)에서 손은은 용동(甬東·주산군도)에서 난을 일으켰는데 이들의 난이 가라앉고 난 뒤에 정신을 차리고 보니 동진이 망해 있었다. 환현의 난과 손은의 난으로하여 왕희지의 가문도 크나큰 화를 입었다. 특히 손은의 난은 왕희지의 가문을 아주 사납게 할퀴고 갔다.

손은과 환현의 난을 얘기하자면 먼저 위진남북조시대의 도교 신앙을 설명해야 한다. 춘추 말기에 일어나 신선사상을 퍼뜨린 도교는 서진시대에 이르러 칠언운문(七言韻文)으로 된 도교 경전 〈황정경(黃庭經)〉이 나오면서 체계적인 성장을 보인다. 위진남북조시대의 황정경은 2종류, 〈황정내경옥경(黃庭內景玉經)〉과 〈황정외경옥경(黃庭外景玉經)〉이지만 서진시대에 먼저 나온 경전은 황정외경옥경, 즉 외경이다. 왕희지가 이 외경을 배껴서 거위와 맞바꿨다는 얘기도 있거니와, 위진남북조시대를 풍미한 사상이 신선세계를 꿈꾸는 도교였다. 한편 황정내경옥경, 즉 내경은 외경보다 조금 늦게 동진시대의 여류문사 위화존(魏華存·252~334)이 펴낸 것으로 되어 있다. 상부경(上部經) 중부경(中部經) 하부경(下部經)으로 구성된 외경이나 총 36장으로 구성된 내경이나 그 내용은 서로 대동소이한 것으로서 단전수련법을 기록한 것이었다. 왕희지는 그것을 배껴 쓸 정도로 외경에 심취했고 위화존도 외경에 소개되지 않은 내용을 내경으로 엮을 정도로 거기 빠져 있었는데 그들은 모두 동진국의 최고 귀족가문 출신이었다. 서진시대와 마찬가지로 동진시대에도 황제와 귀족은 일신을 신선화하고 세상 저 위쪽에서 노니는 존재였다.

왕희지의 시대에 위화존도 있었다. 최초의 도교 여도사 위화존의 출현에도 시대적 의미를 짚어보게 된다. 도교 상청파(上淸派)의 기본이론이 될 교리와 교의를 세운 위화존의 출현 연대는 주산군도 연화양에서 연꽃으로 피어오른 효녀 심청 설화의 연대와 묘하게 맞물린다. 장차 내란과 외침으로 혼란할 시대에 위로와 구원의 존재로 출현했다는 느낌도 받게 된다.

도교는 귀족사회 뿐만 아니라 서민사회에도 널리 퍼졌다. 동진시대에 와서 민간에 성행한 도교 분파 중에 오두미도(五斗米道)가 있었다. 오두미도는 원래 후한(後漢)시대 장릉(張陵)이 창시한 것으로서 신도가 입도할 때 쌀 다섯 되를 성금으로 낸다고 하여 붙은 교명이었다. 정식 교명은 천사도(天使道)였다. 동진시대, 황제와 귀족들이 모두 신선사상에 함몰되어 있을 때 서민들은 오두미도에 빠져들었다. 일심으로 오두미도의 주문을 외면 질병도 환란도 일신에 접근하지 못한다는 믿음으로 "천상원룡 감무태을성(天上元龍 坎武太乙星)…"을 외고 외었다. 4세기 말 동진의 오두미도 지도자 손태(孫泰)는 동진국 전역을 다니면서 오두미도 포교를 했다. 오두미도를 믿고 오두미도의 주문을 외면 질병도 피해가고 전란도 피해간다고 설파하며 신묘한 주문을 가르쳤고, 손태가 가는 곳마다 서민 백성들이 몰려들었다. 그는 강남 전역을 다니면서 오두미도 포교를 하여 신도 수가 1천여명에 이르렀다. 황제는 대대로 심신이 부실하고 황족과 귀족은 사치 부패하며 전진왕(前秦王) 부견(苻堅)이 대군을 이끌고 와서 국경을 유린한지 얼마 되지 않은 때였다. 민생이 피폐할 대로 피폐한 때인지라 오두미도의 회합에서 조정에 대한 성토가 없을 수 없었고, 심신 장애자인 효안황제의 숙부이자 섭정인 회계왕(會稽王) 사마도자(司馬道子)의 관군이 오두미도 회합을 방관할 리 없었다. 귀족과 서민의 세상이 다른 나라였다. 오두미도 신도들은 신앙을 단속하는 관군에 대항하여 싸우기를 결의한다. 오두미도 신도들이 기대는 것은 신앙과 주문뿐이었다. 관군의 무력을 당할 수 없었다. 지도자 손태와 그의 아들 6형제가 관군에 잡혀 참수형을 당한다. 이때 남은 신도 1백여명을 거느리고 도피한 인물이 손태의 조카인 손은이었다. 손은이 1백여명의 신도를 거느리고 숨어든 곳이 주산군도 보타산이었다. 그리고 3년, 손은의 오두미도군은 지옥 훈련과 깊은 원한으로 단련된 무적의 반란군이 되어 주산군도 전역을 쑥 밭으로 만든다. 399년의 일이었다. 주산군도를 점령하여 몸집을 크게 불린 손은의 오두미도 반란군은 오늘날의 영파 진해를 치고 오늘날의 소흥인 회계성을 점령한다. 회계태수는 왕희지의 둘째아들인 왕응지였다. 손은은 태수 왕응지를 살해하고 그의 아내 사도온(339~409)을 관아의 뜰에 꿇어앉힌다.

　왕희지의 둘째며느리인 사도온은 동진국 재상 사안(320~385)의 조카딸이며 그녀 자신이 유명한 시인이기도 하다. 사안은 왕희지의 문우로서 난정시회에 참석하여 난정시를 남긴 인물인데, 그가 어린 날의 사도온에게 감탄한 일화가 있다. 어느 눈 오는 날, 사안이 어린 조카딸 사도온에게 "저 눈이 무엇과 비슷하냐"고 물었다. 대답은 〈미약류서인풍기: 버드나무 가지가 바람에 날려 춤을 추는 것 같다〉였다. 사안이 탄복했고 사도온은 뒷날 주변의 기대에 어긋나지 않게 문명을 떨치는 것이다. 〈논어찬(論語贊)〉〈영설(詠雪)〉〈태산음(泰山吟)〉 등의 작품을 남겼다. 아무튼 사도온은 남편 왕응지를 살해한 반란군 괴수 손은과 대좌하게 되는

데, 원한에 사무친 손은이 어떤 잔인한 짓을 할지 모르는 상황이었다. 귀족의 종교도 반란군의 종교도 도교였다. 사도온은 오두미도로서 도교 신앙자인 손은에게 반란의 죄를 추궁하면서 도교의 교리를 따지고 든다. 논리로서는 사도온을 당할 수 없는 손은이었고, 손은이 논리에 몰릴수록 사도온은 더욱 위험한 처지가 되는 것이었다. 그러나 손은도 오두미도 지도자 손은이었다. 반란군 지휘부의 반대에도 불구하고 손은은 사도온을 정중히 배웅하여 귀가시킨다. 이 일로서 사도온은 난중 회계성에 작은 위로를 제공한 것이 되었다. 사도온은 이 시대에 기록되는 강남 여류 인사이다.

손은이 동진국의 남부인 강남 남부를 점령하고 있는 동안 동진국 북부인 강남 북부에서는 환현이 난을 일으켰다. 동진 수도인 건강(남경)을 점령하고 섭정인 사마도자를 살해한 뒤 403년 12월 효안황제에게 양위를 받아 황제가 된다. 환현은 새 나라의 이름을 초(楚)로 정하는데, 춘추전국시대의 초나라와 구분하기 위해 '환씨의 초나라' 환초(桓楚)로 부르게 된다. 한편 손은의 오두미도군은 환현이 환초를 세우기 전에 동진국 북부군 유유(363~422)의 군대에 쫓겨 패퇴한다. 손은은 유유의 군사에게 몰려 바다로 뛰어들어 사망하고 오두미도군은 소멸된다.

환현이 세운 환초국은 불과 3개월만에 멸망한다. 환현의 군사를 무찌르고 환초를 패망시킨 군대는 손은의 군사를 패퇴시키고 올라온 유유의 군사 2천명이었다. 유유는 동진국을 회복시키고 허수아비 황제를 거느리며 군림하다가 420년 7월 효공황제 사마덕문을 폐위시키고 황제가 된다. 사마씨의 동진국이 역사에서 사라지고 강남의 새나라가 선 것이다. 새로운 나라의 이름은 송, 유유가 세운 송나라라 하여 '유송'으로 부르게 되는 나라이다. 그러나 이 나라 유송도 황제와 황실의 무능과 방탕으로

위진남북조시대 여류시인 소소소의 무덤. 항주 서호에 있다.

민생을 도탄에 빠뜨리다가 남제에게 패망한다. 새로운 강남왕조 남제를
창건한 인물은 유송의 장군 소도성(427~482)이었다. 그는 479년 유송
순제(順帝)로부터 양위를 받아 남제를 세우고 초대 황제 고종(高宗·재위
479~482)이 되었다.

  남제시대에 하나의 위로와 같은 존재가 태어난다. 기생 소소소(蘇小小)
이다. 우리나라의 황진이(黃眞伊)나 매창(梅窓)에 비유되는 시인이자 기
생인 소소소는 오늘날 항주 서호 호반의 고산섬이 건너다보이는 마을에
서 태어나 고산섬 나루터의 기방에서 손님을 접대했다. 그리고 19세의
어린 나이에 죽어서 나루터 옆 언덕에 묻혔다. 지금 고산로 입구 다리목
에 소소소의 황금색 무덤이 있다. 관광객 누구의 눈에도 잘 띄는 위치이
다. 조선 중기의 문신 임제는 황진이의 무덤을 찾아 술을 올리며, 〈청초
우거진 골에 자는다 누웠는다, 홍안은 어디 두고 백골만 묻혔느뇨, 잔 잡
아 권할 이 없으니, 그를 서러 하노라〉 하는 시를 읊었다. 서호 호반 소
소소의 무덤을 찾은 중국의 문인들도 많았다. 수없이 많은 시인묵객들이

찾아와서 시를 지어바쳤는데 당나라의 문호 백낙천(백거이)도 그중 한 사람이었다. 백거이는 소소소의 영전에 이런 시를 지어바쳤다.

　소주양류임군과 蘇州楊柳任君誇

　갱유전당승관왜 更有錢塘勝館娃

　약해다정심소소 若解多情尋小小

　녹양심처시소가 綠楊深處是蘇家

　소주의 수양버들 자랑하고저

　다시 전당(항주)에 오니 역시 아름다워

　회포 풀려고 소소를 찾는 이여

　버드나무 우거진 곳에 소소가 누웠다네

　항주태수를 역임하고 소주태수로 부임했던 백거이가 항주 나들이를 했고, 그 때 소소소의 무덤을 찾아 술잔을 올리고 시를 지었던 것이다.

　위화존과 사도온과 소소소, 이들은 설화 속의 심청과 더불어 위진남북조 난세의 강남에 나타난 위로와 구원의 존재들이었다.

향산방香山帮, 강남을 짓다

"중국의 명장(名匠)은 강남에서 난다"는 말이 있다. "강남의 명장은 소주 향산에서 난다"는 말도 있다. 중국 고건축물의 최고봉인 북경 고궁(자금성) 건축 당시의 목수, 칠장, 미장, 조각장 등 대목, 소목들은 거의 소주 향산 출신의 '향산방'이었다고 한다.

중국을 지은 소주 향산방

'중국 고건축의 사실상 발상지는 오나라' 라는 것이 중국 고건축 연구가의 대체적 의견이다. 오나라 말기의 도읍지인 소주보다 더 오래 된 도시로 중원의 낙양이 있지만 현재 남아있는 고건축물이나 도성의 위치, 고적으로 보면 소주가 가장 오래 된 도시라고 할 수 있다. 2천5백 년 전의 도성이 2천5백년이 지난 지금도 도시의 중심으로 살아있고, 지난 2천5백 년 동안 단 한번도 도시 중심에서 벗어난 적이 없는, 명실상부하게 2

천5백 년 동안 도회를 유지한 곳은 소주 말고 달리 찾기 어렵다고 한다. 그래서 소주를 세계에서 가장 오래 된 도시라고도 하는데, 춘추 말기 오나라 도성 고소(소주)에는 대형 토목공사가 많았다.

　오왕 합려가 건설한 8대문 8수문의 고소성(소주성)은 지금도 옛날 그 자리에 그대로 남아서 위용을 자랑하고, 그의 아들인 오왕 부차는 진시황의 아방궁보다 2백 몇십 년 앞서 관왜궁을 건축했다. 관왜궁은 지금 소주 영암산 산정에 그 폐허를 남기고 있다. 영암산 기슭에 구리산당으로 유명한 역사고장 목독(木瀆·무두)이 있다. 옛 정원과 옛 돌다리가 줄지어 있는 구리산당은 향계라는 이름으로도 불리고 있다. 영암산에 향초가 많았기 때문에 이 개울의 이름도 향계가 되었다는 설이 있고 경국지색 서시가 몸을 씻고 흘려보낸 향수의 냄새가 진동을 해서 향계라는 설도 있다. 구리산당, 혹은 향계를 끼고 있는 지역의 이름이 목독(무두)이다.

　목독이라는 지명에도 유래가 있다. 오나라의 마지막 왕 부차가 영암산 꼭대기에 호화궁원을 짓기 위해 천하의 좋은 목재들을 3년에 걸쳐서 구해다가 개울에 재어놓았다는 데서 목독이라는 이름을 얻게 되었다. '목재를 성채처럼 쌓은 개울. 목새우독(木塞于瀆)'이라는 것이었고, 그래서 줄여 '목독'이었다. '3년취재 5년내성(三年聚材 五年乃成)'이라는 말도 있다. '천하의 좋은 목재를 3년동안 영암산 개울에 묵혀서 5년에 걸쳐 관왜궁을 완성했'는 얘기이다. 그랬으니 천하의 대목과 소목들이 이곳에 다 모였을 것이다.

　대평원의 소주에서는 산이 귀해 목재 구하기가 어렵다. 오늘날 절강성이나 안휘성 등 먼 곳에서 구해와야 하는데 도로가 부실했던 그 시절에는 수로에 의존할 수 밖에 없었다. 마침 소주는 지중해라고 할 수 있을 정도로 넓은 망망대호 태호를 끼고 있다. 오늘날 절강성의 천목산, 안휘

중국 고대 건축기술자 집단거주지역인 소주 향산방이다. 북경 자금성 등 대
규모 궁궐 건축에서부터 강남 민가의 건축에 이르기까지 이곳 향산방 출신 예
인들의 기술은 중국 전역의 건축유적에 그 자취를 남겼다.

성의 황산 구화산 등지의 목재들도 태호를 통해 뗏목으로 옮겨오면 되었
다. 태호에서 영암산까지는 가까울 뿐만 아니라 서강과 향계의 수로가
있었다.

춘추 말기의 패권국가 오나라가 대형 대량의 토목사업을 장기간에 펼
치자 천하의 건축 기술자와 기능공들이 소주로 몰려들었고, 그들의 집단
거주지도 자연스럽게 형성이 되었다. 향산방의 탄생이다. 향산은 영암산
과 태호대교의 중간지점에 있는 산이고 향산마을은 향산을 배경으로 태
호 호반에 있는 마을이다. 향산은 손자가 〈손자병법〉을 쓴 궁륭산과 한
덩어리로 이루어진 산이다. 궁륭산의 남쪽자락이 향산이라고 보면 된다.

북경의 명대 자금성 건축 당시 대목장이었던 대목 괴상의 묘. 소주 태호 옆 향산방에 있다.

향산마을의 대목 소목들은 관왜궁 말고도 오나라 말기의 온갖 건축공사를 도맡아 수행했고, 이 기술집단의 명성은 춘추 각국에 널리 퍼졌다. 다른 제후국에서 대형 건축공사를 벌일 때 관왜궁 건축의 실적이 있는 이들 향산마을 기술진을 초빙해 갔다.

향산마을 대목 소목들이 '향산방'이라는 이름으로 중국의 건축사에 이름을 남길 수 있었던 것은 흩어지지 않고 오래 뭉쳐 있었기 때문이었다. 오나라가 멸망한 뒤에도 이들은 흩어지지 않았다. 그러다보니 중국 천지에 강남의 시대가 도래했다. 남경이 오(동오:손오:222~280), 동진, 송(남조 유송), 제(남조), 진(남조), 양(남조), 남당(오대십국) 등의 도읍이 되었고, 그때마다 건축 수요가 넘쳐나면서 소주 향산방 기술진을 불러갔다. 수나라 시절의 호경기를 누린 양주가 오(오대십국:902~937), 남당 (오대십국)의 도읍이 되었을 때도 소주 향산방은 재미를 보았고, 임안(항 주)이 오월국(907~978)과 남송(1127~1279)의 도읍이 되었을 때도 향 산방은 특수를 누렸다.

강남 항주의 남송을 정복한 몽고족의 원나라는 강남의 풍광과 풍속에 매료되었고 대도(북경)에 황궁(고궁:자금성)을 건설하면서 강남의 향산 방을 불러 맡겼다. 그후 명나라 청나라로 이어지면서 중건되고 재건되고 신축되는 자금성의 모든 공사에 향산방이 관여했다.

향산방이 만난 결정적 행운은 명대에 시행된 장적제도(匠籍制度)였다. 남경에 도읍을 정하고 신도시 건설에 착수한 명나라는 공인된 건축업자 와 장식업자를 요구하게 되었고, 뜨내기 날일꾼이 아닌 족보 있는 기술 자와 기능공을 원하게 되었다. 어디에서 누구에게 어떻게 배웠다는 계보 를 가진 기술자와 기능공을 높이 사면서 장적제도를 시행했다. 계보 가 진 기슬자와 기능공이라면 오나라 말기에서부터 소주 향산에 눌러 살면 서 건축기술자 집단을 유지해온 향산방 말고 달리 있을 리 없었다.

향산방의 전성기를 이끈 인물은 명대의 대목(大木) 괴상(蒯祥·콰이샹)이 다. 그는 북경 자금성을 지은 대목 괴복(蒯福)의 아들로서 대를 이어 대목 이 되었고 오늘날 건설부 차관 쯤 되는 벼슬인 공부우시랑을 역임했다. 괴상이 향산방을 영도할 때에 소속 대목의 수는 5천 명에 이르렀다. 오 늘날 소주 향산에서 향산방의 자취를 찾기가 쉽지 않다. '향산방'을 들먹 여서 알아듣는 사람도 없다. 모른다는 대답 밖에 들을 말이 없다. 향산이 라는 지명은 있으므로 향산마을을 찾아가서 괴상원(蒯祥園·콰이샹위엔) 을 물으면 태호변 빌라촌 사이에 있는 전통건물군 가는 길을 가르쳐준 다. 태호변 입구와 향산 쪽 입구의 전통건물은 식당 영업을 하는 집이다.

식당 종업원은 향산방의 터전에 살고 있으면서도 향산방에 대해 아는 게 없다. 괴상의 묘와 소주전통건축전시관이 있고 잘 정비된 수로들과 태호가 있어 괴상원을 찾는 소풍객의 발길이 끊이지 않지만 향산방을 들먹이는 이가 없다. 아는 이가 없기 때문이다. 다들 잊었지만 분명 향산방은 있었고 괴상이 영도하는 시대가 최고 전성기였다.

중국천지의 도시건설 현장을 유랑하듯 떠돌아다니는 향산방이지만 세상살이에 지치거나 병이 들었을 때는 돌아가 몸을 눕히는 곳이 소주 향산이었다. 몸이 성할 때도 객지에서의 일이 없으면 당연히 소주 향산에서 가족과 함께 지냈다. 그러므로 향산방이 가장 많은 활동을 한 곳은 역시 소주지역이었다.

"소주와 오흥(호주)에 풍년이 들면 중국천지가 편안하다"는 속담이 있다. 태호변의 어미지향 소주와 호주의 곡식이 중국천지를 먹여 살릴만하다는 뜻이다. "소주 풍교장에서 중국천지의 쌀값이 매겨진다"는 속담도 있다. 소주 풍교 곡물장의 쌀값이 일렁이면 중국천지의 쌀값이 파도를 탄다고 했다. 이 지역 경제의 영향력을 말하는 속담들이다. 소주는 특히 명대와 청대에 전성기를 누렸는데, 최고전성기의 소주에는 오늘날의 졸정원 유원 사자림 등과 같은 원림(정원)이 190여 개소 있었다고 한다. 인구 십만 명 남짓 소주성 안에 수백 개의 돌다리와 수백 개소의 절과 2백을 헤아리는 호화주택이 있었다. 오늘날의 100층 빌딩에 견줄만한 7층탑 9층탑 수십 기가 인구 불과 십만 명 남짓의 소주성 하늘을 찌르고 있었다. 이 모두가 향산방의 작품이었다.

오늘날 소주 기차역의 건물을 보면 지붕의 라인을 마름모꼴 격자 연속무늬가 장식하고 있다. 격자무늬를 '소주무늬'라고 하는데 향산방 장인들이 잘 구사하던 무늬라고 한다. 패방(牌坊)이나 패루(牌樓)의 무늬, 담장의 무늬, 창살의 무늬, 신발에 흙 묻지 말라고 마당에 깔아놓은 돌들에 새긴 무늬, 비가 와도 마른 날인 듯 보행하라고 골목골목 깔아놓은 돌들에 새긴 무늬, 돌다리 바닥에 새긴 무늬… 부유한 강남에서는 신발에 마른흙도 진흙도 묻히지 말라고 길바닥에 박아놓은 돌에도 예술을 새겼다. 길을 걸으면서 누리게 되는 사치, 사치, 사치… 많고많은 널다리(판교), 무지개다리(홍교)에도, 바람벽에도 길바닥에도 향산방 장인들의 노고가 서려 있다.

남경이 소주보다 못하지 않고 항주가 소주보다 못할 리 없다. 화려한 강남의 건축물들을 보면서 이름 없이 살다 간 향산방 장인들을 떠올리게 된다. 향산방 장인들이 작업한 궁궐 사찰 장원 등은 어떤 사람이 어떻게 설계했을까? 궁궐은 정치가의 이념과 철학자의 사상이, 사찰은 고승의 사상과 신도의 기원이 설계에 작용을 했을 것이다. 그러면 개인의 정원과 장원의 설계는 어떤 사람들이 맡아 했을까? 중국 4대정원 중의 하나인 졸정원을 보자. 뜻밖에도 문징명(文徵明·1470~1559)이라는 설계자의 이름을 만나게 된다. 문징명은 명대의 대표적 문인이자 화가이며 서예가로서 소주의 권문세가 출신이다.

화가 문징명에게 정원의 설계를 의뢰했다면 그 의뢰인은 문징명이 꿈꾸는 그림 속 세상에 들어가 살 용의가 있었다는 것이 된다. 문징명 말고도 많은 화가들이 환상적인 정원 그림들을 남겼고, 그중에서 더러는 실제 정원으로 조성이 되었다. 예술과 생활이 따로 있지 않았고, 향산방 장인들이 그 가운데에 있었다. 화가의 그림을 현실세계에 구현했던 향산방 장인 중에서 유명화가로 출세한 인물도 있었다. 명나라 4대 화가의 한 사람으로 꼽히는 구영(仇英·1498~1552)은 향산방 칠공(漆工) 출신이었다.

중국 강남 상해·남경·항주·소주·영파·양주·소흥
그리고 중국 속 한국 이야기

제6장

문학
강남

중국 '문학의 날'과 굴원

       멱라수(汨羅水)는 그 명성과 달리 찾아가기가 결코 쉽지 않다. 길을 찾기도 어렵고 강을 찾기도 어렵다. 절경의 관광지가 아니어서 돈을 쓰러 오는 사람이 드물기 때문인지 중국의 그 어느 지명보다도 유명한 멱라수 찾기가 영 편하지를 않다. 천하명승 악양루 동정호와 인접한 곳이니 경치도 좋겠다는 기대를 했다가는 반드시 실망을 하게 된다. 하지만 확실하게 얻어가는 한 가지는, 유명하지만 남들은 와본 적이 없는 이곳을 나 혼자 보고 간다는 만족감이다. 여기서 조금 시간을 내어 소상강 동정호 악양루를 돌아본다면 중국의 알짜 명소를 고루 유람하는 데 따르는 환희심을 만끽할 수 있다.

  단오절로하여 한국과 중국의 사이가 서먹했던 적이 있었다. 강릉단오제가 세계문화유산으로 지정 되었을 때였다. 우리는 단오, 혹은 단오절이 아니라 강릉지방에서 전해내려오는 단오제 행사를 등재 신청해서 세계

문화유산이 된 것인데 중국에서는 단오 그 자체를 한국 것으로 등재 신청을 했다고 오해한 데서 비롯된 문제였다. 음력 5월5일 단오절은 엄연히 중국 호남성 멱라시 멱라수에서 처음으로 거행된 행사였고, 그 역사는 2천3백년을 훨씬 넘어서고 있다. 그것을 우리 것이라고 우길 수는 절대로 없는 것이다. 해마다 음력 5월5일 단오절에는 멱라시 굴원진 멱라수에서 전국 규모의 세계 최대 용주대회(龍舟大會) 행사가 거행된다. 전국시대 초나라 충신 굴원의 정신을 기리는 행사이다.

한국의 옛날 왕조시대 정치가나 문인들은 존경하는 중국 역사인물을 말할 때 굴원의 이름을 빼놓지 않았다. 굴원을 존경하지 않고는 올바른 사람이라 할 수 없었다. 굴원은 존경하는 인물의 순위를 매길 때 항상 최우선의 앞자리에 드는 이름이었다. 굴원은 기원 전 343년경에 태어나 기원 전 278년경에 사망한 전국시대 초나라의 문인이다. 초나라 말기 회왕의 총애를 받을 때만 해도 그의 주장은 그대로 국정에 반영되어 국가의 질서가 안정되고 풍속이 아름다웠다. 그러나 왕이 간신을 신임하고 굴원을 멀리 하면서 초나라는 내리막길의 고장난 수레처럼 망국의 길로 굴러떨어진다. 초나라가 멸망할 당시 굴원은 오늘날의 호남성 멱라시 굴원진 창랑 개울가에 귀양을 와 있었다.

굴원이라면 먼저 〈어부사(漁父詞)〉와 〈이소(離騷)〉를 떠올리게 된다. 멱라수 어부들과의 대화를 주제로 쓴 명문장 〈어부사〉와, 조정에서 쫓겨난 억울한 심사를 읊은 〈이소〉는 이곳 적소에서 쓴 작품이다. 〈어부사〉에서 가장 유명한 대목은 '탁영탁족(濯纓濯足·창랑의 물이 맑으면 갓끈을 씻고 창랑의 물이 흐리면 발을 씻는다)'이다. 고결한 선비의 정신을 얘기할 때 곧잘 인용되는 이 글에서 호를 뽑아 쓴 이가 조선조에 있었다. 조선 초기 최고의 문장가이자 불의와는 추호의 타협도 용납지 않은 대쪽 같은

단오절의 유래가 서린 중국 호남성 멱라시 멱라수의 원경. 초나라 충신 굴원이 이 강에서 투신자살한 날이 음력 5월5일이다. '오월단오'는 이날에서 유래한 것이다.

사관이었던 탁영(濯纓) 김일손(1464~1498)이 바로 그이다. 아무튼 굴원이 '탁영탁족'한 창랑은 현재 아주 보잘 것 없는 도랑의 형국이 되어 있다. 도로와 개울이 교차하는 지점의 비좁고 저습한 공터에 잡초가 무성한데, 볼품없이 황폐한 그곳에 '굴원의 옛 집터'임을 알리는 시멘트 표지가 박혀 있다. 굴원의 집터 옆으로 좁은 도랑이 흐른다. 아마도 이것이 굴원의 시에서 맑은 물도 되고 흐린 물도 되는 창랑일 것이다. 창랑일 가능성이 있는 도랑의 뚝을 따라 3~40미터 올라가면 작은 다리 탁영교가 나온다. "탁영탁족"에서 이름을 따온 탁영교는 이소단(離騷壇)으로 통하는 다리이다. 굴원의 시〈이소〉를 비석에 새겨 모신 이소단은 굴원의 옛 집 바로 뒤편 언덕 위에 있다. 굴원의 옛집은 언덕 바로 밑에 있기 때문에 언덕 위에 있는 이소단으로 가려면 창랑 개울을 끼고 올라가 탁영교를 건너야 하는 것이다. 이소단의 이소비(離騷碑)는 무수히 많은 낙서에 뒤덮여 그 글짜 하나 제대로 확인이 되지 않을 정도이고, 이소단 바닥에는 유리 파편이 낭자한데, 인근 주정뱅이가 술을 마시고 대취하여 깨뜨

굴원의 사당. 굴원은 한국의 옛 위인들이 닮고 싶어했던 1순위 인물이다.

렸을 것이 분명한 술병의 파편이다.

이소단에서 제법 울창한 숲길을 따라 언덕을 넘으면 굴원의 사당인 굴원사가 나온다. 굴원사 앞 공터에서 들판을 내다보니 저만치 아주 평범한 시냇물이 보인다. 특색 없는 뚝에 흐린 냇물, 아무런 특징도 없이 너무나도 심심하게 평범한 들판… 저 위쪽에는 승객과 승용차를 동시에 실어나르는 나룻배가 냇물을 건너고 있고, 저 아래쪽에는 모래를 채취하는 기구가 시내 바닥을 파고 있는, 아아 이곳이 멱라수, 인류사에서 성자의 반열에 오른 굴원의 그 멱라수, 해마다 단오절이면 세계 최대 규모의 용주대회가 열리는 바로 그 멱라수인 것이다.

굴원사와 비림(碑林)은 멱라수가 내려다보이는 동산 마루에 있다. 굴원사 옆에 있는 비림은 굴원의 작품인 〈어부사〉〈이소경〉 등을 새긴 비석과 굴원을 찬양하는 문장을 새긴 비석들 등, 1백을 헤아리는 크고작은 비석들이 그야말로 숲을 이루고 있다.

단오절은 평범한 민초들이 합심하여 이루어낸 행위에서 유래한다는 데에 의미가 있다. 멱라수 창랑 가에 귀양 온 굴원은 이곳 어부들과 어울려 인생과 시사를 논했고 어부들은 굴원에게서 구원의 빛을 보았다. 그런데 시대가 너무나 암울했다. 굴원의 우국충정은 조정에 가 닿지 못 했고 춘추시대 전국시대 통털어 대륙의 패권국가이던 초나라는 멸망의 길을 가고 있었다. 굴원에게는 마지막 단하나의 방법 밖에 없었다. 목숨을 걸고 간(諫)하는 것이었다. 굴원은 우국충정의 글을 써놓고 멱라수에 몸을 던졌다. 그 소식을 들은 어부들이 일제히 멱라수로 달려나와 배를 띄우고 그물을 드리웠다. 굴원의 시신을 건지기 위해서였다. 그리고 물고기들이 굴원의 시신을 건드리지 못하게 냇물에 종자(쫑쯔)를 던졌다. 종자는 대추 밤 잣 등을 찹쌀가루에 버무리고 댓잎이나 갈대잎이나 종려나무 잎으로 싸서 찐 것인데, 물고기들이 그걸 배불리 먹고 굴원의 시신에는 입을 대지 말라는 것이었다. 그 날이 5월5일이었다. 단오날이 여기서 생겼고 단오날 행사가 여기서 비롯되었다. 어부들이 띄운 배는 용주놀이로 행사화했고 5월5일은 해마다 굴원을 기리는 단오날로 기념되었다. 그렇게 2천3백년. 단오절은 그 자체로서 하나의 유구한 역사가 되었다. 음력 5월5일은 중국에서 '문학의 날'이기도 하다. 〈어부사〉와 〈이소〉의 최고 문장가 굴원이 절절한 우국충정의 문장을 남기고 죽은 이 날로서 '중국 문학의 날'로 삼은 것이다.

독서광 주매신

소주의 산들은 일망무제 대평원의 도시를 벗어나 태호 쪽으로, 마치 호수에 뜬 연꽃송이들처럼 점점이 예쁘게 떠 있다. 높아야 해발 200미터 남짓이고 넓어야 적당히 너부죽한 홑산이다. 그러면서도 저마다 의미심장하게 단정하고 참하다. 그 가운데 해발 342미터의 제법 두툼한 궁륭산은 단연 고산준령일 수 밖에 없다.

궁륭산은 청나라 최고 전성기 시절의 황제인 건륭제가 재위기간 중 6차례나 찾아와 기도한 산으로 유명하다. 강남을 특히 좋아해서 경항운하 따라 흘러흘러 소주를 6차례나 왔고, 그 때마다 궁륭산을 찾아 기도한 것이다.

궁륭산을 빛내는 인물로는 '손자병법(孫子兵法)의 손자' 손무(孫武)와 '독서(讀書)'로 유명한 주매신이 있다.

손자는 2500년 전 춘추시대 제나라에서 태어났다. 오늘날 산동성의 제

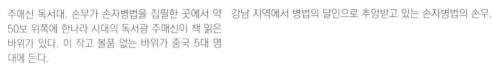

주매신 독서대. 손무가 손자병법을 집필한 곳에서 약 50보 위쪽에 한나라 시대의 독서광 주매신이 책 읽은 바위가 있다. 이 작고 볼품 없는 바위가 중국 5대 명대에 든다.

강남 지역에서 병법의 달인으로 추앙받고 있는 손자병법의 손무.

나라에서 소주의 궁륭산 골짜기로 삶의 터전을 옮겨온 것은 조국에서 일어난 내전 때문이었다. 내전으로 화를 입을 처지가 되자 솔가하여 피신을 해온 것이었다. 망명해온 궁륭산에서 손무는 병법만 연구했다. 낯설고 궁핍한 산골짜기로 피신해 왔으므로 가족은 늙은이 어린이 할 것 없이 모두 소매 걷어부치고 집을 지으랴 화전을 일구랴 바쁜데도 손무는 방에 틀어박혀 병법만 연구한 것이다. 군사력이 강한 제나라에서 태어나 피 튀기는 내전까지 지켜봤으므로 머리 속에 떠오르는 군사전략이 무궁무진했다.

  참으로 다행스러운 것은 손씨집안 사람 누구도 일 안 하고 틀어박혀 병법만 연구하는 손무를 책망하지 않았다는 사실이다. 고단한 망명살이에 고생하는 가족은 나 몰라라 하고 자기 공부만 하고 있는 손무의 소문은 이내 인근마을로 퍼져갔다. 그 소문을 들은 사람 중에 오자서(伍仔胥)가 있었다. 전쟁 기획가인 오자서는 손무를 찾아왔고, 그를 장차 오나라 합려(闔閭)왕이 될 광(光)공자에게 소개했다. 손무가 동서고금을 통틀어 가장 유명한 병법서인 〈손자병법〉의 손자(孫子)로 태어나는 순간이었다.

손자가 병법을 연구한 골짜기에서 일은 않고 책만 읽은 유명한 책벌레 한 사람이 또 있었다. 손자보다 약 300년 뒤에 태어난 주매신이 바로 그 사람이었다.

손자가 손자병법을 정리한 자리에서 위쪽으로 약 50걸음 올라가면 '주매신 독서대'가 나온다. 주매신이 땔나무를 하러 올라와서 나무는 안 하고 책만 읽다 내려갔다는 작은 바위가 바로 주매신 독서대다. 중국의 5대 명대(名臺)로 꼽히는 이 독서대, 즉 독서바위의 외양은 평범하다 못해 아주 볼품도 없다.

주매신은 한나라 사람으로서 그의 나이 40세가 되도록 책만 읽고 무위도식하던 사람이었다. 과거제도가 생기기 전이었으므로 과거시험 공부를 한다고 할 수도 없었고 그냥 책이 재미 있으니까 읽었을 따름이었다. 농토가 없으니 뒷산의 나무를 해다가 장에 나가 팔아야 목구멍에 풀칠이라도 하며 살텐데 주매신은 허구헌날 책만 읽었다. 아내 눈에 그 남편이 곱게 보일 리 없었다. 아내는 주매신에게, 제발 책 좀 그만 읽고 돈 좀 벌어 오라고 바가지를 긁어댔다. 아내는 주매신의 책까지 마당에 끌어내다가 불을 싸질렀다. 그래도 주매신은 책 읽기를 그치지 않았다.

마침내 아내의 눈이 뒤집어지고 말았다. 아내는 이혼을 선언하고 가출을 해버렸다. 그리고 얼마 뒤에 소문이 있었다. 아내가 소주 성내의 부자 상인을 만나 재혼했다는 것이었다. 주매신의 인생 제2막이 예고되는 순간이었다.

　주매신은 책보따리를 싸짊어지고 한나라 도성인 장안(서안)으로 올라갔다. 당시의 황제는 무제(武帝)였다. 주매신은 책을 많이 읽었으므로 문장력이 뛰어났다. 그는 나라에 무슨 일이 있을 때마다 그 대책이나 해결방안을 궁리해서 황제에게 상소를 올렸다. 현대에도 대통령 선거라도 있을 때면 국정 현안에 대한 아이디어나 당선 비법에 대한 아이디어를 써들고 이 후보 저 후보의 문전을 기웃거리는 사람이 많고, 그렇게 해서 나중에 한 자리씩 차지하는 사람도 있다. 아무튼 주매신의 끈질긴 상소 작전은 효과를 보게 된다. 황제는 주매신을 불러 친히 상소문에 대한 하문을 했고 빈틈없이 준비된 대답을 듣게 된다. 그리하여 주매신은 황제의 비서격인 시중(侍中)이 되어 꿈에도 그리던 출세의 길에 접어들게 된다. 그가 역임한 관직의 하이라이트는 아무래도 회계군 태수일 것이다. 당시 회계군의 영역은 과거의 오나라와 월나라를 합한 강남 전 지역이었다. 강소성과 절강성을 합한 지역인 것이다.

　주매신은 소주성으로 금의환향을 했다. 주매신이 소주성에 입성할 때 온 주민이 나와서 환영을 했는데 그 속에 주매신의 옛 아내도 섞여 있었다. 옛 아내는 신임 태수가 전 남편이라는 사실을 알지 못 했다. 먼저 알아본 사람은 환영 군중 속의 옛 아내가 아니라 환영 군중의 환호를 받는 마상(馬上)의 태수였다.

　행렬을 멈추게 한 신임태수가 어느 한 지점을 쳐다보자 모든 관중의 시선이 그곳으로 쏠렸다. 그곳에 생활무능력자인 남편을 버리고 돈 많은 남자를 찾아간 한 여자가 있었다. 그런데 웬일인지 아주 남루한 차림새였다.

　"아낙은 나를 알아보겠는가?"

신임태수가 그 여인에게 물었다. 여인은 영문을 모르고 올려다보다가 너무나도 놀라 그 자리에 주저앉고 말았다.

"아낙이여, 굶주림에 못 이겨 그 작은 배 하나라도 채워보자고 팔자 고치러 갔던 가여운 아낙이여, 그런데 지금 그 몰골이 웬일인고."

"용서하소서."

"팔자 고쳐 갔으면 배라도 채우고 살았어야지 그 모습이 웬 말인고."

"천벌을 받았나 보오이다. 용서해주소서. 과거의 정리를 생각해서라도…"

이때 주매신이 유명한 사자성어를 던진다.

"복수난수(覆水難收)로다! 엎지른 물은 다시 담을 수 없는 법."

주매신은 비장을 불러 일렀다.

"저 여인은 내가 가난하고 무능할 때 나로 인해 고생을 했다. 저 여인을 가까운 여각으로 안내하여 밥 한 끼 따뜻하게 사먹여서 돌려보내거라."

주매신의 행렬은 관아를 향해 나아가고 그의 옛 아내는 비장의 인도로 근처 식당에 들어가 식사 대접을 받았다. 그리고 며칠 후 옛 아내는 자신의 집에서 스스로 목을 맸고, 그 시신을 발견한 이웃은 관아에 신고했다.

중국 4대기서, 강남에서 태어나다

　　일찍이 이야기산업이 번성한 중국에서 4대기서(四大奇書)로 꼽히는 책이 있다. 나관중(1330~1400)의 〈삼국지연의〉, 시내암(施耐庵·1296~1370)과 나관중의 공저 〈수호지〉, 오승은(吳承恩·1500~1582)의 〈서유기〉, 난릉소소생(蘭陵笑笑生·?~?)의 〈금병매(金瓶梅)〉가 그것이다. 그 많고 많은 책들 중에서 앞의 4권 이야기책을 기서로 꼽은 이는 누구일까. 그는 명나라 통속문학의 대가로 알려진 학자 겸 소설가 풍몽룡(馮夢龍·1575~1645)이다.

　풍몽룡은 소주에서 태어나 소주에서 죽은 사람으로서 그의 형 풍몽계(馮夢桂), 아우 풍몽웅과 함께 오하삼풍(吳下三馮)으로 불리던 인물이었다. '오'는 소주의 별칭이니 오하삼풍은 '소주의 풍씨 3형제'라는 뜻이다. 형 몽계는 화가였고 아우 몽웅은 시인이었다. 풍몽룡은 우리에게 〈열국지(列國志)〉로 친숙한 이름이다. 춘추전국시대 영웅들의 이야기를 열국

'수호지'의 노지심이 최후를 맞이한 항주 육화사의 육화탑.

지로 정리한 그는 〈유세명언(喻世明言)〉, 〈경세통언(警世通言)〉, 〈성세항언(醒世恒言)〉 등의 '삼언(三言)'을 편집 교정한 인물로도 유명하다. 이러한 그가 삼국지와 수호지와 서유기와 금병매를 '중국 4대기서'로 꼽았고, 그의 평가는 후대로 전해지면서 그대로 고착되었다.

〈수호지〉를 나관중과 함께 지은 시내암은 오늘날의 강소성 회안에서 태어나 소주로 이주하여 살면서 소설을 쓴 사람이다. 〈삼수평요전(三遂平妖傳)〉 〈지여(志餘)〉 등의 작품을 남겼다. 원말(元末) 강남에서 일어난 황건적의 4대천왕 중 한 명인 장사성(張士城)의 동지였다는 설도 있는데 말년의 이력은 제대로 전해지는 것이 없다.

말년에 대해서 알려진 게 없기로는 시내암과 수호지를 같이 쓴 나관중도 마찬가지이다. 나관중은 〈삼국지연의〉의 저자이다. 산서성 노릉(태원) 출신으로서 최하급 관리 생활을 하다가 강남으로 옮겨가서 삼국지연의를 비롯하여 〈수당연의(隋唐演義)〉〈잔당오대사연의(殘唐五代史演義)〉〈평요전(平妖傳)〉 등의 작품을 남겼다.

〈서유기〉의 오승은은 시내암과 같은 고장인 강소성 회안에서 태어나 살다가 남경으로 이주하여 소설을 생계로 삼았다. 화류계가 호황이라 소설이 잘 팔리는 남경으로 가서 생계를 해결했을 것이다. 서유기 주인공 삼장법사의 실제인물인 현장법사의 두개골 사리가 남경 종산 영곡사 현장원에 안장되어 있는데, 오승은이 서유기를 쓰게 된 내력과도 연관이 있을 듯하다. 오승은은 서유기 외에도 〈우정지(禹鼎志)〉〈사양산인존고(射陽山人存稿)〉 등의 작품을 남겼다.

〈금병매〉의 저자 이름 난릉소소생은 실명이 아니라 필명이다. 난릉의 소소생, 즉 '난릉의 웃기는 사람'이라는 뜻인데 난릉은 남경과 소주 사이의 무진현으로서 오늘날 강소성 상주(창저우)이다. 이 작가는 본명과 신원을 밝히지 않고 난릉의 웃기는 사람(강소성 상주의 코미디언)으로 자신의 신분을 희화화했지만 다른 작품들의 저자들보다 저작 소유권이 확실한 사람이다. 다른 고전들은 대부분 전해오는 이야기를 정리했거나 다른 사람들이 가필 첨삭한 흔적들이 있지만 〈금병매〉는 난릉소소생이 시내암의 〈수호지〉에 등장하는 서문경과 반금련을 따로 뽑아내어 확대 재생 창작한 풍속소설인 것이다. 시내암이 창조한 인물인 서문경과 반금련을 주인공으로 차용했기 때문에 순수창작품으로 인정하기 어렵다 하더라도 작품 자체는 다른 작가가 손을 댄 흔적 없이 오로지 난릉소소생 혼자서 썼다는 사실이 인정되기 때문이다. 그러나 자기 소설이 야하다고 생각했던 탓인지 난릉소소생 이상의 것을 밝히지 않은 채 역사의 어둠 속으로 사라진 작가이다.

살펴본 바와 같이 중국4대기서의 저자들은 모두 강남, 그중에서도 소주와 남경, 그리고 그 사이의 상주에서 작품활동을 했다. 4대기서를 정의한 통속소설의 천재 풍몽룡은 원래 소주에서 태어나 소주에서 살면서 글을 쓰고 소주에서 죽었다. 이들이 작품활동을 한 곳에는 한가지 공통점이 있다. 남경과 소주와 상주가 모두 장원급제 등 과거 급제자를 많이 배출한 지역이며 재물과 풍류로 유명한 도시라는 것이다. 출판 환경과 출판 시장과 독자가 잘 구비되어 있는 강남의 핵심지역이었다. 또한 이들 지역은 강과 운하의 연결이 사통팔달이어서 이곳의 베스트셀러가 곧바로 주변 지역으로 확산될 수 있었다.

고대 중국문학을 살펴볼 때 확인되는 특징이 하나 있다. 바로 '상업'이다. 상업이 번창한 운하마을과 상인들을 중심으로 이야기가 전개되고, 그러한 글을 쓴 작가 중에 상인 집안 출신이 많다는 것이다. 앞서 언급한 풍몽룡이 소주의 하층 상인 집안 출신인데 그의 소설집 〈삼언〉에 수록된 120편의 소설 중에서 절반 가까운 50여편이 상인의 이야기이다. 풍몽룡의 〈삼언〉을 말할 때 반드시 따라붙는 〈이박(二拍)〉의 작가 능몽초(凌濛初·1580~1644)도 상인 집안 출신이다. 능몽초의 아버지는 이야기책을 박아내는 출판업자였다. 능몽초의 이박은 〈초각박안경기(初刻拍案驚奇)〉와 〈이각박안경기(二刻拍案驚奇)〉를 일컫는 것인데 이중 이각박안경기는 한 중 일 동양3국이 공유하고 있는 〈일지매〉 스토리의 원류이다. 절강성 호주에서 태어난 능몽초는 소주로 옮겨와 남경을 드나들면서 소설을 썼다.

한편 미국 작가 펄 벅Pearl S. Buck(1892~1973)의 1938년도 노벨문학상 수상작 〈대지〉는 이곳 강남땅 강소성 진강을 무대로 쓴 소설이다. 펄벅은 남경과 상주 사이의 이곳 진강에 선교사 부모를 따라와서

18년을 살았고, 이때 보고 들었던 강남 농민의 삶을 소설 〈대지〉에 담았다.

옛날 이야기들을 책으로 엮어내기 시작한 명나라 시대에 문화적 중화(中華)의 기틀을 닦았던 고장이 강남이다. 명나라 시대에는 강남에서도 단연 소주가 번성하고 화려했다. 유학의 체계를 주자학으로 정립한 주자 주희(1130~1200)는 이곳 소주 출신의 한 인사를 이렇게 평했다. "그는 유사 이래 천하최고의 인물이다" 주희가 유사 이래 최고의 인물로 평가한 이는 소주 출신의 범중엄(989~1052)이다. 오늘날 소주역 광장에 석상으로 우뚝 서 있는 범중엄은 '천하의 근심은 먼저 걱정하고 천하의 기쁨은 나중에 누린다'고 그의 시 〈악양루기(岳陽樓記)〉에서 읊은 송대의 정치가이자 철학자이자 시인이자 교육자이다. 이처럼 문화적이고 문학적인 전통이 인맥과 분위기로 살아있던 소주에 신라시대에는 신라원, 고려시대에는 고려원이 있었고, 운하와 장강과 바다의 뱃길을 타고 이곳 베스트셀러가 한반도로 수출되었다.

옛날 이야기를 책으로 엮는 것도 유행일 수 있었다. 명나라의 유행을 조선에서는 외면하지 않았다. 조선에도 전해오는 옛 이야기들이 얼마든지 있었다. 만고효녀 심청의 이야기는 누구나 다 아는 것이었다. 책으로 엮으려면 이야기를 정리해야 한다. 막연하게 구전되는 내용을 현실적으로 일목요연하게 정리하자니 심청의 시대가 필요했다. 중국의 심청은 동진 시대 인물인데 한국의 심청은 고려 혹은 조선 시대 인물로 정리되었다. 이렇게 진행되는 과정에서 심청은 고려 혹은 조선판과 중국판으로 분리되어갔을 것이다.

지금 이 시점에서 중국의 심청과 한국의 심청이 한번 심각하게 만나봐야 한다는 생각이다.

중국 강남 상해·남경·항주·소주·영파·양주·소흥
그리고 중국 속 한국 이야기

제7장

예술
강남

그림 속의 강남

중국화(中國畵)에 관한 글을 읽다보면 오파, 절파라는 단어와 자주 만나게 된다. 전통 중국회화에서 오파와 절파의 위치가 그만큼 중요하고 차지하는 비중이 그만큼 크다는 얘기이다.

중국에서 강남문화는 송대에 꽃피기 시작하여 명대에 만발하고 청대에는 그 향기를 사해 널리 떨쳤다. 그림도 마찬가지였다. 강남문화, 그중에서도 회화 부문에서는 소주를 중심으로 활동한 오문화파(吳門畵派), 즉 오파와 항주를 중심으로 활동한 절강파(浙江派), 즉 절파로 나누어서 평가하고 있다.

필자는 2004년 겨울 어느 날 상해박물관 고서화실에서 심장이 일순간 얼어붙는 듯한 경험을 했다. 무심코 돌다가 어느 순간 마주친 감동으로 인한 것이었다. 필자를 붙잡아 얼어붙게 한 것은 팔대산인(八大山人·1626~1705)의 화첩이었다. 조선조 후기 우리 선조의 문인화에서 받은 감동을 거기서 받을 줄이야.

사실 이 날 상해박물관에서는 충격의 연속이었다. 상해박물관 건물의 외양은 고대 중국 전통 솥의 모양이면서 '솥 정(鼎)' 자를 형상화하고 있었다. 중국문자가 상형문자라는 사실의 확인이기도 했는데, 강남사람인 초패왕 항우가 소년시절 소주 태호 우왕묘에서 한 손으로 번쩍 들어올렸다는 무쇠솥의 모양이 바로 그러한 것이었다. 아무튼 그 상해박물관 1층 첫 번째 전시실 입구에 우리의 금동미륵반가사유상, 일본의 목조미륵반가사유상과 똑 같이 생긴 석조미륵반가사유상이 앉은 것을 보고 얼마나 놀랐는지 모른다. 제작연대로 보면 상해박물관의 석조상이 가장 먼저이고 우리의 청동상이 두 번째, 일본 목조상이 세 번째인데, 안타깝게도 이곳의 석조미륵반가사유상은 목과 팔이 없었다. 그 다음에 놀란 것은 도자기실의 당나라 백자 달항아리 앞에서였다. 그 훤언함이라니!

서화실에 들어설 때는 어느 정도 기운이 빠져 있었다. 중국 3대 박물관에 들만큼 전시유물의 질과 량이 대단한 상해박물관을 한나절에 보아넘기는 일인지라 2층 전시실을 다 돌기도 전에 이미 지쳐 있었다. 적당히 빨리 돌아치우고 다음에 또 오자 싶은 마음은 서화실에 들어서기 전부터 일어나고 있었다. 그러던 차에 세 번째의 충격을 맞이한 것이다. 팔대산인의 화첩을 보면서 우리 선조의 문인화가 어디에서 왔는지에 대한 생각을 하게 되었다.

문인화 전통의 시발점은 팔대산인의 위로 한참 거슬러 올라가야 한다는 것을 그후 상해박물관을 여러 번 관람하고 고서화시장도 여러 차례 둘러보면서 알게 되었다. 팔대산인의 붓글씨만으로 서법책(書法冊)을 만든 것이 있어 들여다보다가 그 옆에 소식(蘇軾·소동파)의 글씨, 구양순(歐陽詢)의 글씨, 왕희지의 글씨를 보게 되었고, 이윽고 문징명의 글씨를 보게 되었다. 의외로 문징명이 많은 글씨를 남기고 있었다.

시인이자 서예가이며 화가인 문징명은 '명4가(明四家)'에 드는 인물이다. 중국회화사에서는 심주(沈周·1427~1509), 문징명, 당인(唐寅·1470~1523), 구영, 그 4명의 화가를 일컬어 명4가(明四家), 즉 명나라의 4명인이라 하고, 오문4가(吳門四家), 즉 소주의 4명인이라고도 한다. 이들이 오파 화가의 대표적인 인물들이다.

절파

오파에 앞서 절파(浙派)를 얘기하는 것이 순서이다. 오파가 명나라 중기 이후에 전성기를 맞이한 데 비해서 절파는 그보다 좀 앞서 전성기를 누린 화파이다.

남송의 수도로서 궁중그림을 보고 누렸던 임안(항주)의 화가들 화풍은 우아하고 화려했다. 원나라에게 망하여 수도로서의 영광은 잃어버렸지만 화려 뒤끝의 애수로 물든 항주의 분위기는 그대로 그림이 되었다. 그리고 명나라가 개국되어 한족의 세상이 돌아왔고, 수도는 같은 강남의 하늘 아래인 응천부(남경)였다. 명나라의 시황제인 홍무제(洪武帝·재위 1368~1398) 주원장은 31년간 황제의 자리에 있으면서 문화를 존중한다고 누차 웅변을 했지만 그 출신이 황건적 두목인지라 아무도 믿어주지를 않았다. 아내까지도 중국 역사상 가장 무식하고 사납다는 평가를 받는 마황후(馬皇后·1331~1382)였으니 '그 사내에 그 여편네'라며 도무지 문화적인 상상을 해주지 않았다. 정부 관료들도 포악한 황제를 두려워 했을 뿐 존경하지는 않았다. 무시하고 혐오할 따름이었다. 그러한 분위기는 제3대 황제인 영락제 시대에까지 이어졌다. 영락제는 경사(남경)에서 북평(북경)으로 천도하면서 원나라의 대도(북경) 시절부터 사용하던 황궁을 더욱 장엄하게 짓고 치장했다. 몽고족의 원나라 잔재를 지우고 한족의 아름다움을 추구해야 했는데, 남경의 황궁을 치장했던 장인들은 상당수가 죽었거나 숙청되고 없었다. 영락제가 '무식하고 무자비한 황제와 황실을 무시하는' 강남 지식인들을 마구잡이로 숙청할 때 다수의 화가들도 화를 입었던 것이다. 화를 피한 화가들이 항주에 남아 있었다. 그리고 그들은 항주에 있던 남송의 황궁을 기억하고 있었다. 북경 명 황궁의 그림치장은 남송시대의 것을 따르기로 했다.

영락제의 뒤를 이은 홍희제(洪熙帝)가 1년만에 죽고 선덕제(宣德帝·재위 1426~1435)가 등극했다. 선덕제는 화원(畵院)을 설치하고 소속 화가들에게 황궁 장식에 필요한 화조도 미인도를 많이 그리게 했다. 항주에서 불려 올라온 화가 중에 대진(戴進·1388~1462)이 있었다.

대진은 남송이 멸망한 뒤 경기가 시들해지고 그림 수요가 없어진 전당(항주)에서 금은세공 고급생활용기의 밑그림을 그려주고 살던 중에 북경에 신설된 화원의 화공으로 특채되었다. 대진의 화풍은 활달하고 화려했다. 황궁에서 원하는 화조도 뿐만 아니라 모든 종류의 그림을 다 잘 그렸다. 그야말로 천의무봉의 화가라 할만 했다. 당연히 칭찬을 많이 듣게 되었고, 그만큼 동료화가들의 질시도 많이 받게 되었다. 결국 대진은 화원에 만연한 텃세와 따돌림에 밀려 항주로 낙향하고 말았다.

대진은 낙향하고나서 오히려 전성기를 누렸다. 금은세공 고급생활용기의 밑그림이나 그려주고 살 때에는 거터도 보지 않던 그를 호사가들이 줄을 이어 찾아왔다. 황제에게 바치던 대진의 그림을 한 점이라도 가져보겠다는 사람들이었다. 대진의 그림 값이 치솟고, 그에게 그림을 배우겠다는 청소년이 모여들었다. 이렇듯 자연스럽게 절로절로 형성된 것이 절파였다. 절파 화가의 작품들은 대체로 돈이 되었고, 돈이 될만한 그림을 그리기도 했다.

절파는 화려하고 활달한 화풍에 연하고 진한 먹빛의 조화를 자유자재 구사하는 필묵법(筆墨法)으로 15세기 초에서 16세기 초까지의 명나라 서화시장을 석권한다. 오위(吳偉·1459~1508)라는 천재화가가 없었다면 절파의 신화도 한참 무료할 것이다. 절파가 자랑하는 필묵법의 조화를 유감없이 발휘한 작품이 오위의 〈어락도(漁樂圖)〉라고 할 수 있다. '숨이 막힐만큼 아름답다'는 찬사가 절로 나오는 이 그림을 그린 오위는 술에 관한 일화도 많이 남긴 인물이다. 술에 취해 그린 그림이 천하의 명화로 평가되니 술을 멀리할 이유가 없었고, 그 좋아하는 술을 마시면서 죽었으니 저승길에서도 그림 한 점 그렸을 것이다.

대진과 오위를 이어서 장노(張路) ·장숭(蔣嵩) ·정전선(鄭顚仙) 등의 천재화가들이 절파의 맥을 이었다.

오파

절파 그림이 자신만만하고 호탕한 느낌이라면 오파 그림은 차분하고 점잖다는 느낌이다. 절파의 작품에서는 넘치는 재능과 기량이 느껴진다면 오파의 작품에서는 기품과 내공이 느껴진다. 명대 초기 황궁 화원의 성과와 절파의 성과를 계승하고 발전시켜 명대 중후기 화단의 맹주가 된 것이 오파이다. 황궁 화원의 기능이 쇠퇴하고 절파의 화풍에 대중이 질리게 되었을 때 오파가 신선하게 등장했다고 할 수도 있다.

사실상 밋밋한 강남 풍경을 두고 천하에 제일 아름다운 경치라고들 한다. 심심하기 짝이 없는 강남 풍경이 왜, 무엇 때문에 중국에서 가장 아름다운 경치로 평가되는 것일까. 그 이유를 오파 태두 심주의 그림을 보면 알 수 있게 된다.

상해박물관 서화실에서 심주의 〈양강명승도(兩江名勝圖)〉를 볼 수 있다. 장강과 회하(淮河)의 아름다운 경치 10곳을 그린 화첩이다. 그중에서 압권이 〈경강송별도(京江送別圖)〉이다. 강에서 벗들이 작별하는 광경인데, 버드나무와 향장수가 우거진 강언덕의 벗 서너 명과 조각배를 타고 떠나는 한 명의 벗이 서로 아쉬워 하며 읍(揖)을 한다. 강은 비어있어 강인줄 알겠고, 배는 한 잎 조각배요 강 건너 언덕은 멀리 여백을 향해 달아나고 있어 떠나는 벗의 갈 길이 멀다는 것을 알겠다. 그림은 한없이 간결하고도 섬세하다. 너무나 간단한데 이야기는 많은 그림이다. 너무나도 세밀한데 군더더기는 하나도 없다. 사람이 등장해도 잡스럽지 않고 풍경이 있어도 요사스럽지 않다. 어떻게 이처럼 맑고 고요하고 간단하고 정직하면서 할 말 다 하는 그림을 그릴 수 있는지 도무지 알 수가 없다. 이런 그림을 두고 문인화의 전통이 수립되지 않을 수 없는 것이다.

〈경강송별도〉는 심주 65세 때의 작품이다. 그 나이에 이런 냉정하고 냉담한, 지극히 섬세한 선과 과감한 여백이 나왔다는 것이 신기할 따름이다. 여백에서 묻어나는 그리움과 아쉬움의 정서는 또 어떠한가. 그 전의 작품인 〈동장도(東庄圖)〉 시리즈(남경박물관 소장), 〈와유도(臥遊圖)〉 시리즈(북경 고궁박물관 소장)의 넉넉하고 대범한 붓질을 싹 감추고 이런 변신을 했다. 〈화조도(花鳥圖)〉시리즈(북경 고궁박물관, 대만 고궁박물관, 소주박물관 소장)도 남긴 심주는 오현(소주) 상성리 사람으로서 오문화파, 즉 오파의 화풍을 세운 사람이다. 북경 고궁박물원에 심주의 초상화가 있다. 가로 52.4센티 세로 71센티의 화폭에 담긴, 흰 눈썹 흰 수염에 검은 유건을 쓴 심주의 모습이다. 그림을 그리려는 것일까. 대상의 특징을 잡아내려는 듯 화폭 속에서 관람자를 바라보는 심주의 눈빛이 살아 있다. 자화상은 아니고 명대 인물화의 거장 주신(周臣·?~?)의 작품이다.

강에서 벗들이 작별하는 광경을 그린 심주의 〈경강송별도〉

심주와 비슷한 나이의 주신은 소주 사람으로서 당인과 구영의 스승이다.

지식께나 있는 사람은 입을 모아 강남 풍광을 찬탄하고, 강남 풍광을 찬탄하지 않고서는 지식인 행세를 할 수 없는, 그런 묘한 분위기가 명대 이후의 중국 인문사에 자리잡고 있다. 강남 경치의 그 밋밋하고도 심심함이라니. 그럼에도 그것을 '중국천지에서 가장 아름다운 경치'로 만든 것은 문민적 화풍의 오파 화가들, 특히 심주가 그린 강남 강 풍경 덕분이다, 라고 한다면 심주의 그림에 홀린 어처구니의 망언이 될까?

〈경강송별도〉에서 강언덕의 바위에 윤곽선이 뚜렷하다. 바위나 산봉우리의 윤곽에 선을 입히는 것도 오파 작품의 한 특징이라 할 수 있다. 당인의 〈정수당도貞壽堂圖〉에서도 바위의 윤곽선이 드러나는데 심주의 강언덕 너럭바위와 생김새도 흡사하게 닮았다.

장주(소주)의 상인 잡안에서 태어난 당인은 백호伯虎라는 자字로도 유명한 인물이다. 심주 문징명 구영과 더불어 '명4가' '오문4가'로 평가 받으면서도 다른 3인과 달리 유독 사회적 물의를 많이 빚은 인물이다. 남에게 싫은 말을 들으면 참지 못하면서도 허구헌날 기녀를 끼고 술 마시고 남의 눈살 찌푸릴 일은 도맡아 했다. 천하를 유람하고 다니면서 술도 마실만큼 마시고 노래도 부를만큼 부르고 기녀놀음도 할만큼 하면서 생계를 위한 그림도 꾸준히 그렸다. '오문4가' 가운데 홀로 자유분방한 삶을 산 당백호, 당인, 그가 남긴 한가지 특징이 있다. 그의 작품마다 '오문吳門 당인'이라는 네 글짜를 잊지 않고 낙관으로 명기했다. 다른 '오문4가'에게서는 보기 어려운 현상이었다. 홀로 자유분방하면서도 작품에서만은 '오문', 즉 오파라는 소속에서 벗어나지 않은 개성파 당인이었다.

오늘날 소주 시내에 당인이 살던 집이 남아 있다. 북사탑과 실크박물관에서 그다지 멀지 않은 도화오桃花塢에 있는 '당인고거唐寅故居'가 그 집이다. 도화오는 중국 목판예술 화조花鳥 목각공예를 얘기할 때 빠지지 않는 마을이다. 지금 도화오는 관광단지로 재건축되어 있다.

오파의 특징에는 착색산수화라는 것도 있다. 산수화에 색을 입힌 것이다. 문징명의 작품 중에 〈청록산수〉가 있다. 산수화에 청색과 녹색을 입힌 작품이다. 선명하고 청량한 색감이 압권이다. 〈난정수계도〉 〈만학쟁류도〉 〈추도강남도〉 등 청색과 녹색을 입힌 그림을 많이 남긴 문징명이다. '오문4가'의 나머지 한 명인 구영도 청색과 녹색을 착색한 산수화를 많이 그렸다. 〈도원선경도〉 〈남화추수도〉 등의 산수화 뿐만 아니라 〈귀비효장도〉 등 그가 많이 그린 미인도와 풍속화에서도 청색과 녹색을 입혔다.

착색산수 전통은 오파의 스승인 심수의 〈동장도〉 시리즈, 〈와유도〉 시리즈에서 이미 나타난 것이었다. 심수의 청색 물감이 문징명 구영에 이르러 좀더 세련되었다는 느낌이다.

문징명의 그림을 말할 때는 흔히들 소주 졸정원의 설계도로 알려진 〈동원도(東園圖)부터 들먹인다. 문징명의 구름산과 안개강에 압도되기 전에는 그의 정원 그림들을 칭찬하기 마련이다. 구름바다에 떠 있는 산의 그림이나 안개 속에 드러난 강언덕의 그림에서 문징명이 구사하는 여백의 미에 홀리게 된다. 문징명의 구름과 안개는 화면에서 생략되었으되 표정과 행동이 자못 격렬하다.

문징명의 글씨를 본다. 두목지(杜牧之)의 〈아방궁부〉와 소식의 〈적벽부〉를 문징명이 붓글씨로 옮겨 적은 것이다. 그 책을 펼쳐놓고 그윽이 바라본다. 그리고 〈팔대산인 서법자전(書法字典)〉을 앞으로 뒤로 훑어본다. 팔대산인의 글씨체를 일목요연하게 살펴볼 수 있도록 그의 글씨 한 자 한 자를 모두 따로 떼어서 엮은 책이다. 문징명은 심주가 일으킨 오파 전통을 계승 발전시킨 인물이고 팔대산인은 오파의 시대가 가고 난 뒤에 추억처럼 오파의 그림을 그리고 글씨를 쓴 사람이다. 이들의 글씨에서 공통적으로 느껴지는 것이 있다. 화려하지 않고 단아, 단정, 단호하다는 것이다.

오파의 고장 소주에는 춘추시대에서부터 내려오는 부자상인의 내력과 향산방과 같은 장인의 내력이 있었다. 그리고 중국에서 가장 많은 과거 급제자와 재상들을 배출한 곳이기도 했다. 중국천지의 쌀값이 여기에서 매겨지고 이곳에 풍년이 들면 중국천지가 평안하다는 속담도 있는 고장이었다. 북경에서 고위관직을 지내고 은퇴한 사대부들은 말년의 안락을 위하여 재물을 싸들고 대운하를 따라 소주로 내려와 아름다운 원림을 일구었다. 그 원림의 곳곳에 숨은 그림처럼 전각들이 들어앉았고, 그 전각들마다 북경에서 데리고 온 미인들이 들어 있었다. 비단의 고장이니 고급그림을 그리기에 딱 알맞은 비단도 지천이었다. 오파 화가가 붓을 들 분위기는 이처럼 충분했다.

오파를 봄에 있어 가장 주목할 점은 이 화파의 지역연고가 고대 중국 4대 화가에 가서 닿는다는 것이다. 고대 중국 4대 화가라면 고개지(顧愷之·?~?) 육탐미(陸探微·?~?) 장승요(張僧繇·?~?) 오도현(吳道玄·685~758)을 꼽는다. 오도현은 오도자(吳道子)라는 이름으로도 불린다. 이들은 모두 불화의 달인이자 인물화의 달인으로 불린다. 고개지 인물화의 의상이나 오도자(오도현) 인물화의 의상을 보면 탐미주의의 극치를 보는 듯 의상을 그린 선의 흐름이 자못 황홀하다.

고개지는 대략 350년 전후에 태어나 400년대 초에 사망한 인물이고 육탐미는 고개지의 직계 제자로서 대략 300년대 후반에 태어나 400년대 중반까지 살았던 인물이다. 그리고 장승요는 양나라(502~557)의 화가이니 육탐미보다도 약 50년 뒤에 살다간 사람이며, 마지막으로 오도현(오도자)은 당 현종(685~762)과 양귀비(719~756) 시대의 인물이다. 오도자가 그 탐미적인 선으로 양귀비의 실물을 그렸을 듯한데 그 그림을 볼 수 없어 유감이다.

이들 4대가 중 맨나중 인물인 오도현을 빼고 앞 시대의 3대가는 모두 그 출생지가 오늘날 강소성 남부지역이라는 점에 주목할 필요가 있다. 고대 중국 4대 화가의 첫 인물인 고개지는 강소성 무석(우시), 두 번째 인물인 육탐미는 무석 바로 옆인 오현(소주), 세 번째 인물인 장승요도 오현(소주), 맨 후배인 오도현만 하남성 우현 출신인 것이다. 명나라시대 소주를 지역 연고로 활동한 오파는 이러한 지역 전통 속에서 생성된 화파였다.

오흥파(吳興派·우싱파)로 불리는 화파도 있다. 오흥은 오늘날의 절강성 호주로서 이곳 출신 조맹부(1254~1322)와 그 제자들의 화풍 및 화맥을 일컬어 오흥파라고 한다. 장차 오파와 절파 모두에게 지대한 영향을 주게 되는 조맹부는 그 아내와 아들도 화가로 유명하다. 묵죽(墨竹)에 뛰어난 관도승(管道昇)이 아내이고 산수 화조 서예에 두루 뛰어난 옹(雍·중목仲穆)이 아들이다. 조맹부는 송설도인(松雪道人)이라는 호로도 유명한데, 그의 글씨체인 송설체(松雪體)는 우리나라(고려)에서도 크게 유행했다. 조맹부가 고향인 호주에서 사망하자 멀리 대도(북경)에서 문상 온 고려인이 있었다. 폐위된 뒤 원나라에 와 있는 고려국 충선왕(1275~1325)의 신하 이제현(1287~1367)이 조맹부의 문상을 하러 멀리 호주까지 왔던 것이다. 아마도 충선왕과 조맹부 사이에 교류가 있었고 이제현이 이들을 잘 모셨던 것 같다. 조맹부의 송설체를 고려에 들여와 유행시킨 이가 이제현이다.

조맹부는 오파 절파의 윗대로서 오진(吳鎭)·황공망(黃公望)·왕몽(王蒙)과 더불어 원대(元代)의 4대가로 꼽힌다.

한편 조맹부는 1304년 관음성지 보타산을 여행하고 돌아온 뒤 송설체 374자의 〈관음원기〉를 집필했는데, 그 내용은 '고려왕자 의천이 보타산 불긍거관음원의 분실한 백의관음을 찾아냈다'는 것이었다.

오파 절파의 예술적 풍토에서 성장한, 오파 절파의 지역연고를 가진 현대화가가 있다. 상해 포동 육가취(루쟈주이) 빌딩숲 속에서 발견되는 단아한 중국 전통주택이 있다. 루쟈주이공원의 세기대로변에 위치한 이 집은 쉽게 눈에 띈다. 오창석기념관(吳昌碩紀念館)이다. 오창석이 살던 집은 아니고 그의 기념관이 된 집이다. 오창석은 중국 현대미술의 아버지라 할만한 인물로서 1844년 절강성에서 태어나 상해에서 활동하다가 1927년 사망한 인물이다. 중국미술에서는 1911년 신해혁명 이후 1949

안휘성 황산. '오악(태산 숭산 형산 항산 화산)을 못 보고는 산을 보았다 할 수 없고, 오악을 보고도 황산을 못 보았다면 그 역시 산을 보았다 할 수 없다'는 그 황산이다. 중국의 세계적인 화가 오관중은 '중국 산의 아름다움은 황산에 다 모였고 중국 물고장의 아름다움은 주장에 다 모였다'고 했다.

년 중화인민공화국 수립까지의 시대를 현대로 분류하고 1949년 이후 현재까지의 시대를 당대(當代)로 분류한다. 고대-근대-현대로 3등분하는 우리의 시대분류에 비해서 현대가 아주 짧은 중국미술의 시대분류이다. 1919년 강소성 의흥에서 태어나 2010년 사망한 오관중(吳冠中)은 현대와 당대를 누빈 중국의 대표화가이다. 항주와 상해에서 그림 공부를 하고 국비유학생으로 프랑스유학을 한 뒤 북경에서 후진 양성과 작품 활동을 아울러 했다. 그는 "중국 산의 아름다움은 황산에 다 모였고 중국 물고장의 아름다움은 주장에 다 모였다" 라고 했는데 바로 그가 태어난 강남의 산과 물이었다.

미술품은 창작만큼 중요한 것이 보전이다. 고개지의 〈여사잠도권(女史箴圖卷)〉 등 중국의 국보 고미술품 상당수가 조선 출신 소장가에 의해서 보전되었다는 사실이 전해진다. 청나라 이주 조선인의 후예로서 소금장사로 거부가 된 안기(安岐·1683~?)는 고미술품을 보는 안목이 높은 것으로 유명한 인물이었다. 고서화와 인장의 진품명품 감정서인 〈묵연휘관(墨緣彙觀)〉을 저술하여 중국 미술사의 근간과 계통을 수립하는 데에 기여한 인물인 그는 고미술품을 많이 소장한 인물로도 유명했다. 역사상 중국의 화가 중 그 작품이 오늘날까지 전해지는, 가장 오래 된 화가인 고개지의 작품을 비롯하여, 위진남북조 이후의 서화와 도장 등 상당수를 사모으고 간수해서 소중하게 자손에게 물려주었다. 그후 안기의 자손은 조상으로부터 물려받은 재물을 탕진하고 말았는데, 미술품들만은 건드리지 않고 건륭황제에게 바침으로서 오늘날 중국 고대미술의 계통이 서게 했다.

그리고 소수

색실로 보자기에 놓는 그림을 자수(刺繡)라 하고, 소주지방에서 비단에 놓은 그림을 소수, 즉 소주수라고 한다. 비단의 고장 소주에서는 일찍이 수놓는 여인이 많았다. 명품인 소수 중에서도 최고명품은 고수(顧繡)였다. 소주의 고씨집안에서 대물림 되는 비법의 자수인 고수는 특히 인물자수로 유명했다.

자수의 발상지인 중국에서는 자수의 역사를 약 4천년으로 꼽고 있다. 고대 중국의 사회가 모계사회에서 부계 씨족사회로 옮겨가면서 족장 등 지도층의 옷에 장엄문양을 새겨넣었다는 것이다. 한편 자수의 기원을 인체 피부 문신에서 찾기도 한다. 오나라 시조 오태백이 주나라에서 강 건너 강동(강남)으로 온 뒤 그곳 원주민과 같이 얼굴과 몸에 문신을 했다 하고, 태백이 죽은 뒤 그 아우 중옹이 몸의 문신 대신 옷에 수를 놓는 전통을 세웠다고 한다.

자수의 기원을 관복(官服)에 놓은 자수에서 찾기도 한다. 주나라 법률인 주례(周禮)에서는 신분과 지위에 따라 관복에다 색실로 수를 놓게 했는데, 그 무늬는 해와 달과 별, 산과 물과 불과 용 등 12가지 형상의 무늬였다고 한다.

관복제도에 '12가지 무늬'가 명기됨으로써 자수예술은 그 나아갈 방향을 잡게 된다. 하급관리 관복에 붙일 흉배(胸背)에 수놓을 때와 상급관리 관복에 붙일 흉배에 수 놓을 때의 정성에는 아무래도 차이가 있게 될 것이다. 하물며 왕후장상의 의복에서랴. 지고지순한 정성의 바침이 자수예술의 발전으로 이어졌다.

중국의 사찰에 가면 수십 미터 높이의 법당 천장에서 바닥에 닿도록 드리운 불경자수(佛經刺繡)를 보게 된다. 그 엄청난 규모의 바탕에다 한없이 세밀하게 한뜸 한뜸 수놓은 정성을 보면서 절로 입이 벌어지는 경험을 하게 된다. 그런 지고지순의 정성이 중국 불교자수공예의 아름다움을 이루었다.

세밀한 자수를 위하여 당나라시대에 침(針)이 사용되었고 자수의 전성기라 할 수 있는 송나라시대를 거쳐 명나라시대에는 궁중에 자수청이 설치되었다. 민간, 특히 소주지역에서는 '가가양잠(家家養蠶) 호호자수(戶戶刺繡)'라 할만큼 누에치기 붐과 자수 붐을 이루었다. 이러한 흐름은 청나라에 그대로 이어졌다. 강희제 옹정제 건륭제의 곤룡포 자수를 초상화로 확인할 수 있고 자수로 장엄한 서태후의 의상을 사진으로 확인할 수 있다.

자수황후(刺繡皇后)로 불리는 소주여인이 있다. 20세기 초에 활동하면서 세계적인 명성을 얻은 심수(沈壽)가 바로 그다. 15세에 20세의 화가와 결혼한 그녀는 남편이 그리는 그림에다 수를 놓으면서 차근차근 명성을 쌓았고, 일본에 유학하여 서양미술을 익혔다. 심수의 자수작품에서 느껴지는 서양미술의 질감은 일본유학의 성과인 듯 한데, 그의 대표작인 〈이탈리아 국왕상〉과 〈이탈리아 황후상〉에서 그 극치의 아름다움을 감상할 수 있다. 소주 원림 여러 곳에서 '자수황후' 심수의 자취를 확인할 수 있다.

중국에는 북경지방의 경수(京繡), 공자 고향의 노수(魯繡), 복건지방의 민수(閩繡), 남방 묘족자치주의 묘수(苗繡), 자수의 전성기를 이끈 북송의 수도 개봉의 변수(汴繡) 등 지역마다 나름의 전통을 가진 자수가 있는데, '중국4대명수(中國四大名繡)'로 꼽히는 것은 소주의 소수, 광동의 월수(粤繡), 호남의 상수(湘繡), 사천의 촉수(蜀繡)이다. 그중에서도 소주의 고씨 집안에서 생산한 고수는 특별히 유명하다.

무대 위의 강남

장국영 공리 주연의 영화 〈패왕별희〉는 중국 경극여장 남우의 굴절된 사랑 이야기를 담고 있다. 이 영화를 통해서 중국 경극에 대한 관심을 가지게 되었다는 사람도 많다. 경극은 북경 지역의 연극으로서 안휘성의 휘극(徽劇), 강소성의 곤극(昆劇), 절강성의 월극(越劇), 사천성의 천극(川劇)과 더불어 중국 5대 연극의 하나이다. 이중 곤극이 가장 오래 된 것이고 그 다음이 휘극, 그 다음은 천극, 네 번째로 경극, 맨 마지막으로 월극이 태어났다. 이것들이 중국 각지에서 중국판 오페라시장을 형성하고 있다.

강남의 경극

중국 연극의 원류를 따지자면 중국 최초의 인간 무리에 가서 닿겠지만 중국 전통연극의 대표격인 경극의 원류는 원나라에 가서 만나게 된다.

원나라시대에 잡극(雜劇)이라는 이름의 연극이 있었고, 이것은 다시 남방의 남곡(南曲·남극)과 북방의 북곡(北曲·북극)으로 구분 계승되었다. 그후 명나라시대에 이르러 남방의 남곡은 오늘날 강소성 곤산시(쿤산시)인 소주부 곤산현에서 곤극으로 정리 발전이 된다. 곤극은 안휘성으로 전파되어 휘극이 되고 휘극은 청나라 중기 이후 북경에 가서 오늘날 경극의 뿌리가 된다. 북경에 내려오던 북곡이 강남에서 분화와 발전을 거듭해온 남곡의 지류 휘극의 영향을 받아 오늘날의 경극이 되는 것이다.

한국의 전통음악이나 전통연극이 크게 발전을 한 계기는 고종황제가 왕위에 오른지 40년 되는 해에 전국의 재자가인(才子佳人)들을 한양으로 불러모아 개최한 경축 큰잔치였다. 이때 전국 각지에서 한양에 올라온 재자가인들의 상당수가 귀향하지 않고 오늘날 서울 인사동 등지에 자리잡고 머물면서 일정한 틀을 갖춘 전통음악과 전통연극이 탄생하게 되었다.

한국의 역사와 중국의 역사를 보면 두 나라 역사가 거의 비슷한 호흡으로 흘러왔다는 것을 알게 된다. 중국의 지방 연극들도 한국의 지방음악 지방연극과 비슷한 연유로 북경에 집결하면서 오늘날의 틀을 갖추게 된다. 1차는 18세기 말 건륭제의 80세 생일잔치가 있고, 2차는 20세기 초 서태후(西太后)의 환갑잔치가 있는 것이었다. 이때 북경으로 올라온 전국 각지의 재자가인들 중 상당수는 귀향하지 않고 북경에 머물면서 휘극 곤극 천극의 장점들을 모은 연극을 창조하게 되었다. 그중에서도 특히 휘극의 영향이 컸다. 화려한 분장이 휘극의 특징이었다. 그렇게 개발된 북경의 연극에는 곤극과 천극의 우수한 특징들이 섞이고 그 모든 연극들이 구사하지 못한 극대치의 화려함을 더하게 되었다.

경극은 레퍼토리도 많고 다양하다. 1천여 종(혹은 3천수백 종)에 이르는 레파토리에서 뛰어난 배우도 많이 배출되었다. 동주열국지, 삼국지,

수호지, 서유기, 서상기, 귀비취주, 패왕별희… 제목만으로도 화려한 연극들이 모두 경극의 주요 레퍼토리이다. 패왕별희의 우희 역할, 귀비취주의 양귀비 역할을 전담한 배우는 남자배우 매난방(1894~1961)이다. 경극을 말할 때 빼놓을 수 없는 명배우 매난방은 강소성 양주 출신으로서 상해에서 활동하다가 생의 후반기는 북경에서 보냈다. 상해 사남로(스난루)에 매난방의 저택이 남아 있다. 매난방이 활동하던 때가 상해 경극의 전성시대였다. 상해 복주로(푸저우루)는 조계시대에 사마로(쓰마루)로 불리던 문화의 거리였다. 서점도 많고 찻집도 많고 기생집도 많았다. 상해의 명기라면 의례 복주로의 명기였고, 명기 옆에는 부자도 있었지만 문화예술인이 있게 마련이었다. 문화예술의 분위기와 찻집 기생집의 호경기로 사마로(복주로)는 흥청망청했다. 신사와 건달, 숙녀와 갈보, 문인과 배우, 대학생과 호객꾼, 예술가와 아편쟁이가 누비던 사마로, 이 거리에 유명한 경극극장이 있었다. 지금도 변함없이 경극을 공연하는 천섬일부무대(天蟾逸夫舞臺·tianchan yifu theater)가 그곳이다. '일부(逸夫)'는 이 극장 재건에 거금을 희사한 홍콩갑부의 호이다.

경극을 말할 때 강청(江靑·1914~1991)이라는 이름을 들먹여야 하는 아이러니도 발생한다. 강청은 영화배우로 활동 중 모택동을 만나 1939년 결혼했다. 상처하고 홀몸인 공산당 지도자와 무명 여배우의 결혼이었다. 강청은 1949년 중화인민공화국이 수립되면서 일약 퍼스트레이디가 되었고, 1959년 모택동이 실각하여 상해로 내려올 때까지 최고의 권세를 누렸다. 상해에 온 강청은 동평로의 장개석 송미령 부부 옛집을 접수하여 경극연습장으로 사용했다. 강청은 영화인들에게서 받은 수모를 잊지 않고 있었다. '삼류 무명 여배우 출신'이라고 비웃던 영화인들이었다. 영화의 기세를 꺾기 위해서는 경극을 육성해야 한다는 것이 강청의 생각이었다. 강청은 장개석 송미령의 동평로 옛집에 상해의 경극배우들을 집합시켜놓고 '경극으로서 문화혁명을 하겠다'는 선언을 했다. 실제로 강청은 경극을 혁명의 수단으로 삼았다. 이 시기의 경극에는 화려한 분장과 화려한 의상의 사극이 없었다. 인민복을 입은 남녀가 혁명과업에 청춘을 바치고 인생을 불사르는 내용의 경극들이 패왕별희 귀비취주 등의 고전경극을 무대 밑으로 밀어냈다. 사회주의 이념을 고취시키는 내용의 경극은 문화대혁명의 도화선이 되고 강청은 홍위병의 지휘자가 되어 1966년 모택동을 천안문 문루에 높이 모셨다. 강청은 모택동이 사망한 1976년 체포되어 사형 선고를 받았다. 1983년 무기징역으로 감형이 되었으나 옥중에서 자살로 생을 마감했다.

곤극과 평탄

경극의 아버지가 휘극이라면 곤극(곤곡)은 경극의 할아버지가 된다. 곤극은 명나라 중기 소주부 곤산현에서 남곡을 정리 발전시킨 중국형 오페라이다.

"꿈에라도 봤으면 좋겠네…"

애절하게 이별한 님을 그리는 곤극 여배우의 목소리가 자지러진다. 중국 연극의 여성소리를 고양이 우는 소리 같다고 표현한 이도 있었는데 썩 잘한 표현 같지는 않다. 필자는 한 중 일 동아시아 3국의 전통 오페라 여배우들이 구사하는 '소리'들 중에서 중국 여배우의 소리가 기본적으로 가장 감미롭고 애절하다는 생각이다. 잡티 하나 없이 기름지고 부드럽고 구성진 음색에 간절한 마음을 모아 '꿈에라도 봤으면 좋겠네…' 떠난 뒤 소식 없는 님을 그리워 한다. 표정 뿐만 아니라 손놀림 하나하나가 감정표현의 수단이 된다. 세계문화유산 주장(周庄)의 연희무대에서 곤극 여배

주장 고희대에서 매일 여러 차례 연희되는 곤극과 곤극 여배우

우가 1인 무대를 펼치고 있다.

"꿈에 님의 품에 안겼네. 놓치지 않으려고 더욱 그 품을 파고들었네."

강남의 옛날 저택에는 대부분 연희무대가 있지만 오늘날 그 모든 무대에 공연이 있기를 바랄 수는 없는 일이다. 소주의 유원과 환수산장, 주장의 연희무대 등 관광객이 많은 곳의 연희무대에서는 매일 강소성 소곤극단, 강소성 곤극원 전속 배우들의 공연을 볼 수 있다. 정해진 시간대에 15분 가량 몇 차례 아주 짧은 무대를 보여주고 들어간다.

16세기 중엽 소주부 곤산현의 위양보(魏良輔) 등이 남곡에 북곡의 장점을 수용하고 남곡의 악기와 소리를 보완하여 완성시킨 것이 곤극이다. 곤극에 화려한 색채를 입힌 것이 휘극이고 휘극을 더욱 화려장엄하게 꾸민 것이 경극이라고 하니 곤극은 원래 소박했다는 사실을 미루어 짐작할 수 있다. 지금은 다들 그때보다 더 화려해진 것이다.

곤극의 인기 레퍼토리로는 모란정(牡丹亭), 서상기(西廂記), 연환기(連環記), 완사기(浣紗記) 등이 있다. 완사기는 춘추 말기 범려와 서시의 사랑 이야기이다. 중국 전통연극 중 가장 오래 되고 소주지역에서 꾸준히 연희되고 있는 곤극은 유네스코 지정 세계무형문화유산이다.

곤극을 영화로 만든 작품도 있다. 홍콩배우 왕조현과 일본배우 미와자와 리에가 곤극배우 역할로 출연한 〈유원경몽(遊園驚夢)〉이다. 곤극 〈모란정〉의 몇 부분을 발췌하여 영화화한 것인데 1930년대 상해를 배경으로 한 이 영화의 곤극 공연 부분은 소주 환수산장에서 촬영했다.

월극은 중국 주요 전통연극 중에서 가장 역사가 짧은 것이다. 절강성 농촌지역에서 일정한 규범 없이 자유롭게 연희되던 것을 일목요연한 틀에 정리하여 항주 소흥 영파 등지 도회에서 공연한 것이 20세기 초였다. 그리고 1920년경 황금시장 상해에 진출했다. 월극의 특징은 여성이 남성의 역할을 한다는 것이다. 경극 등이 양귀비 등 천하일색 미녀의 역할을 남성배우가 맡는 데 비해 월극은 역발산기개세 항우의 역할도 여성배우가 맡는다는 것이다.

홍루몽(紅樓夢), 양산백과 축영대(梁山伯與祝英台), 서상기 등이 월극의 주요 레퍼토리이다.

강남의 연극은 아니지만 경극 곤극 휘곡 월곡을 말하면서 천극을 빼놓을 순 없다. 18세기 말 사천지방에서 창작된 천극은 다른 지방의 연극에 비해 볼거리 즐길거리가 풍성한 편이다. 중국의 전통놀이 중 하나인 그림자연극이 싱거운 듯 삼삼한 재미를 주고 관객이 눈 한번 깜짝할 동안에 배우의 얼굴이 열 번도 더 바뀌는 '변검(變臉)'은 천극의 하이라이트라 할 수 있다. 사천성 아미산시 아미대극원에서는 연중무휴 매일 밤 서커스와 혼합한 천극 〈아미(峨眉)·운(韻)〉을 공연하고 있다.

경극 곤극 월극 천극 휘극 예극(豫劇·하남성 연극) 민극(閩劇·복건성 연극) 등은 극장에서 봐야 제맛이 나고 소주의 평탄(評彈)이나 안휘성 남부

지역의 황매희(黃梅戱)는 찻집에서 봐야 제맛이 난다. 찻집에서 공연되는 강소성 남부의 평탄과 안휘성 남부의 황매희는 소도구인 다기(茶器)와 다도(茶道)도 적절한 조합을 이루어야 성공적인 공연이라 할 수 있다. 다기와 다도는 그 태생이 원래 절강성이다. 강소성 안휘성 절강성의 기예와 무대와 도구. 이러한 조합에서 강남문화의 한 부분이 보인다.

중국의 텔레비전 시트콤 무대로 가끔 찻집이 등장한다. 다양한 인물을 한 자리에 모으기 적합한 무대가 찻집이기 때문일 것 같다. 인기 텔레비전 시트콤 중에 평탄을 연희하는 찻집이 무대인 작품이 있었다. 매회 모든 등장인물이 이 찻집을 들고나는 가운데 스토리가 전개되는 시트콤이었는데, 평탄을 연희하는 곳이니 삼현육각까지는 아니더라도 당연히 비파가 울고 탄사(彈詞)가 연기되었다.

평탄 혹은 탄사음악은 그 발상지가 소주이다. 연희되고 전승된 곳도 소주와 그 주변지역들이다. 소주 평강로(핑쟝루)에 평탄박물관이 있다. 평탄에 관한 다양한 전시물이 있고 평탄 상설공연장도 그 안에 있다. 가장 쉽게 평탄 공연을 만나려면 서울의 인사동과 흡사한 거리인 소주 평강로를 찾을 일이다. 거기에는 평탄을 공연하는 찻집이 많다. 무대에 특별한 장치가 있는 것도 아니다. 아주 평범하게 딱딱한 의자 2개가 객석을 향해 놓여 있고 연희자 의자 앞에 마이크가 하나씩 놓여 있다. 보는 방향에서 왼쪽 자리에 남자 연희자가 앉고 오른쪽 자리에 여자 연희자가 앉았다. 둘 다 비파를 연주하면서 자기가 할 대목에서 자기 소리를 내는데 분장하지 않은 맨얼굴만큼이나 목소리에도 특별한 기교가 없다. 의상도 평상복을 입었다. 특별히 치파오를 입는다 해도 대체로 평범한 무늬와 디자인이다. 그러니 재미 없다고 할만도 한데 남자 둘이서 하는 공연도 있다. 여자 혼자서 2시간동안 평탄을 연희하는 찻집도 있다. 이 여자연희자는 곤곡 〈목단정(모란정)〉 여자주인공의 분장과 의상으로 공연을 한다. 곤곡(곤극)과 평탄을 번갈아 연희하면서 중간중간 곤곡과 평탄에 대한 소소한 상식을 설명해서 관광객을 지루하지 않게 한다. 다만 정통 평탄 연희자나 정통 곤곡 연희자는 이런 공연에 대해 무어라고 할지 모르겠다.

중국에서 택시를 자주 타다보면 만담 테잎을 계속 돌리고 있는 운전기사를 드물지 않게 만날 수 있다. 옛날 우리나라 라디오에서 대인기를 누리던 장소팔 고춘자의 만담과 흡사한 만담이다. 라디오 만담으로 대성공을 거둔 중국인도 있다. 중국에서는 한류스타보다도 중국 만담스타가 더 유명하고 돈도 훨씬 더 많이 번다. 소주의 평탄, 탄사음악에는 만담의 요소도 들어 있고, 중국의 사상과 문학도 들어 있고, 당연히 음악이 들어 있다. 한 연희자가 찻집의 간이무대에 앉아서 그 손과 입만 가지고 종합예술을 하는 것이다.

소주 평탄, 소주 탄사음악은 당나라시대의 변문(變文) 즉 강창문학(講唱文學)에서 왔다고 한다. '강창'은 곧 강의와 노래를 말함이고 찻집에 앉아 1인 혹은 2인이 탄사음악을 연희한다는 것은 역사와 문학과 만담과 노래와 연기 등 1인 종합예술 혹은 2인 종합예술을 한다는 것이다. 평탄의 가장 중요한 점은 소주 사투리로 연희한다는 것이다. 소주 사투리를 쓰지 않으면 중국 문화유산 소주 평탄이 아니다. 따라서 평탄 연희자가 되려면 먼저 소주 사투리를 익혀야 한다. 소주에는 평탄을 가르치는 학교도 있고 상설 공연장도 있고 즐기는 관객도 있지만 그 파급성과 확장성은 미미한 것 같다. 공연장 숫자만큼의 관객과 관람객 숫자만큼의 감동 전파. 소주 평강로에서 소주 평탄을 보고 있노라면 소멸될 일도 없겠고 일약 발전할 일도 없겠다는 생각이다. 소주지역에서만 볼 수 있다는 고유성도 있지만 소주지역 밖에서는 의미가 희석된다는 쓸쓸함도 있는 것이

소주 문화거리 평강로의 평탄 연희자

다. 가는 데마다 평탄이 공연된다면 그것도 짜증날 일이다. 소주의 평강로에서 감상하는 평탄, 딱 그 맛이다. 일본 경도(쿄토) 골목길에서 담장을 넘어오는 삼미선(샤미센) 소리를 듣는다면 어떠할까, 한국 경주의 골목길에서 담장을 넘어오는 가야금 소리를 듣는다면 어떠할까, 중국 소주의 골목길에서 비파 가락에 실려 담장을 넘어오는 평탄소리를 듣는다면 또 어떠할까. 평탄, 탄사음악은 딱 강남, 소주만큼만 좋다.

〈초한지〉의 '사면초가'는 강남 노래

서초패왕 항우의 군사가 전쟁의 막다른 골목에 다다라 지쳐 있을 때 적진에서 아련히 들려온 소리는 그리운 초나라 노래, 초가(楚歌)였다. 항우의 초나라 군사를 향수에 빠뜨리게 한 이 노래는 사방에서 들려오고 있었다. 항우의 군사는 유방의 군사에 포위 당해 있었고, 깊은 밤이었다.

패색이 짙은 전투였다. 아침이 되어 다시 전투를 시작하면 누가 죽고 누가 살아남을지 모르는 상황이었다. 그리운 것은 고향산천이고 부모형제였다. 누구랄 것도 없이 병사들의 눈에 눈물이 흘러내렸고, 하나둘 자리에서 일어났다. 그리운 초나라 노래가 들려오는 곳을 향해 항우의 병사들은 두 손 들고 걸어나갔다. 사면초가에 사로잡혀 항복하는 항우의 병사들이었다.

초가는 이름 그대로 초나라 노래이므로 호북성 형주(강릉) 지방의 노래로 생각하게 된다. 그러나 이 노래는 강남, 그 중에서도 오현(소주)과 무진현(창저우) 지방에서 불리는 강남 노래였다. 이 대목에서 설명할 것이 있다. 항우는 춘추전국시대의 강국 초나라의 유민이었다. 진시황의 진나라에 망한 초나라를 재건하기 위해 오늘날의 소주와 상주 지역에서 모병한 '강동병사8천(江東兵士八千)'을 이끌고 진나라 정벌의 길에 나섰던 항우였다. 원래 초나라의 수도는 영(郢)으로서 오늘날의 호북성 강릉 지방이었다. 그런 까닭에 초나라 노래라면 그 지역 노래일 거라고 단정 짓기 쉽다. 초나라 유민 항우의 출생지는 영(형주:강릉)에서 수천 리 떨어진 오늘날의 강소성 숙간(쑤챤)이었고, 성장한 곳은 소주였다. 그리고 오늘날의 소주 상주 지역에서 '강동병사8천'을 모병하여 진나라를 멸망시키고 초나라를 재건했다. 이 초나라가 과거의 초나라와 구분하기 위한 '서초(西楚)'이고 항우는 서초의 왕, 서초패왕이 되었다. 따라서 유방의 군대가 항우 군을 무장해제시키기 위해 사방에서 불러제낀 노래, 사면초가는 항우와 강동병사8천의 고향인 강남 소주 상주 지방 노래인 것이다.

강남 노래는 오늘날 소주 주장 동리 등의 운하마을 수로에서 흔히 들을 수 있다. 관광객을 태우고 좁은 수로를 지나가는 조각배의 노 젓는 여인들이 강남 노래를 부른다.

영화도시 상해

상해는 중국 현대 문화예술의 태동지라 할 수 있다. 중국 현대문학 현대미술 현대건축 현대음악 등 중국의 모든 현대문화예술은 1920년대 1930년대 상해에서 출발했다고 해도 된다.

상해 홍구의 다륜로(뚜오룬루)에는 1925년도에 건축된 중화예술대학 건물과 그 강당 건물이 남아 있다. 이 학교에서 수많은 문화예술인이 배출되었고, 이 거리에 당대의 문화예술인들이 모여들었다. 그들이 차를 마셨고 술을 마셨던 이 거리에 중화예술대학 강당 건물도 남아 있다. 1927년 상해의 문화예술인들이 모여 '공산당 선언'을 하므로써 세계를 긴장시켰던 장소이다.

다륜로가 문화예술인의 거리였던만큼 이 인근에 집을 마련하거나 세 들어 사는 문화예술인들이 많았다. 노신(魯迅)·모순(茅盾)·곽말약(郭沫若) 등 많은 문인들이 이 근처에 살았고, 영화인들도 많이 살았다.

유럽 영화가 동쪽으로 온 까닭은?

상해가 영화의 도시로 유명했다는 사실을 모르는 이가 많은 것 같다. 오늘날 해마다 상해국제영화제가 개최되고 있어 영화와 친한 도시인가보다 하겠지만 상해는 한때 '동방의 헐리우드'라는 별칭으로 불릴만큼 미국의 헐리우드에 필적하는 영화도시였다.

1920년대, 유럽의 자본주의가 포화상태로 팽창함에 따라 유럽의 영화산업은 인도로 가서 인도 영화산업을 일으켰다가 다시 더욱 동쪽으로 와서 상해 영화도시를 개척했다. 미국 동부지역에서 번성하던 미국의 영화산업이 제작비가 보다 저렴한 서부로 가서 헐리우드를 개척했던 것과 같은 경우였다. 오늘날 한류바람을 타고 한국의 유휴자본이 한류 엔터테인먼트산업에 몰리듯이 1920년대 중국의 유휴자본은 상해의 영화산업에 몰려들었고, 영화계 지망생들이 상해로 몰려들었다.

영화산업은 산업 그 자체를 위해 스타를 만들어내야만 한다. 1930년대에 접어들면서 인적으로나 물적으로 넉넉한 자본을 축적한 상해 영화산업은 그 첫 번째 스타를 탄생시킨다. 완영옥(阮玲玉·롼링위)이었다. 넘치지도 모자라지도 않는 적당한 미모에 시대적 허무와 퇴폐를 곁들인 그녀의 가장 큰 매력은 발군의 연기력이었다. 1927년 16세에 데뷔할 때부터 완영옥의 연기력은 크게 인정을 받았다. 데뷔 첫 해에 〈북경 양귀비〉 등 3편, 그 이듬해에 〈백운탑〉 등 2편, 데뷔 3년이 되는 해에는 〈은막의 꽃〉 등 5편… 데뷔하자마자 겹치기에 겹치기의 눈부신 성장을 했다. 그리고 1935년까지 완영옥은 〈도시의 밤〉〈신여성〉 등 상해영화 대표작이기도 한 수십 편의 영화에서 주연을 맡았다. 상해 영화계는 오로지 그녀의 놀이터라 해도 과언이 아닐 정도였다.

1935년 3월8일, 상해의 영화산업과 1930년대의 화려한 우수(憂愁)를

중국 현대문화예술의 성지라 할 수 있는 다룬로이다. 문학 영화 등 중국 현대문화예술의 명인들이 이 거리에 그 자취를 남겼다.

생각하게 하는, 스타의 죽음이 있었다. 완영옥의 자살이었다. 왜, 무엇 때문에 인기절정의 25세 톱스타가 자살을 했을까.

스타의 주변에는 스캔들이 따르기 마련이었다. 더구나 '샹하이'였다. 여러 남자가 완영옥을 사랑했고, 그 여러 남자가 완영옥을 배신했다. 그리고 황색 저널리즘은 완영옥의 부도덕성을 추궁했다. 부잣집 하녀의 딸로 태어나 상해 은막의 스타가 된 이제 겨우 25세 여자였다. 난잡하고 부도덕한 여자라는 소문 소문 소문… 그녀가 선택한 것은 자살이었다. 절정의 인기와 스캔들로 세상을 누비다가 어느 날 갑자기 인류에서 증발해버린 사건이었다. 그녀는 짧은 한 마디의 유서를 남겼다.

"인언가외(人言可畏·인간의 말이 실로 두렵다)"

'후디에, 중국의 나비', 호접

완영옥과 같은 시기에 활동하면서 '영화황후'라는 평가를 받은 아주 아름다운 여배우가 있었다. 별명이 '중국의 나비'라는 데서도 알 수 있듯이 모든 중국인의 연인이었던 후디에, 호접이었다. 호접은 완영옥보다 더 오래, 아주 오래 살면서 많은 영화에 출연했다. 얼굴 뿐만 아니라 몸매도 호접이 나았고 차이나드레스도 호접이 더 잘 어울렸다. 그런데도 중국인은 남의 말 하기 좋아하는 세상을 비난하고 자살한 완영옥을 중국 근현대 문화산업의 대표상품으로 내세우고 있었다. 그 인생에 강렬한 드라마가 있기 때문일까. 물론 호접은 중국의 공산혁명이 있기 직전 상해를 떠나 홍콩으로 갔고, 장개석 정권의 정보기관 우두머리인 대립(戴笠·다이리)과 불륜관계였다는 약점이 있었다. 홍콩 대만 일본 등지를 무대로 활동하다가 말년에 이주한 캐나다에서 1989년 노환으로 사망했다. 이처럼 조국을 떠났고, 남편 있는 몸이면서 악명 높은 정보기관의 수장과 불륜관계였다는 사실이 알려졌음에도 불구하고 중국인은 호접을 끝까지 사랑했다. 그러나 중국인은 조국에서 요절한 완영옥을 더 사랑했다. 1932년에 창간한 영화잡지 〈전성(電聲)〉은 상해시민을 상대로 영화배우 인기투표를 실시했다. 그 결과 여배우 1위는 호접, 남자배우 1위는 한국 서울 출신의 김염이었다. 그때부터 호접은 영화황후, 김염은 영화황제로 불렸다.

영화황제 김염

김염의 본명은 김덕린(金德麟·1910년 한국의 서울에서 의사의 아들로 태어나 어릴 때 부모를 따라 만주로 이주했다. 독립운동에 깊이 관여한 아버지는 일제의 '요시찰인물'이었다. 만주에서는 고생을 많이 했다. 그의 나이 8세 때 아버지가 사망하면서 하루아침에 극빈가정으로 전락해버린 것이었다. 그의 고모부가 상해 임시정부 외교부장 김규식이었다. 김규식은 일찍이 미국인의 양자로 입양되어 미국에서 성장했기 때문에 영어에 능통했다. 상해 임시정부에서 그는 대통령 이승만과 함께 외교업무를 전담했다. 그러나 김염이 상해로 온 것이 김규식과의 연고 때문이었다고 할 수는 없을 것 같다. 북경 천진 등을 거쳐 1927년에 상해로 온 김덕린 청년, 즉 김염은 그 이듬해 영화 〈열혈남아〉에 출연하므로써 영화배우가 된다. 훤출한 체격에 작은 머리, 낭만적인 이목구비의 미남자 김염은 단연 상해 영화계 최고의 미남배우였다. 1930년도의 주연작 〈야초한화(野草閑花)〉 〈연애와 의무〉로 그는 스타덤에 올랐고, 최고인기배우인 '영화황제'에 까지 등극했다. 김염의 항일정신은 영화에서도 드러난다. 영화 〈대로(大路)〉 〈장강만리(長江萬里)〉 등의 작품에서는 일제에 대한 그의 저항정신이 여실히 드러나 있다. 의식 있는 미남배우 김염에게 미인이 따르지 않을 리 없었다. 그는 당대의 톱스타 왕인미(王人美)와 결혼하여 상해 영화계 톱스타 커플이 되었다. 세상의 부러움을 다 받은 이들 부부의 사랑은 백년해로에까지 이르지 못 했다. 1947년 김염은 왕인미와 이혼하고 신인여배우 진이(秦怡)와 재혼했다. 이 재혼의 주례는 중국의 대표적 문인 곽말약(궈모뤄)이 맡았다. 중화인민공화국 수립 이후에도 김염은 활발한 활동을 했다. 〈대지의 빛〉 〈어머니〉 〈위대한 출발〉 등의 주연으로 출연했고, 영화단체의 중책을 맡기도 했다. 상해 영화황제 김염. 그의 전성기는 1962년 위장수술과 더불어 끝이 났다. 수술의 후유증으로 영화계를 은퇴한 그는 20여년 우울한 세월을 보내다가 1983년 73세를 일기로 사망했다. 상해국제영화제나 중국의 국내 영화제 행사에서 아주 우아하게 늙은 백발의 여배우를 보게 된다. 김염의 미망인인 여배우 진이의 모습이다. 2015년 현재 여전히 현역인 그녀는 중국 영화단체 대표를 역임하기도 했다. 중국 영화계 최고원로 진이의 모습에서 '상해 영화황제 김염'의 모습을 떠올리게 된다. 진이도 어쩌면 오늘날 한류스타를 보면서 사별한 영화황제 김염을 떠올릴 것이다.

중국 강남 상해·남경·항주·소주·영파·양주·소흥
그리고 중국 속 한국 이야기

제8장

대한민국
임시정부

남의 땅에 셋방 얻어 상해 임시정부를 수립하고

한국인이 '한인(韓人)'이라 불리며 상해에 거주하기 시작한 것은 대략 1890년대 중반이다. 한국 근·현대사를 훑어보면 명성황후 민씨의 친정 양조카인 민영익(1860~1914)이 1890년대에 상해에 와서 살았다. 그후 귀국했다가 1905년 다시 상해로 와서 죽을 때까지 살았다. 1890년대 초 갑신정변 갑오경장을 거치면서 정치적 망명객이 상해의 치외법권 만국조계지를 찾아와서 살기도 했다. 민영익의 경우에는 이곳에서 중국여인과 동거하여 아들을 낳음으로써 그 일신의 씨를 일찌감치 강남땅에 심었다. 민영익은 고종황제로부터 공급받은 최고 품질의 홍삼을 상해와 소주에서 판매했다. 상해에는 신흥부자가 많고 소주에는 전통부자가 많아서 영업장소도 그 두 군데를 택했다. 거주도 상해와 소주 두 곳에서 했다. 생애 말년까지 동거한 중국여인은 소주에서 만난 소주여인이었고, 그녀가 낳은 아들은 민영익의 유일한 혈손이었다. 1910년대 중후반에는 고종황제가 미국인 밀사 헐버트를 시켜 외탄의 덕화은행에 비자금을 맡기기도 했다.

상해가 역사적으로나 심정적으로 한국인의 가슴에 각인된 것은 1919년 대한민국임시정부가 이곳에서 수립되었기 때문이다. 상해는 대한민국임시정부가 자리잡을 수 있는 최적의 조건을 갖추고 있었다. 치외법권의 만국조계지가 있고, 전세계와 바로 연결되는 외탄(와이탄)의 열린 뱃길이 있어 이 이상의 입지는 없었다. 1919년 당시 한국의 해외동포 수는 간도에 60만 명, 연해주에 20만 명, 미국에 6천 명, 그리고 상해에 4백여 명이었다. 인구 수로 보면 상대적으로 불리한 조건이었지만 지리적인 면이나 정치적인 면에서 가장 좋은 조건이었다.

상해 대한민국임시정부의 내각제 시절 초대 국무총리는 이승만이었고 대통령 중심제 시절의 초대 대통령도 이승만이었다. 이승만은 제6기 정부에 이르기까지 계속 대통령이었고, 실질적으로 정부 살림을 도맡아 산 사람은 도산 안창호였다. 안창호는 중국의 국부 손문과 친분이 있었고, 임시정부의 첫 번째 청사 위치도 손문의 집과 가까운 곳에 있었다. 손문의 집은 지금도 부흥공원(옛날 프랑스공원) 서문 근처에 있는데 임시정부 첫 번째 청사는 흔적도 없이 사라져 버렸다. 현재의 마당로보경리 청사는 손문이 사망하고 난 뒤인 1926년에 옮겨온 곳이다. 임시정부 요인들은 대한민국의 간판을 안고 약 20분을 걸어서 지금의 마당로 보경리로 천도를 했다. 상해의 행정구역 명칭에서 '보경리'라 할 때의 '리(里)'는 한 마을을 뜻하는 것이 아니고 하나의 작은 골목을 말하는 것이다.

지금의 회해로(화이하이루)인 프랑스조계 보창로의 100농(弄) 보강리에 120호의 가구를 수용한 2층짜리 중산층 석고문(石庫門) 주택단지가 있었다. 지금의 일본계 태평양백화점이 있는 자리이다. 그 단지에 임시정

대한민국임시정부 청사 현판.

부 요인들과 그 가족이 아래윗집으로 혹은 건너편 집으로, 마즌편 집으로 옹기종기 모여 살았다. 27호집에는 김구와 그 가족이 살았고 44호집에는 안창호, 60호집에는 국무총리 겸 외부총장 신규식과 그 가족이 살았다. 국무총리를 역임한 이동휘, 대통령 대리를 역임한 박은식, 안중근 의사의 동생 안공근, 의정원 의원 엄항섭과 그 가족도 바로 이곳에 이웃으로 살았다. 1932년 4월29일 윤봉길 의사의 홍구공원 의거가 있기 전까지였다.

영친왕의 약혼녀였던 민갑완(1897~1968) 규수도 이 근처에 살았다. 그녀는 영친왕의 약혼녀였다는 이유로 일제의 압박을 받다가 상해로 망명하여 8,15 해방 때까지 살다 귀국했다. 1927년 5월 말, 영친왕과 그 왕비인 일본인 이방자(李方子) 여사를 실은 1만톤급 일본선박 하코네마루(箱根丸)가 상해 외탄 부두에 정박했다. 유럽 신혼여행길에 상해 관광을 위해 들른 것이었다. 독립지사들은 영친왕이 상륙하면 납치하여 임시정부에 모시고 민규수와 함께 살게 하자는 모의를 했다. 그러나 일제의

팔선교외인묘지 자리에 조성된 회해공원. 김구 선생의 부인 등 대한민국임시정부 인사와 그 가족의 묘가 다수 있었던 곳이다.

경찰이 그 눈치를 챘고 영친왕은 상륙하지 않은 채 황포강에서 외탄의 경치만 구경하고 유럽으로 떠났다. 이렇게 또 혼자가 된 민규수에게 동정과 관심을 가진 남자가 많았다. 독신인 대통령 이승만과, 역시 독신인 국무위원 한 사람이 그러했다고 전해진다. 하지만 대한제국의 황후가 될 뻔했던 여인이 아무 남자에게나 눈길을 줄 수 없는 일이었다. 그녀는 끝끝내 고독하게 살다가 1968년 부산 동래온천장의 남동생네 두칸짜리 셋방 중의 골방에서 숨을 거두었다. 아무튼 이 민규수의 수기를 읽어보면 프랑스공원에서 산책을 했다는 대목이 나온다. 오늘날 부흥공원인 프랑스공원은 우리 임시정부 요인과 그 가족의 산책코스이기도 했다.

임시정부 요인과 그 주변 인물들의 행동반경을 프랑스조계의 옛날 집들에서 그려보는 것도 의미있는 일이 될 것이다. 고달픈 망명생활에서 종교에 귀의하는 마음이 왜 없었을까, 종교가 불교인 이는 길안로의 법장사(法藏寺)를 찾았을 것이고 기독교인은 담수로의 제성당(諸聖堂)교회를 찾았을 것이다. 법장사는 임시정부 청사에서 도보로 10분, 제성당은 5분

거리이다.

죽어 상해에 묻힌 이도 많았다. 임시정부 청사에서 도보로 15분 거리인 지금의 회해공원(화이하이공원)은 원래 '팔선교 외국인묘지'였다. 이 묘지에 임시정부 요인들, 그리고 김구선생의 어머니와 아내가 묻혀 있었다. 1932년 5월 초 상해를 탈출할 때 제대로 성묘할 여유가 있을 리 없었다. 김구 선생은 1945년 9월, 13년만에 팔선교묘지를 찾아와 성묘한 뒤 귀국했고, 고국으로 유해를 이장했다. 지금 상해 유행의 거리 회해로(화이하이루)에 자리잡은 이 공원이 과거에 묘지였다는 사실을 아는 사람은 그다지 많지 않다.

대한민국임시정부는 그 자체가 앉을자리 설 자리 없을 때도 조국의 백년대계인 교육정책을 수립했다. 따라서 임시정부가 있는 곳엔 언제나 한인학교가 있었다. 임시정부가 일제에게 쫓겨 항주, 가흥, 진강, 남경, 장사, 광주, 유주, 기강, 중경 등지로 떠돌 때도 상해에 한인학교는 있었다. 학교의 이름은 삼일정신을 잊지 말자는 삼일학교(三一學校)였다. 삼일학교는 나중에 인성학교(仁成學校)로 개명되었지만 한국과 중국의 왕래가 단절된 시절에도 상해에서 존재했다. 이 학교가 없어진 것은 1981년이었다. 학교를 유지할 의지가 없어서가 아니라 입학할 학생이 더 이상 없었기 때문이었다. 인성학교의 마지막 자리는 북사천로였는데 지금은 아파트가 들어서서 어느 위치의 어떤 건물에 학교가 세들어 있었는지 짐작도 할 수가 없게 되었다.

1981년이라면 대부분의 한국인에게, 중국의 상해에 한국인이 살고 있을 거라는 의식도 없던 때였다. 그렇게 고국으로부터 철저하게 잊혀져 있던 시절에도 상해의 한인들이 그 자녀를 한인학교에 보내고 있었다는 사실이 감동적이다.

장사 남목청 6호의 김구

대한민국임시정부는 1919년의 상해에서 1945년의 중경까지, 27년동안 10번의 천도를 했다. 상해에서 13년, 항주와 가흥에서 17개월, 진강에서 3개월, 남경에서 21개월, 장사에서 7개월, 광주(광동성)에서 3개월, 유주(광서성)에서 4개월, 기강(사천성)에서 1년반, 중경(당시엔 사천성)에서 5년. 대한민국임시정부의 행적 10군데 27년인데, 그중 6군데 20년의 자취가 강남에 남아 있다. 1932년 4월29일 윤봉길 의사의 상해 홍구공원 의거가 있은 이후 대한민국임시정부의 행로는 그야말로 유랑의 길이었다. 그나마 안착한 중경 임시정부 이전의 약 7~8년은 그야말로 풍찬노숙의 세월이라 할만 했다.

임시정부. 이 서글픈 정부는 그 노정에 정을 붙여서는 안 되었다. 어서 어서 조국으로 돌아가야 할 망명정부이기 때문이었다. 그래도 가는 곳마다 정이 남게 마련이었다. 김구 선생은 특히 장사 임시정부 시절을 잊지 못 했다.

호남성 장사시는 그 지형지세가 한국의 경부선 호남선 주변 도시나 산야와 아주 흡사하다. 낯설지 않게 들어섰다가 한국과의 인연이 아주 깊은 도시임을 알고는 감동을 하게 되는 곳이기도 하다. 장사시는 일방적으로 한국을 도왔다. 그것도 크게 두 번씩이나.

2005년도에 중국에서 거주한 사람이라면 한국의 텔레비전 드라마 〈대장금〉으로 도배하던 호남위성TV 채널을 기억할 것이다. 이 채널로 돌렸다 하면 바로 대장금이었다. 중국식으로 편곡한 대장금 주제가를 부르는 선머스마같이 생긴 여성그룹 '초급여성(超級女聲)'의 모습을 다들 기억할 것이다. 워낙 이 채널로 돌리기만 하면 기다렸다는 듯이 바로 나타나는 가수요 노래였으니까. 호남위성TV는 그 당시, 요즘 한국 텔레비전의 여러 오디션 프로그램들처럼 연중 오디션을 거쳐 뽑은 연말 최강자를 스타로 키우는 프로그램을 편성하고 있었다. '초급여성'은 이렇게 탄생한 신인스타였는데, 호남위성TV는 이 그룹에게 대장금의 주제가를 부르게 했고, 이 화면을 자사 프로그램 광고시간이나 여타 짜투리 시간에 계속 방영했다. 대장금이 눈에 익고 귀에 익지 않을 수 없는 연발연속의 광고였다. 홍콩스타 진혜림(陳慧林·천후이린)도 이 광고에 동원되었다. 그녀는 한국의 향단이 컨셉으로 약간 코믹하게 대장금 광고에 등장했다.

호남위성TV는 홍콩에서 히트한 한국 드라마 대장금을 사들여서 대대적인 광고를 하고 방영함으로써 대박을 터뜨렸다. 한국인 중국인 뿐만 아니라 세계인이 한류를 실감하게 된 직접적인 계기가 '대장금의 호남위성TV 대히트'였다고 할 수 있다.

호남성 장사시와 한국 방송의 인연은 대장금 이전에도 있었다. 1938년 호남성 장사시의 장사방송국은 비록 짧은 시간이긴 하지만 한국어 뉴스

호남성 장사 악록산 김구선생 요양처. 김구선생이 괴한의 총격을 받고 부상을 입자 장사 시정부에서 악록산 록산사 뒤편에 마련해준 요양처.

방송을 편성했는데, 한국어가 외국에서 방송된 것은 이것이 최초였다.

한국어가 사상 최초로 중국 장사에서 외국의 방송망을 타게 된 것은 1937년 11월 대한민국임시정부가 그 고단한 발걸음을 이곳 장사에 들여놓았기 때문이었다. 상해에서부터 일제에게 쫓기고 쫓겨 장사까지 왔을 때 호남성 정부는 대한민국임시정부에게 남목청 6호의 청사와 요인들의 숙소를 제공했다. 그리고 장사방송국에 한국어 방송 프로그램을 편성하게 해주었다. 1938년 사상 최초로 한국어가 외국의 방송을 탄 때로부터 67년이 지난 2005년 다시 호남성 장사의 호남위성TV는 한국의 드라마 대장금을 대대적인 광고와 함께 방영을 함으로써 한류의 정점을 찍게 해 주었다.

김구 선생은 자신의 생애에서 장사 시절이 가장 안정된 시기였다고 회고했다. 비록 아내 최준례(1889~1924)를 상해 팔선교 외인묘지에 묻어놓고 떠나왔지만 장사에서는 자신과 두 아들(김인, 김신)이 노모 곽낙원(1859~1939) 여사가 지어주는 따신 밥을 먹으며 생활할 수 있었다. 8순의 노모가 지어주는 밥을 먹던 때가 가장 안정된 시절이라고 회고할 정도로 그의 일생은 그야말로 풍찬노숙이었다.

그는 이 시기에 목숨을 잃을 뻔한 사건을 당하게 된다. 남목청 6호 임정 청사의 2층 회의실에서 임정 국무회의를 하고 있다가 갑자기 뛰어든 괴한의 총격을 받은 것이다. 속수무책의 무방비 상황이라 김구를 비롯한 임정 요인 여러 명이 총상을 입고 병원에 실려 갔는데 이 때도 호남성 정부가 크게 도와주었다. 병원 치료는 물론이고 괴한이 침범할 수 없는 안전가옥까지 마련해 주었다.

장사 시내 해발 1200미터 악록산에는 호남의 첫 사찰로서 1700년의 역사를 가진 록산사가 있다. 호남성 정부가 마련해준 안전가옥은 록산사 뒤편에 지금도 옛 모습 그대로 남아 있다. 두레박으로 물 길어 먹던 우물도 그대로 남아 있고 집이며 담장이며 나무며 모두모두 그대로이다. 눈앞의 록산사도 그대로요 시선을 멀리 던지면 바라보이는 장사 시내 산천도 그대로이다.

가장 안정된 시기였다지만 총상을 입기도 했던 장사에서의 생활도 불과 7개월 남짓이었다. 일제의 마수는 장사에까지 미쳤고 대한민국 임시정부는 또다시 보따리를 싸야만 했다. 장사를 떠난지 얼마 되지 않아 김구는 병을 앓던 장남 인(仁)을 잃었고 노환의 노모 곽낙원 여사를 떠나보내야 했다. 그래서 장사 시절이 더욱 그리웠는지 모른다. 그는 두고두고 장사 시절의 일들을 회고했다.

장사의 호남성박물관은 '마왕퇴(馬王堆)의 미라'를 소장하고 있는 것으로 유명하다. 한나라 시대 장사 지역의 세도가였던 이창(利蒼)의 아내가 죽어 이곳 마왕퇴에 묻혔다. 그리고 2200년 뒤 그녀는 살갗의 탄력이 이때까지도 남아있는 미라로 발굴되었다. 묻힐 때의 모습 그대로인 것은 물론이고 의복이나 그릇 등의 부장품 문양들도 그 모양이나 색깔이 변하지 않고 그대로 있어 2200년 세월을 무색케 했고, 세상을 놀라게 했다. 이 여인은 무엇을 얘기하려고 그 오랜 2200년의 세월동안 살아있는 듯이 누워 있다가 20세기의 인류에게 발견되었을까. 풀지 못할 미스테리를 장사의 호남성박물관에서 목격할 수 있다.

장사의 역사 유적으로서 또하나 유명한 것은 중국 3대 서원 중 하나이면서 그중에서도 으뜸으로 꼽히는 악록서원(岳麓書院)이다. 서기 976년 송나라 시대에 개원한 악록서원은 실사구시(實事求是)의 학통으로 유명하다. 이 학통은 악록산 기슭의 유서 깊은 명문 호남대학에서 이어지고 있다.

악록산 록산사 입구이자 호남대학 캠퍼스의 징면에 모택동의 동상이 서 있다. 모택동은 장사에서 사범대학을 졸업하고 중학교사 생활을 하다가 공산당 활동을 시작했다. 그의 첫 아내 양개혜(梁開慧)도 이 지역 출신으로서 남편과 함께 공산당 활동을 하다가 체포되어 젊은 나이에 어린 두 아들을 두고 처형 당했다.

장사 시내를 흐르는 상강(湘江) 가에 대규모 식당 모가반점(毛家飯店)이 있다. 이 식당에 들어서면 모택동 주석의 황금 상이 정면에서 손님을 맞

한국인이 선호하는 관광지인 호남성 장가계.

이한다. 모택동 상을 우측으로 돌아 엘리베이터홀 쪽으로 향하면 벽면에
흑백 대형사진 한 장이 장식되어 있다. 젊은 날의 모택동이 이웃 사람과
시골집에서 다정하게 찍은 사진이다. 모가반점의 주인은 바로 이 사진
속에서 젊은 날의 모택동과 정답게 웃고 있는 젊은 시골남자이다.

  시골 고향집에서 살던 젊은 날의 모택동은 이웃집에 놀러가서 그 집의
돼지고기 요리를 아주 맛있게 먹었고, 뒷날 모택동이 중국의 통치자가

되었을 때 이웃집 남자는 모택동의 그 입맛을 기억해냈다. 그리고 장사 시내에 나와 식당을 차렸다. 간판 요리는 모택동이 자기 집에 놀러와서 먹고는 맛있어 하던 홍소육(紅燒肉)이었다. 모택동에게 해준 요리를 직접 해준다고 소문이 나자 모가반점은 몰려드는 손님들로 문전성시를 이루 었다. 금방 부자가 되고 장사 시내의 전망 좋은 상강변에 멋진 빌딩을 지 어 식당을 확장했다.

장사의 홍소육은 항주의 동파육(東坡肉), 주장의 만삼제와 더불어 중국 강남의 3대 돼지고기 요리로 인정받고 있다.

장사의 남목청 6호 대한민국임시정부 청사에는 연간 7만 명의 한국인이 방문한다고 한다. 거의 대부분 호남성 장가계를 여행하는 한국인이라고 한다. 장사시 정부는 한국인을 위해 재개발 대상지역인 이곳의 재개발을 미루고, 그동안 여러 가구의 중국인이 입주하여 살던 남목청 6호 청사 건물을 비운 뒤 옛 모습으로 꾸며 주었다. 이곳을 장가계 가는 길의 한국 여행자들이 들러서 참관하는 것이다.

가며 얼핏, 혹은 오며 설핏. 여행자의 기억 속에서 장가계는 오래 선명하고 남목청 6호는 금방 흐릿해질 것이다. 의무적인 행사를 치르듯이 지나쳐 가기 때문이다.

호남성 장사. 이곳은 한국인에게 정의 의미를 깨닫게 해주는 곳이다. 우리가 외롭고 고달플 때 장사가 우리를 도와주었고, 우리의 대중문화를 널리 알리고자 할 때 장사가 앞장 서서 더 넓게 알려주었다.

대한민국임시정부는 1932년 봄 상해를 황급히 떠나온 이후 중경에서 안정된 청사를 마련할 때까지 강남의 여러 지역을 떠돌았다. 15번 상태(창타이:상주-태주)고속도로를 타고 절강성의 대평원을 달리다보면 해염(海鹽)이라는 아주 한적한 지역을 지나게 된다. 강물이 역류하는 절강조(浙江潮)로 유명한 곳이긴 하지만 고속도로에서 보게 되는 해염은 너무나도 평범한 대평원의 한 지역이다. 그런데 이 고속도로변에 말목처럼 서 있는 작은 표지판을 보고 가슴이 시린 느낌을 받은 적이 있다.

필자가 차창 너머로 본 작은 글짜는 분명 '대한민국임시정부'였다. 길가의 키 작은 말목 표지판이 가리키는 시골길로 따라 들어가, 몇 구비

돌고돌아 한참을 더 가면, 거기서 또 물어서 찾아가면 대한민국임시정부 자리가 있다는 것 같았다. 인걸은 간 데 없되 역사는 살아 있고, 아아 참으로 강남의 지평선은 여전히 말이 없다.

중국 강남 상해·남경·항주·소주·영파·양주·소흥
그리고 중국 속 한국 이야기

제9장

중궈런·와이궈런,
그리고 상하이런

프라타나스와 여자의 도시 상해

"상해사람은 인류를 3가지로 분류한다. 외국인과 중국인과 상해인, 그것이 3분류의 인류이다." 그 말을 듣고 아연했던 적이 있다. 상해는 확실히 특별하고, 상해만큼 자유롭고 활기찬 도시도 드물다. 상해 여자의 인상은 대체로 자유롭고 활기차다. 마치 자유롭고 활기차고 대범하게 푸진 프라타나스의 인상처럼.

상해의 여자는 프라타나스와 같고 상해의 남자는 향장수(香樟樹)와 같다. 재즈만큼이나 자유분방한 프라타나스에 비해 향장수는 단정하고 알차고 참하다. 중국에서 여권이 가장 먼저 강력하게 신장된 도시인 상해에는 프라타나스의 기상처럼 대범하고 활발한 여성의 얘기가 많다. 전업주부가 직장에서 퇴근한 남편이 지어준 밥을 앉아서 받아 먹는다는 얘기도 있지만 여성의 성공담도 많다. 대표적인 인물이 송(宋)씨 3자매, 애령(愛齡) 경령(慶齡) 미령(美齡)이다.

상해 갑부 송사리의 세 딸

언론천국 상해에서 출판업으로 일어선 뒤 제분업·방직업 등으로 거부가 된 송사리(찰리 송)는 원래 송씨가 아니었다. 그는 해남도의 가난한 한씨(韓氏)집안에서 태어났는데 숙모의 친정동생집에 양자로 들어가면서 송씨가 되었다. 그는 미국 보스톤에서 상업을 하는 양부모 밑에서 장사를 배우는 한편으로 신학교를 졸업하여 전도사 자격증을 땄다. 기독교 전도를 위해 상해에 왔을 때 그의 이름은 찰리 송, 송사리였다. 그가 상해에서 목사로 있은 교회는 홍구 곤산로의 경령당(景靈堂), 뒷날 장개석과 송미령이 결혼식을 올리게 되는 곳이었다. 경령교회 담임목사 직은 오래 맡지 않았다. 그는 외탄의 삼마로(한구로)에 화미서관(華美書館)이라는 출판사를 개업하면서 사업가의 길로 들어섰고, 대성공을 했다. 특히 그는 중국인들이 영원히 기억할 자녀들을 낳아 길렀다. 송사리에게는 3남3녀의 자녀가 있었다.

맏딸 송애령은 세계 최초의 여자대학인 미국 조지아주 웨슬리안대학을 졸업하고 귀국하여 손문의 비서생활을 하다가 상해 금융재벌 공상희(孔祥熙)와 결혼했고, 언니와 함께 웨슬리안대학을 졸업한 둘째딸 송경령은 언니의 뒤를 이어 손문의 비서생활을 하다가 30세 연상의 그와 결혼하여 민주정부 중화민국 최초의 퍼스트레이디가 되었다. 역시 언니들과 함께 웨슬리안대학을 졸업한 셋째딸 송미령은 장개석과 결혼함으로써 작은언니 송경령 다음의 퍼스트레이디가 되었다.

공상희에게는 애령이 총각결혼이었지만, 손문에게는 경령에 앞서 한 명의 아내가 있었고, 장개석에게는 미령에 앞서 두 명의 아내가 있었다. 찰리 쑹, 송사리의 세 딸을 두고 중국사람들은 이렇게 말했다. "아이링(애령)은 돈을 사랑했고, 칭링(경령)은 조국을 사랑했고, 메이링(미령)은 권력을 사랑했다.”

'돈을 사랑했다'는 애령의 남편 공상희는 공자의 직계후손으로서 미국 오벌린대학과 예일대학을 졸업한 경제학박사이자 상해 금융재벌이었다. 손문의 중화민국 정부에서 외교업무를 담당하던 그는 총통의 여비서인 애령과 결혼했고, 장개석이 집권한 뒤에는 상공·재무 분야의 장관과 중앙은행 총재, 행정원 부원장 등을 역임했다.

'조국을 사랑했다'는 경령의 남편 손문은 중국인민의 국부 바로 그 사람이다. 30세 연상의 아버지 친구와 결혼함으로써 아버지를 실망시키고 주변을 놀라게 했지만 그녀는 1925년 손문이 간암으로 사망할 때까지 10년동안 아내와 비서와 외교보좌관의 역할을 충실히 했다. 손문이 사망한 뒤 그의 권력은 장개석에게 넘어갔고, 최고권력자가 된 장개석은 경령의 동생인 미령과 결혼했다. 경령은 동생의 남편이 된 장개석을 정치적으로 협조하지 않았다. 경령의 노선은 국민당 좌파였다.

'권력을 사랑했다'는 미령은 1927년 12월 장개석과 결혼했다. 이 결혼은 상해의 정치·경제·사회, 그리고 외교가를 들썩거리게 한 일대사건이었다.

이들은 홍구 미국조계 곤산로의 경령교회와 브로드웨이의 예사반점에서 각기 기독교식과 일반서양식으로 두 차례 결혼식을 올린 뒤 외탄 대로를 화려한 혼례행렬로 행진하여 영국조계 끝자락에 있는 대화반점에 당도했다. 대화반점은 상해의 외국자본이 지은 5대 호텔 중 하나였다. 케세이호텔·팰리스호텔·예사반점·메트로폴호텔이 대화반점과 더불어 상해의 5대 외자(外資)호텔에 들었다. 특히 최대의 부지면적을 가진 대화반점은 마제스틱홀이라는 동양최대 규모의 대무도청으로도 유명했다. 이 홀에서 장개석 송미령 신혼부부는 결혼피로연을 개최했다. 다시 이들은

'프랑스공원' 서문 밖 향산로 손문의 집. 손문의 고향인 광동 사람들이 모금하여 선사한 집이다. 송경령과 이 집에서 십여년 가정을 이루었다.

미령의 친정집으로 옮겨갔다. 섬서로와 남양로가 만나는 지점에 있는 유럽 목가풍의 초록색 지붕 2층집인 미령의 친정에서 중국식으로 예식을 한번 더 올리고 피로연도 새로 열었다. 미국조계·영국조계·프랑스조계를 차례로 돌면서 결혼식을 하고 또 하고 피로연을 하고 또 한 셈이었는데, 국토를 조각조각 세계열강국들에게 내준 나라의 최고통치권자로서 보여준 정략적 행보였다고도 볼 수 있었다.

송경령의 선택과 송미령의 선택

경령의 남동생이자 미령의 오빠이며, 죽은 찰리 송(송사리)의 장남인 송자문(宋子文·쑹쯔원)은 여동생의 남편이 된 장개석에게 프랑스조계 동평로 9호의 프랑스 궁전건물 풍 빨간색 3층 대저택을 결혼예물로 주었다. 만족한 장개석은 이 집의 별호를 짓고 정원의 태호석 가산(假山)에 친필 휘호로 새겼다. '애호(愛滬)'였다. 그는 1949년 대만으로 쫓겨갈 때까지 이 애호에 애착을 가졌다. 송자문이 1935년에 남양로에서 이사해온 악양로 145호 유럽풍 3층 대저택과 장개석의 동평로 집 애호는 도보로 3분 거리에 있었다. 악양로와 동평로 이 일대는 송자문의 장원이나 다름없이 그가 소유한 저택이 많았다. 장개석의 집 바로 옆, 프랑스 르네상스풍 팥죽색 3층집도 송자문의 소유였는데 그는 주로 여기서 거주했다.

장개석 송미령의 집 애호는 1960년대 '4인방(四人幇)' 강청에 의해 경극연습장으로 사용되었고 현재는 음악학교의 부속건물로 사용되고 있다. 장개석의 집 바로 옆에 있는 송자문의 팥죽색 집은 현재 레스토랑이 되어 있다.

장개석은 미령과 결혼함으로써 많은 것을 얻었다. 중국인의 정신적 아버지인 손문의 동서가 되었으니 독재의 명분으로 삼을만 했고, 금융재벌 공상희가 맏동서이고 역시 상해 갑부인 송자문이 처남이니 막강한 정치자금 동원 능력을 가지게 된 것이다. 그 뿐만이 아니었다. 처남 송자문이 미국에서 박사 학위를 받았고 역시 미국 박사인 동서 공상희와 처형 애령, 아내 미령이 모두 미국유학파였으니 미국과의 외교에 이들을 활용할 수 있었다.

장개석의 아내 송미령이 미국과의 외교에서 구사한 유명한 말이 있다. "기독교인을 도와주세요"였다. "중국을 도와주세요"가 아니라 기독교인을 도와달라고 했는데, 그것이 오히려 주효했다. 기독교인은 바로 그녀 자신이었다.

송자문은 큰누나 애령, 큰자형 공상희, 작은누나 경령과 마찬가지로 손문의 영어번역 및 통역비서 출신이었다. 이 집안의 젊은사람들 모두가 손문의 비서 출신이었지만 미령은 아니었다. 손문이 경령과 결혼을 하자

송사리는 그와 절교하고 더 이상 자녀를 그의 비서로 주지 않았기 때문이었다.

한편 송사리의 3남3녀 중 다섯째와 여섯째인 차남 자량(子良)과 삼남 자안(子安)은 어린 나이였기 때문에 중국을 움직이는 인물이 될 기회를 가지지 못 했다.

공상희와 송자문은 재정금융정책과 대미외교 방면에서, 미령은 영어통역과 능란한 사교력으로 장개석을 도왔다. 다만 손문의 미망인인 작은처형 송경령은 장개석의 국민당 정부가 아닌 공산당을 지지했다.

장개석과 결혼한 1927년 12월 이후 송미령은 세계에서 가장 유명한 여자였다. 세계의 유명언론들은 다투어 그녀의 사진과 일거수일투족을 보도했고, 그녀와 악수한 세계의 명사들은 그 사실을 자랑하고 다녔다.

중국을 통치한 이들의 상해 집

천년 역사는 서안에 있고 백년 역사는 상해에 있다는 중국의 현대 속담이 있다. 상해가 19세기 후반부터 20세기 중반까지 중국 근현대사의 중심지였다는 얘기이다. 중국 근현대사 주요인물들의 자취나 주거지가 상해 시내에 산재해 있는 이유가 거기에 있다. 중국에서 통치권을 행사한 인물들의 상해 집을 둘러본다.

황제의 나라 재상 이홍장의 집과
인민의 나라 총통 손문의 집

우리 근대 역사에서 자주 등장하는 중국 인물 중에 청나라 말기 북양대신(北洋大臣) 이홍장(李鴻章)이 있다. 서태후보다는 약하지만 황제보다 강한 세도를 누린 인물로서 중국 역사뿐만 아니라 조선왕조 말기의 역사에도 큰 영향력을 행사했다.

북양대신 이홍장이 8번째 애첩인 정향을 위해 지은 집이다. 정향의 집일뿐만 아니라 정향나무가 있는 집이라 하여 정향
화원이라고 했다.

청나라 말기의 재상으로서 이홍장이 주력한 것은 국방의 문제였다. 일
본을 포함한 서방 열강국 군대가 중국 해안 도처에서 침략을 자행하자
그는 중국 북부 해군을 관장하는 북양대신이 되어 천진으로 갔다. 조선
의 흥선대원군을 납치하여 천진에 억류시켰던 것도 그가 그곳에 있기 때
문이었다.

이홍장에게는 9명의 여인이 있었다. 그중 아홉 번째 마지막 여인은 제
1부인의 몸종 출신인 정향(丁香)이었다. 제1부인은 남편이 거느린 8명의
작은부인들 중에서 유독 정향을 미워했다. 이홍장은 정향의 목숨이 위태
하다고 생각했다. 이홍장이 멀리 상해에다 정향의 집, 즉 정향화원(丁香
花園)을 마련한 이유가 그것이었다. 미국의 세계적인 건축가에게 의뢰하
여 지은 집이었다. 상해의 정향화원은 오로지 정향의 집이었고, 이홍장
은 이 집에서 상해를 방문한 서방 열강국 인사들을 접견했다. 이 집은 이
홍장과 정향의 사이에서 난 아들에게 상속되었고, 그 아들은 이 집에 거

주하면서 부동산회사를 운영했다.

화산로에 있는 정향화원은 현재 중국식 레스토랑이 되어 있다. 드넓은 부지에 연못과 팔각정, 꿈틀대며 승천할 준비를 하는 용 모양의 담장, 숲과 잔디밭이 아름답다.

중국의 국부 손문의 집은 부흥공원(옛날 프랑스공원)의 서쪽 후문 근처 향산로에 있다. 이 집에서 송경령과 결혼생활을 했고 소련 공산당 대표를 만났다. 대한민국임시정부 대통령 이승만과 외무총장 안창호 등도 이 집에서 만났을 것이다. 손문의 호와 손문의 집 주소는 그의 고향 지명과 연관이 있다. 손문의 호 중산은 광동성 중산시, 그의 고향 지역 이름이고 그의 집이 있는 상해 향산로는 손문의 고향 마을 향산에서 따온 이름이다. 광동성 출신 인사들이 돈을 모아 마련해준 손문의 향산로 집은 1925년 주인을 잃는다. 북벌의 완성을 위해 북경으로 갔던 손문은 간암이 악화되어 사망했고, 미망인 송경령은 몇 년 후 이 집을 비우고 친정동생 송자문이 마련해준 회해로 집으로 이사를 한다.

민족운동가의 '집', 혹은 비밀 연락처

모택동의 상해 집은 안의로의 좁은 골목 안에 있다. 1920년대에 잠시 살던 집이다. 다른 명사들의 집이 거의 모두 대저택인데 비해 이 집은 중산층 다가구주택의 셋집이다. 당시 호남성에서 올라온 무명 운동가였으니 이 집도 어쩌면 과분했을 것이다.

모택동의 집 입구에 그의 4식구 가족상이 청동으로 조형되어 있다. 젊은 모택동과 그의 첫 아내, 그리고 두 아들 모안영(毛岸英)과 모안청(毛岸靑). 이 젊은 부부와 어린 두 아들의 모습은 그들의 셋집 실내에서도 만나게 된다. 이곳엔 밀랍인형으로 조성한 젊은 모택동 부부와 어린 두 아들의 모습이다. 이 청동 가족상과 밀랍인형 가족상을 보고 눈시울을 붉히는 사람도 많다. 이 가족의 이 모습 이후의 일을 알고 있기 때문이다.

젖먹이 차남을 안고 어린 장남을 옆에 세운 이 젊은 아내는 몇 년 후 노동자 해방운동을 벌인 죄로 체포되어 처형당한다. 그리고 아버지 모택동 앞에서 무언가 재잘거리는 어린 장남 모안영은 1950년 6·25전쟁 중 우리의 이북 평양에서 전사한다.

주은래(周恩來)를 부를 때 '우리 총리'라고 말하는 중국인을 가끔 보게 된다. '영원한 총리'로 뜨겁게 대접한다는 느낌이다. 그의 사남로 집은 손문의 집과 가까운 고급주택가의 저택이다. 주은래는 자신의 이 집을 중국공산당 상해 연락처로 제공했다. 절강성 소흥의 명문가 출신으로 프랑스 유학도 다녀온 미남 청년이 공산주의자일 거라는 상상을 할 수 없었기 때문에 국민당 정보당국의 눈길을 피할 수 있은 것이다.

당시 상해는 자본주의가 보여줄 수 있는 최악의 상황들을 노출시키고 있었다. 13세 소녀가 방직공장에서 철야노동을 하고 있는데 상해의 시가지는 무수히 많은 카페와 나이트클럽, 오락장과 투전판으로 휘황찬란한 불야성(不夜城)을 이루고 있었다. 불야성이라는 단어 자체가 상해의 밤 풍경에서 유래한 것이다.

이렇듯 상해는 '모택동'과 '주은래'가 등장할 요소들을 갖추고 있었다.

'권력을 사랑한 여자'의 집과 '중국을 사랑한 여자'의 집

장개석(蔣介石) 송미령 부부의 동평로 집 '애호'에 대해서는 앞서 약간

상해 동평로 장개석 송미령 부부의 집. 처남 송자문이 선사한 집이다. 대만으로 떠나기 전까지, 남경과 중경에 가 있은 기간 이외에는 이곳에 거주했다. 장개석은 이 집의 이름을 '애호'로 짓고 '애호 애호' 했다.

언급이 되었다. 송미령의 오빠 송자문이 선물한 이 집에 애착을 느낀 장개석은 특별히 애호라는 집 이름을 지어 불렀다.

1949년 장개석 송미령 부부가 대만으로 떠난 뒤 비어있던 이 집은 현재 상해경극원과 상해음악학원의 부속건물로 사용되고 있다. 그리고 이 집의 담장이 있던 자리에는 선물가게와 태국요리집이 개업하여 성업중이다.

회해로의 서쪽 끝머리에 가면 중국에서 가장 외로웠으나 가장 영예로웠던 여인의 집이 있다. 중화인민공화국의 국부 손문의 부인 송경령이 살던 집이다.

송경령은 개인적으로 평생 외로웠던 여인이다. 아버지의 반대에도 불구하고 30세 연상인 아버지의 친구와 결혼한 것은 젊은 날 외로움의 원인이었다. 손문의 사망 이후 자식도 없는 젊은 미망인으로서 좌파 지식인의 선두에 선 것은 새로운 외로움의 시작이었다. 남편 손문의 뒤를 이어서 중국의 통치권자가 된 장개석과는 개인적으로 제부와 처형의 관계였지만 정치적으로는 항상 충돌을 했다. 송씨 가문 사람 모두가 장개석의 편이고 송경령만 혼자인 상황이었으니 그 외로움은 이루 말로 다 할 수 없는 것이었다. 송경령이 친정식구들과 화합한 것은 항일전쟁 말기에 국공합작을 하면서였다. 일본군을 중국에서 몰아낸다는 하나의 목적 아래 국민당과 공산당은 합심했고, 송경령은 장개석 정권에 협력했다. 그러나 해방 이후 국공합작이 결렬되면서 송경령은 다시 친정식구 모두와 이별하지 않을 수 없었다. 그리고 1949년 국민당 정권의 최고실세들이었던 친정식구들은 모두 상해에서 대만으로 떠나갔다. 그 많던 송씨 일족은 하나도 남김 없이 모두 대만으로 가버린 것이었다. 넓은 상해 천지에 남은 이는 오로지 송경령 그 혼자 뿐이었다. "하늘을 봐도 외롭고 땅을 봐도 외롭다"고 탄식한 이는 송경령 바로 그 자신이었다.

송경령의 회해로 집을 모택동, 김일성 등 많은 사회주의 영웅들이 방문을 했다. 송경령과 김일성이 마주앉아 식사한 식탁과, 김일성이 선물한 작은 도자기 인형이 이 집의 좁은 식당에 전시되어 있다. 김일성의 선물은 장고춤을 추는 무희의 인형으로서 모델은 해방 후 월북한 무용가 최승희(崔承喜)이다.

송경령은 중국 정부의 부주석에까지 올랐고, 상해 도심 서가회(쉬쟈후이)의 송원(宋園)에서 영면하고 있다.

'불야성'의 유래, 상해의 밤

"술은 취하지 않는데 사람이 스스로 취하네"

夜上海 夜上海 你是个不夜城/ 華燈起 樂聲響 歌舞升平/ 只見她 笑臉迎/ 誰知她 內心苦悶 夜生活 都爲了 衣食住行/ 酒不醉人人自醉/ 胡天胡地磋跎了靑春 曉色朦 朧/ 倦眼惺忪 大家歸去/ 心靈兒隨着轉 動的車輪/ 換一換 新天地 別有一个新環境/ 回味着 夜生活 如夢初醒

이에샹하이夜上海, 이에샹하이夜上海, 밤이 없는 도시/ 화려한 등불 켜지고 음악 울리면 춤과 노래로 태평하네/ 그녀上海는 우리를 보고 웃지만/ 누가 그녀 마음 알리, 밤생활은 살기 위한 것/ 술은 취하지 않는데 사람이 스스로 취하네/ 청춘을 헛되이 보내었구나, 새벽빛이 몽롱하다/ 게슴츠레 피곤한 눈, 모두들 돌아가고/ 마음은 구르는 바퀴를 따라간다/ 바꾸어보라, 신천지로… 새로운 맛이 있네/ 돌이켜보니 이에샹하이夜上海, 꿈이었구나.

불야성이라는 단어는 1930년대 상해에서 나왔다. 동양으로 온 서구 자본과 중국 내부 자본이 이곳에 집중하여 방직 건축 금융 무역 영화 출판 부동산 등의 산업이 발달했고 온갖 유흥업이 성황을 이루면서 상해의 밤은 낮보다도 오히려 더 밝고 화려했다. 세계 굴지의 은행들과 보험회사들과 증권회사들과 선박회사들과 건설회사와 부동산회사들이 속속 상해에 자리를 잡았고 '동방의 엘도라도'라고 소문난 무비자 자유 출입항구 상해에 세계의 건달들과 협잡군과 마피아와 야쿠자와 기자와 문필가와 여행자와 망명자가 몰려들었다. 찻집과 카페와 레스토랑과 캬바레와 나이트클럽과 카지노 등이 밤이면 휘황한 불빛 간판을 내걸었고 온갖 경연대회와 각종 미인 선발대회가 이 도시에서 끊임없이 이어졌다. '상해 100대 기생'의 사진과 프로필을 담은 책자가 인기리에 팔리기도 했다. 1930년대 상해에서 크게 유행한 대중가요 〈야상해(이에샹하이)〉는 이러한 배경에서 탄생했다.

케세이호텔 재즈 바, 스윙 재즈, 댄스홀 천국

1930년경 미국에서 일어난 스윙재즈의 열풍은 곧바로 중국 상해로 불어왔다. 1930년대 상해의 유흥, 흥행업은 스윙재즈의 리듬감을 타고 흥청거렸다고 할 수 있다. 동양 최고 케세이호텔 1층의 바에서 연주되는 미국 뉴올리언즈 직수입 재즈가 상해의 재즈 열풍을 주도했고, 스윙재즈의 대세적인 흐름 위에서 수많은 무도장, 즉 댄스홀들이 상해에 생겨났다. 품격면에서는 프렌치클럽 2층 댄스홀이 으뜸이었고 규모면에서는 파라마운트 댄스홀이 으뜸이었다. 이런 고급 댄스홀들은 결혼식장으로도 많이 이용되었다. 프렌치클럽의 2층 댄스홀은 지금 각종 예식 장소로 이용되고 있다. 홍구 브로드웨이의 예사반점 1층 댄스홀에서는 1929년 장개석과 송미령이 결혼식을 올렸고 지금도 각종 예식 장소로 이용되고 있다. 일본인이 많이 살던 홍구지역에는 그들 전용의 댄스홀이 몇 곳 있었다. 그중 대표적인 것이 타이이치살롱이었다. 게이샤를 고용해서 술과 몸을 파는 곳이었지만 이 업소 3채의 건물들 1층은 모두 춤을 출 수 있는 공간으로 꾸며놓고 있었다.

대세계와 신세계

인민광장의 남경로 노변에 삼성전자 광고판(SAMSUNG)을 그 옥상에 붙인 멋진 건물을 발견하게 된다. 신세계백화점 건물인데 옛날엔 종합오락관이었다. 온갖 마술과 쇼로서 1930년대 상해 시민을 유혹하던 곳이었다. 밤이면 건물 전면에 네온사인이 휘황찬란했다.

지금은 아주 평범한 외양의 건물이 되어버렸지만 1930년대 상해에서 가장 황홀한 네온사인을 두르고 있었던 건물은 대세계이다. 대세계에서는 파리에서 날아온 캉캉무희에서부터 모스크바의 볼쇼이발레단 무희에 이르기까지, 중국 만담에서 판토마임까지, 쇼무대와 댄스홀까지, 차와 술, 그리고 아편까지 유통되던 장소였다. 일본의 유명한 만화에서 "상해 대세계로 (가출한) 엄마 찾으러 간다"는 대사가 나올 정도로 유흥과 환락의 대명사이던 곳이었다. 이곳 대세계의 사장은 상해 청방(靑幇)의 대두목 황금영(黃金榮)이었다. 중화인민공화국 건국 이후 대세계는 난민구호소가 되었고 황금영은 이곳의 청소부가 되었다.

인민광장의 중매장터

말 달리던 자리

상해 인민광장은 상해 중심부의 정중앙에 자리잡은 대규모 녹지공원이다. 이 공원에서 '말괄량이 삐삐'의 두 갈래 머리처럼 동서 양 방향으로 뻗어나간 두 길이 남경동로와 남경서로이다. 서울의 명동에 해당하는 남경동로와, 서울의 청담동이나 신사동 가로수길에 해당하는 남경서로가 인민광장에서 양쪽으로 갈라진다. 따라서 인민광장은 상해번화가의 중심점이기도 한데, 이곳은 그러나 거대한 심연인 듯 깊고 짙은 숲의 공원이다.

대한민국임시정부 유지가 있는 길이 마당로이다. 이름을 보면 이 길 어디쯤에 말을 방목한 둑이 있었거나 말이 물 먹고 목욕한 늪이 있었을 것 같기도 한데, 이 길의 북쪽 끝이 인민광장이고, 인민광장은 원래 경마장이었다.

19세기 후반까지만 해도 인민광장 자리는 허허벌판이었다. 영국의 조계지가 외탄의 좁은 사각형 지역에 한정되었을 때에도 서양의 경마도박꾼들이 세운 경마장이 있긴 했는데 그곳은 지금의 남경동로 진철역 근처의 아주 좁은 공간이었다. 그러던 것이 영국이 조계지를 서쪽으로 넓혀오면서 오늘날 인민광장의 그 넓은 공간을 경마장으로 개발하기에 이른 것이다. 20세기 전반기, 특히 1930년을 전후한 시기에 상해의 경마장이 얼마나 호황을 누렸는지는 경마장 본부 건물에서 느낄 수 있다. 멋진 시계탑이 하늘 높이 우뚝 솟은 경마장 본부 건물은 오늘날 상해 현대미술관으로 사용되고 있다.

1937년 겨울부터 1945년 여름까지 상해는 일본군에 점령 당해 있었다. 이 때 경마장은 폐쇄되고 일제의 헌병대와 그 연병장이 들어섰다. 말발굽소리와 경마꾼의 환성과 탄성이 일어나고 스러지던 그 자리에 중국인의 비명소리와 처형장의 총소리가 울렸다. 그리고 일제가 물러간 1945년 여름 이후 이 광장에는 담배 한 갑 사는데 돈 한 다발, 국수 한 묶음 사는 데 돈 한 보따리, 쌀 한 되 사는 데 돈 한 자루의 살인적 인플레에 지친 인민의 그림자가 길게 드리워지고 13세 공장 여공이 철야노동을 마치고 귀가하는 지친 발자국 소리가 지나갔다. 국민당 정부의 실책이 바람 앞의 휴지조각들처럼 날려와 이 광장에 쌓이고 있었다.

마침내 1949년 상해는 해방(공산대혁명)이 되었고 이 광장은 말끔하게 재건이 되었다. 말 달리고 헌병대 사이드카 달리던 드넓은 공간에 숲과 꽃밭과 석가산과 연못이 조성되었고, 상해시 인민정부 청사와 상해대극장과 상해도시계획 전시관 건물이 들어섰고, 상해박물관이 자리잡았다. 중국 3대 박물관에 드는 상해박물관은 중국 전통 솥 모양으로 디자인된 4층 건물로서 다양하고 다채로운 국보급 문화재를 많이 소장하고 있다.

상해 공연예술의 전당인 상해대극장은 황제의 면류관 모양을 한 건물이다. 우리 사극에서 왕이 등극을 하거나 왕비를 맞이하여 혼례를 치를 때 쓰는 관이 면류관이다. 상해도시계획 전시관은 건물의 이름에서부터 상해라는 도시의 특징을 보여주고 있다. 비록 그 출발점이 제국주의의 조계지였다 하나 상해는 애초에 도시가 되기 위해 태어난 도시였고, 국제도시로 조성된 도시였다. 19세기 말에서 20세기 초까지의 불과 몇 십년 만에 허허벌판이 세계 3대 혹은 5대 도시의 하나가 될 정도로 급속한 도시화의 내력을 가지고 있는 상해는 지금도 여전히 세계에서 가장 빠른 속도로 미래화되고 있는 도시이다.

숲 속에는 당대미술관이 들어섰다. 경마장 본부 건물에 들어선 현대미술관은 반제국주의운동인 1919년의 5·4운동이 있던 때로부터 중화인민공화국이 건국된 1949년까지의 미술작품 중 우수작을 전시하는 곳이고 당대미술관은 1949년 이후 현재까지의 미술작품 중 우수작을 전시하는 곳이다. 우리가 '현대'로 분류하는 시대를 중국에서는 '현대'와 '당대'로 세분하고 있다.

중국 최대의 노천 중매시장

인민광장의 지하는 복잡한 상해에서도 가장 복잡한 인간교통의 동선이 얽히고 설키는 곳이다. 상해지하철 1호선과 2호선과 8호선이 교차하는 이곳 지하는 남경동로와 남경서로에 바로 연결이 되어 장대한 상가의 은하수를 이루고 있다. 위의 지상에는 울창하게 검은 숲, 깊고 짙은 숲의 공원 인민광장이 있다. 이 광장 연못 근처 숲길에 매주 일요일 아주 특별한 시장이 개설된다. 중매시장이다. 눈이 오나 비가 오나 매주 일요일이면 어김없이 개설되는 인민광장 연못가의 중매시장에는 어림짐작으로 1

인민광장 중매장터 모습.

일 연인원 2~3십만 명의 인파가 몰려든다. 혼인 적령기의 자녀를 가진 부모들이 상해 뿐만 아니라 강소성 절강성, 좀더 멀리는 안휘성에서까지 찾아와서 저마다의 자녀들을 혼사시장의 매물로 내놓는다. 이름, 나이, 학력, 신장, 몸무게, 직장과 급여 수준, 재산 정도, 자택 소유 여부, 그밖의 특기사항을 빽빽이 적은 종이 한 장씩을 붙이거나 걸치거나 깔아놓고 상대방을 기다리는 한편으로 자신도 분주히 다른 사람이 써온 종이의 내용을 살핀다.

어느 여름날, 아들 가진 중년의 아버지가 맨땅바닥에 엉덩이 붙이고 두 무릎은 세워서 벌리고 앉았다. 아들의 조건을 빼곡이 써넣은 종이는 무릎과 무릎 사이, 그러니까 두 발 사이에 놓고 있다. 너무나 무더운 탓에 런닝셔츠를 젖꼭지가 보이도록 높이 걷어올리고 밑에는 사각 팬티 한 장만 입고 있는 이 아버지, 부채로 훌렁훌렁 사각팬티 안으로 바람을 부쳐넣고 있는데, 간절하게 사위감을 찾는 한 중년여인이 다가와 이 남자의 두 발 사이에 놓인 종이를 들여다본다. 좀더 자세히 보기 위해 남자의 무릎과 무릎 사이에 자신의 얼굴을 들이밀어놓는다. 이 남자와 여자는 인연이 닿으면 사돈이 될 수도 있다.

일본인이 있던 자리- 상해 홍구

하루가 다르게 재개발되고 재건축되는 상해에서도 70년 전 일본인이 살던 집, 살던 동네가 퀴퀴하게 퇴락해 가는 모습을 곳곳에서 볼 수 있다. 홍구 갑북 양포 강만 등 상해 북부의 상당히 넓은 지역에 그런 집, 그런 동네가 분포되어 있다. 옛날 일본의 조계구역이던 곳이다.

영국조계지에는 상해를 상징하는 외탄과 그 일대의 신문명구역이 조성되었고, 프랑스조계지에는 상해에서 가장 아름답고 우아한 구역(주거 및 상업)이 조성되었다. 일본은 그들의 조계구역에 신사(神社)를 짓고 절 서본원사(西本願寺)를 지어 그들만의 '리틀도쿄'를 형성하고 살았다. 그러나 1937년 이후 일본군이 상해를 점령하면서 일본조계 곳곳에 우중충한 위안소단지를 조성하였고, 이 지역에 역겨운 인육과 정액의 악취가 배게 되었다.

일본인 우치야마 칸조와 야마구치 요시코

20세기 전반기 상해의 일본인을 얘기하면서 우치야마 칸조와 야마구치 요시코를 빼놓을 수 없다.

먼저, 우치야마 칸조(1885~1959). 이 사람은 32세 때인 1916년에 상해에 와서 홍구공원 남동쪽 모퉁이 산음로 2농 3호에 주거를 정했다. 산음로 132농 9호 노신(루쉰)의 집과는 걸어서 10여분 거리였다. 그리고 우치야마 칸조는 인근 다륜로 홍덕당 옆에 우치야마서점을 개업했다. 그는 내산서점을 경영하면서 상해의 중국인 지성들과 교류했고, 그들의 신임을 얻었다. 일본유학을 원하는 중국청년에게는 유학의 길도 열어주었고 일본의 최신 사조와 학풍을 중국의 젊은 학구파들에게 전파했다. 그는 상해의 중국 지식인들이 우애하고 존경하는 일본인이었다. 노신 사후에 노신문학상을 제정하는 일에도 앞장섰다. 그는 일제가 패망한 뒤인 1947년, 32년동안 살던 상해를 떠나 일본으로 돌아갔다.

다음, 야마구치 요시코. 그녀는 20세기 최고의 히트가요 중 하나인 〈야래향(夜來香·이에라이샹)〉의 가수 이향란(李香蘭), 바로 그 사람이다. 1920년 중국 요녕성 심양에서 태어난 그녀는 아버지의 친구인 중국인 부호로부터 이향란이라는 중국이름을 얻었다. 1931년 괴뢰정부 만주국을 세운 일제는 중국인의 반발을 효과적으로 다스릴 수단이 필요했다. 이때 눈에 띈 것이 뛰어난 미모와 미성에다 이향란이라는 중국이름까지 가진 소녀가수였다. 굳이 야마구치 요시코라 할 필요도 없이 중국인 이향란으로 행세시키면 그만이었다. 이향란은 활동무대를 상해로 옮겼고, 19세 때인 1939년 〈야래향〉을 발표했다. 이 노래는 곧바로 크게 히트하여 중국대륙을 휩쓸었다. 그녀는 연달아 〈지나야곡(支那夜曲·차이나의 밤)〉〈소주야곡(蘇州夜曲·쑤저우의 밤)〉〈재견파상해(再見吧上海·짜이젠

상하이〉〉 등을 내놓아 연속 히트 행진을 했다. 이향란이라는 이름의 야마구치 요시코가 부르는 노래 속에는 당연히 짙은 일본색과 일제의 야심이 들어 있었고, 당시의 중국 정부는 뒤늦게 이것을 눈치채게 되었다.

1945년 이향란, 야마구치 요시코는 그 생애 최고로 화려한 무대를 상해 대광명대극장에서 가졌다. 그러나 바로 그 해 일본이 패망하면서 그녀는 중국군에 '민족반역죄'로 체포되었고, 군사재판에서 사형선고를 받게 된다. 그런데 그녀는 중국인 이향란이 아닌 일본인 야마구치 요시코였으므로 '민족반역'에 해당되지 않는 것이었다. 풀려난 그녀는 일본으로 추방되었다. 중국에서 추방된 그녀는 일본과 대만과 홍콩의 가요계와 영화계를 종횡무진으로 누비며 맹활약을 했고 미국 헐리우드영화계에도 셜리 야마구치라는 이름으로 진출해서 성공을 거두었다. 연예계에서 은퇴한 뒤에는 일본 정치계에 진출하여 참의원 3선을 역임했다. 야마구치 요시코는 상당한 장수의 복까지도 누리다가 2014년 여름 노환으로 사망했다.

저기 열여섯 살 조선 소녀가 울고 있네

루쉰공원(홍구공원) 정문에서 북사천로를 따라 남쪽으로 내려오면 상해 명인거리 다륜로가 건너다 보이는 네거리에 닿게 된다. 그 네거리의 모퉁이에 엄청나게 넓은 면적의 5층 건물을 만나게 된다. 이 건물은 악명 높은 일본 해군 육전대 사령부 청사로 사용되던 것이다. 다륜로 내산서점 맞은편 일본 해군 장교 숙소의 육전대 장교들이 이곳으로 출근을 했겠는데, 이곳에서 수행했을 전쟁 업무가 어떤 것이었을지 상상만 해도 의분에 떨게 된다.

일제 치하의 상해에는 무수히 많은 군위안소가 있었다. 타이이치사류,

상해 강만구 만안로에 있는 일본군 위안소 집중지역 중의 한 곳이다.

코마츠데이, 에이라쿠칸, 미요시칸 등의 대형 장교 위안소와 100곳이 훨씬 넘는 사병 위안소가 일본군 부대 인근에 배치되어 있었다. 일본군 위안소라면 지금도 한일관계의 풀리지 않는 숙제로 남아있는 역사의 현장이 된다.

타이이치사류 등 대형 위안소의 건물은 지금도 원형 그대로 유지되면서 주민이 살고 있다. 우리 민족의 가여운 어린 딸이 끌려와 당했을 사병 위안소도 상당수 당시의 외관을 유지하면서 서민의 주거지로 사용되고 있다. 아마도 이 글이 공개될 즈음에는 완전 새롭게 재개발이 되어 있을지도 모르겠다.

치욕의 현장이라도 쉽게 허물어 없애버리지 않고 삶의 공간이 필요한 사람에게 제공하여 살게 하는, 그래서 무심한 필자의 눈에까지 띄게 하는, 이런 점에 오히려 고마웠다. 이보다 더 큰 교훈의 현장이 어디 있을 것인가. 다시는, 다시는 그런 치욕의 역사를 만들지 말아야 할 것이다.

경마 갑부와 부동산 갑부의 1930년대 상해

관광을 자연관광과 도시관광으로 나눈다면, 그중에서 도시관광은 한마디로 집 구경이라 할 수 있다. 집을 구경하다보면 사람이 살았던 공간이라 그것이 곧 역사관광으로 이어지기도 한다.

경마 붐이 양산한 경마장 갑부들

1930년대의 상해에는 경마(競馬)와 경견(競犬)이 성행했다. 경마장 경견장 수입도 대단했지만 뛰어난 경주마와 경주견을 가진 말 주인, 개 주인도 큰 돈을 벌었다. 잘 달리는 말 한 마리, 잘 뛰는 개 한 마리만 있으면 다른 사업을 할 필요가 없었다.

지금의 상해 인민광장, 그것이 곧 상해경마장이었다. 경견장은 2006년 혹은 2007년경에 철거되어 아파트가 들어섰는데 위치는 짝퉁시장으로 유명했던 상양(xiangyang)시장 자리에서 남쪽으로 도보 5분 거리였다. 최고 5만명까지 수용할 수 있는 실내경기장으로서 1920년대 후반부터 1930년대 말까지 경견장으로 성황을 이루었다. 그후 다른 용도로 사용되었고, 철거되기 전의 몇십 년동안은 줄곧 꽃시장이었다. 그런데 놀라운 것은 대규모 꽃시장으로 몇십 년을 성업중인 곳에 70년 전 경견장을 했던 때의 그 개 냄새가 사방에서 진동을 했다는 사실이다. 그 넓은 실내가 수천만 송이의 온갖 꽃들로 가득한 연중무휴 꽃시장으로 몇 십년을 유지해왔는데도 말이다. 아무튼 경마와 경견은 1930년대의 상해에서 황금알을 낳는 업종이었고, 그만큼 말과 개로 돈을 번 사람이 많았다.

모리스의 집과 밀러의 집

모호크 모리스는 상해 외탄에서 커다란 빨간 글씨의 AIA 간판을 달고 있는 건물의 원래 주인이었다. 모호크 모리스는 발 빠른 경주마 한 마리로 큰 돈을 모은 뒤 영자신문 〈차이나데일리뉴스〉를 창간했다. 신문의 중국식 이름은 〈자림서보(字林西報)〉였다. 경주마로 돈 벌고 신문으로 또 돈을 번 모호크 모리스는 외탄에다 오늘날 세계의 관광객들에게 그 멋진 자태를 자랑하는 이 건물을 지어 신문사 사옥으로 사용한 것이다. 그리고 그는 오늘날의 서금2로(루이진얼루)에 정말 아주 넓고 대단히 멋진 살림집을 지었다. 한 울타리 안에 한두 채의 집도 아니고 여나믄 채의 집을 지어 헤리와 헤어리 등의 아들들에게 나누어 주었다.

이 집은 오늘날 루이진빈관(瑞金賓館)으로 영업중인데 무성한 숲과 드넓은 잔디밭으로 펼쳐진 이 집을 산책하다보면 호텔 건물들 뿐만 아니라 개별적인 바와 카페들이 군데군데 숨어 있다. 해방 후 초대 상해시장이 시장 공관으로 사용한 적이 있고 모택동 주석이 머물기도 했다. 현재 이 집의 정원은 호텔 투숙객이나 바의 손님이 아니라도 누구나 자유롭게 들어가서 놀다 나올 수 있다.

　스웨덴 출신의 에릭 뮐러도 상해의 경마장에서 거부가 되었고, 오늘날 뮐러(馬勒)별장호텔이 되어있는 집을 지어 살았다. 이 집은 1930년대 상해 주택 중의 명작 주택으로 평가받았다. 이 집의 건축에는 동화같은 사연이 있다. 하루는 에릭 뮐러의 어린 딸이 꿈 얘기를 하면서 꿈에서 본 집을 그림으로 그려보였다. 스칸다나비아풍의 동화 속 건물 같은 집 그림이었는데, 어린 딸은 꿈에서 본 그런 집을 지어달라고 아버지 뮐러를 졸라댔다. '딸바보'인 뮐러는 지어주겠다고 약속을 했고, 경마장에서 번 돈을 집 짓는 데에 다 들였다. 크고작은 방이 160개나 되는 이 동화같은 집을 완공한 것은 1936년이었다. 알다시피 1937년엔 상해가 일본의 점령지가 되었고, 그때부터 상해의 부호들에게 편한 날은 없었다. 에릭 뮐러와 그의 어린 딸은 페인트 냄새가 사라지기도 전에 이 집을 떠나가야 했다. 연안중로(옌안중루)와 섬서남로(샨시난루)가 만나는 지점에 이 집이 환상인듯 서 있다.

빅터 사순의 케세이호텔 펜트하우스

　조계시대의 상해에서 돈을 가장 많이 번 사람이 유대인 빅터 사순이다. 1920~1930년대 상해가 무한정 도시의 넓이를 확장해나갈 때 집을 무려 2천 채나 지어서 팔거나 임대한 사람이 빅터 사순이다. 외탄의 케세이호텔(현재 화평반점 북루), 섬서남로(샨시난루)의 케세이맨션(현재의 금강반점)과 케세이극장(현재의 국태대극장), 복주로의 해밀턴하우스와 메트로폴호텔(현재의 신성반점) 등등 무수히 많은 대형건물과 그보다 몇 배나 더 많은 작은 건물들, 합계 2천 채가 넘는 집이었다. 그의 집들 중에서 케세이호텔은 1980년대까지만 해도 동양최고의 호텔이었고 케세이맨션은 중국과 미국을 화해시킨 1972년 미국대통령 닉슨과 중국 수상 주은래의 회담장소였다.

빅터 사순의 주거지는 골프장이 딸린 포서(푸시) 롱바이의 별장(현재 용백반점과 그 일대)과 케세이호텔의 펜트하우스였다. 평생 독신으로 살았던 그에게는 황포강변 케세이호텔의 동서남북 사방 경관을 자랑하는 펜트하우스가 오히려 적합한 주거공간이었을 것이다.

지금도 곳곳에서 그의 흔적을 발견할 수 있는 상해 거부 빅터 사순. 가족이 없는 그의 막대한 유산은 말년의 건강을 돌봐준 미국인 간호사에게 돌아갔다.

중국 강남 상해·남경·항주·소주·영파·양주·소흥
그리고 중국 속 한국 이야기

제10장

강남바다
황파청파

독을 싣고 온 배

"잠자는 중국을 깨우지 마라"

보나파르트 나폴레옹(1769~1821)의 말이다. '내 사전에 불가능이란 말은 없다' 등 명언을 많이 남긴 나폴레옹은 중국을 이렇게 말했다.

"중국이 깨어나면 세계가 흔들린다"

그는 덧붙였다.

"그러니 자게 놔둬라."

'영웅' 나폴레옹. 그러나 그는 중국을 제대로 잘 알지 못했다. 아편에 취한 중국을 알지 못했던 것이다. 나폴레옹이 아는 중국은 아편을 모르던 날의 중국이었다.

상해 황포강 외탄(와이탄)의 20세기 초반 영국조계 거리는 관광명소이자 사진 촬영명소이다. 그곳의 다양한 건물들 중에 유독 한국인의 눈에 띄는 아름다운 건물 한 채가 있다. 옛날 홍콩상하이은행(HSBC) 건물이다. 이것과 꼭 닮은 건물이 한국에 있었다. 지금은 철거되고 없지만 서울 경복궁 앞에서 70년이나 버티고 있었던, 일제강점기 조선총독부 청사와 상해 외탄의 옛 홍콩상하이은행 건물은 형제간인 양 닮았다. 상해의 이 건물이 서울 경복궁 앞에 있던 그 건물보다 3년 먼저 건축되었고 크기도 훨씬 더 크다. 1923년 6월에 준공된 상해 외탄의 이 건물은 당시 동양에서 가장 아름답고 큰 건물이었다. 상해의 홍콩상하이은행. 이 은행은 영국이 중국으로부터 아편전쟁의 전쟁배상금을 받기 위해 세운 은행이었다. 이 은행은 그 배상금의 막대한 규모 덕분에 개설하자마자 세계굴지의 은행이 되었다.

아편전쟁(1840~1842)은 신사의 나라로 불리는 영국이 저지른 가장 비신사적이고 가장 비도덕적인 전쟁이었다.

약과 약, 그리고 아편

'약(藥)'은 '고치다, 치료하다'의 의미를 가진 단어이고 '약(茢)'은 '꽃밥'이라는 뜻을 가진 식물학 용어이자 미나리과의 식물인 '구리때' 혹은 '구리때 잎'을 말하는 단어이다.

중국에서는 병을 치료할 때 쓰는 약을 약(茢)으로 쓰고 있다. 전에는 약(藥)으로 쓰던 것을 중화인민공화국 정부 수립 이후 약(茢)으로 바꾼 것이다. 필자는 10년쯤 전 상해 구시가지의 오래 된 건물 벽에 藥局약국이라 적힌 것을 보고 깜짝 놀랐다. 그 글짜가 씌어진지 오래 된 것이어서 필자의 놀라움은 더 컸다. '즐거울 樂(락)' 자 위에 '풀 艸(초)'의 머리가 붙은 藥은 '즐거운 풀', 이어서 '즐거운 약'이라는 느낌을 주고, 거기에서 '고통을 잊고 즐거운 환각을 주는 아편(阿片)'이 연상될 수 있는 단어인 것이다. 아편전쟁으로 인해 나라가 망했던 아픈 역사를 가진 중국에서, 치열한 문화대혁명을 거친 중국에서, 그것도 문화대혁명의 시발지인 상해 도심의 빌딩 벽에서 적어도 몇십년은 되었을 '藥' 자를 보게 되다니. 저 글짜가 어떻게 살아남았을까 하는 경이로움은 놀라움 다음의 느낌이었다.

세계 최강국 청나라는 확실히 '즐거운 약' 아편 때문에 망했다. 중국의 개혁개방 전까지만 해도 한국사람에게 '중국' 하면 바로 연상되는 것 중의 하나가 '아편굴' '아편쟁이'일 정도로 아편은 중국에게, 중국역사에게, 중국인민에게 치명 그 자체의 악영향을 끼친 것이었다. 우리나라에서도 1960년대 초까지는 '만석군 아들이 아편쟁이가 되어 폐가망신했다'는 얘기를 심심찮게 들을 수 있었다. '아편쟁이'는 '폐병쟁이'와 더불어 폐인의 대명사였고 박멸의 대상이었다.

18세기 초 영국은 무역적자를 해소하기 위해 청국에 아편을 밀수출하기 시작했다. 영국의 식민지착취기구인 동인도회사가 인도에서 재배한 아편을 청국에 내다 팔기 시작한 것이다. 처음 몇백 상자로 시작한 아편 밀수출은 18세기 중후반 1천 상자, 19세기 초반 1만 상자, 19세기 중반에는 4만 상자, 3백만 톤에 이르도록 기하급수적인 신장의 밀수출 성과를 청국시장에서 이룩했다. 아편연기 한 모금에 온갖 번뇌가 사라지고 아편주사 한 방에 죽을 것 같은 육신의 고통도 사라진다는 믿음을 전파한 성과이기도 했다. 영국의 어마어마한 밀수출 성과에 비례하여 청국사회는 아편이라는 마약에 중독되어갔다. 뿐만 아니라 아편을 사고 은(銀)을 지불하기 때문에 중국의 은 비축량이 급격히 감소했다. 영국은 누적된 무역적자로 고갈상태에 이른 정부 소유 은의 재고량을 중국 상대 아편 밀매로 보충하고 있었다.

한편 이때 서양의 경제 흐름을 눈여겨 본 일본에서는 은을 사모으고 있었는데, 이 은의 있고없음이 장차 벌어지게 될 청일전쟁 승자와 패자의 가름이 된다. 어쨌든 그것은 나중의 일이고, 아편을 청국시장에 풀어먹임으로써 영국은 적자무역의 수렁에서 헤어나왔고 청국은 상류층 부인에서부터 하류층 막노동자에 이르기까지 만백성의 아편쟁이화가 진행되고 있었다. 청국 정부가 아편의 중독성을 홍보하고 아편 금지령까지 내렸지만 3백만 톤 규모의 아편시장을 닫기에는 역부족이었다.

도광황제(道光帝) 선종(宣宗·1782~1850)이 임칙서(1785~1850)를 흠차대신(황제의 특사)으로 광주에 파견한 것은 1839년 1월이었다. 광주에는 청국 정부가 대외무역 허가증을 발급한 13개의 상점인 십삼행이 있었다. 차와 비단과 도자기 등 중국의 특산물을 외국에 수출하고 외국의 특산물을 수입하는 관인(官認) 무역상이었는데, 영국 동인도회사의 아편은 이들 광주 십삼행을 통해 들어와 청국 전역에 배포되고 있었다. 광주에 온 임칙서는 암행으로 아편의 거래 내막을 살핀 뒤에 십삼행 행수들을 잡아들여 심문했다. 암행어사 앞에 잡혀 온 행수들이었다. 죄상을 낱낱이 실토했고, 십삼행 창고의 아편을 모두 내놓았다.

임칙서는 공터에 큰 구덩이를 파고 십삼행으로부터 몰수한 아편을 쏟아부었다. 그리고 석회가루와 바닷물을 쏟아부었다. 그러자 아편과 석회가루와 바닷물이 화학작용을 일으켜 부글부글 끓더니 연기를 뿜어올렸다. 아편은 석회와 소금에 섞일 때 화학반응을 일으켜 마약의 성분이 없어지는 성질을 가지고 있었다. 바닷물에는 소금의 성분이 있으므로 임칙서는 아편과 석회를 쏟아부은 구덩이에다 소금 대신 바닷물을 쏟아부은 것이었다.

그리고 임칙서는 영국 아편상인들을 소집하여 '다시는 아편을 팔지 않겠다'는 각서를 쓰게 하고 그들의 창고에 있는 아편을 몰수하여 십삼행

창고의 아편들과 마찬가지로 구덩이에 아편과 석회와 바닷물을 섞은 화학처분으로 폐기했다. 이때 역시 십삼행 아편을 처분할 때와 마찬가지로 연기가 올랐는데 멀리서 지켜본 구경꾼들은 불을 질러 태운 것으로 착각을 했다. 아편을 불태웠다는 얘기는 그렇게 나온 것이었다.

이때 광주에는 영국 통상감독 찰스 엘리어트가 주재하고 있었고 영국의 동양함대 2척이 자국 상인의 보호를 위해 입항해 있었다. 찰스 엘리어트는 동양함대를 이끌고 북상하여 주산군도를 점령하고 북경의 바다관문인 천진으로 올라가 청국 정부에 항의를 했다. 문제가 더 이상 확대되는 것을 꺼린 청국 정부는 임칙서를 광주 파견 흠차대신에서 파면하고 변방의 한직으로 발령했다. 광주 아편사건의 책임을 임칙서에게 물음으로써 영국 정부의 반발을 피한 것이었다. 청국 정부는 천진으로 올라온 영국 통상감독 찰스 엘리어트를 상대할 직례총독으로 기선(琦善)을 임명했다. 기선은 영국을, 다독여주면 풀려서 고개 숙이고 물러나는 오랑캐로 보았다. 기선은 찰스 엘리어트 통상감독을 살살 구슬러서 일단 광주로 내려보낸 뒤 자신은 임칙서의 후임 흠차대신이 되어 광주에 부임했다.

한편 영국에서는 아편상인들이 열심히 움직이고 있었다. 청국 백성이야 아편쟁이가 되건말건 청국 사회야 떼거리 아편쟁이의 퇴폐에 빠져들건말건 최고의 폭리를 안겨주는 아편을 빼앗기고 돌려받지 못했으니 영국 아편상인들이 얼마나 억울하고 원통했을 것인가. 아편상인들은 단체로 영국 정부와 의회 로비에 들어갔고, 휘그당 파머스턴 내각과 영국 의회는 부도덕한 아편 자본의 요구를 수용하고 협조했다. 영국 정부는 임칙서를 파면시킨 것으로 모든 책임에서 벗어나려는 청국 정부를 응징하기로 했다. 자유무역이 무엇인지도 모르는 것들 같으니라구! 모든 잘못은 순순히 당해주지 않은 청국에게 있는 것이었다.

이른바 대영제국의 함선 20척이 4천명의 영국 해군을 태우고 청국 광주 앞바다에 나타난 것은 1840년 6월이었다. 총지휘관은 전권대사 조지 엘리어트였다.

광주에 부임한 신임 흠차대신 기선은 그동안 자신이 가지고 있던 영국에 대한 선입관을 수정해야만 했다. 오랑캐라 무시했는데 영국은 오랑캐 나라가 아니라는 걸 바로 알게 되었다. 잘 구스르고 다둑여야 한다고 기고만장했던 자신감도 내려놓아야 했다. 기선은 영국 해군의 삼엄한 위용에 기가 죽고 말았다. 중국의 수천년 뿌리 깊은 지성과 고고한 군자의 위엄으로 영국 오랑캐를 다스릴 생각이었는데 광주 현지에 와보니 그게 아니었다. 새로운 흠차대신이 광주에 부임했는데도 영국 동양함대는 점령한 주산군도에서 철수하지 않았고, 오히려 영국 본토의 해군 함정 20척과 4천명의 해군까지 광주에 와 있는 것이었다. 신임 흠차대신이 부임한 것을 축하한다면서 함포까지 펑펑 쏴댔으니 겁을 먹지 않을 도리가 없었다.

기선은 "오랑캐를 다둑거려준다" 면서 영국의 요구를 모두 들어주었다. 영국의 전권대사 조지 엘리어트와 마주앉은 기선은 〈광동협정(廣東協定)〉을 체결했다. 기초협약이었는데, 그 내용은 '청국이 영국에게 영국 아편을 폐기처분한 데 대한 배상금 6백만 냥을 지급하고, 청국이 영국에게 홍콩을 할양하고, 앞으로 자유무역의 질서를 공고히 한다'는 것이었다.

불[艦砲]을 싣고 온 배

기선과 조지 엘리어트가 체결한 기초협약 '광동협정'의 내용은 곧바로 북경의 도광황제에게 보고되었고, 황제는 노발대발을 했다. 기선을 흠차대신에서 파면하고 체포하여 북경으로 압송했다.

기선이 포박되어 끌려가는 모습을 목격한 영국 해군은 바로 본국에 전문을 띄웠다. 청국이 광동협정을 무시하고 영국 해군에게 시위하듯이 흠차대신을 체포해 갔다고 보고했다. 영국 정부는 만국공법(萬國公法)의 유린이라며 목청을 높였다. 광동협정을 훼손한 청국 정부를 질타하고 선전포고를 했다. 평화롭던 중국의 바다가 뒤집어지고 있었다.

아편전쟁과 남경조약

1841년 가을, 남중국해에 전운이 감돌았다. 아편 대리상 십삼행이 있는 광주의 입구 주강구(珠江口)에 영국 군함들이 집결하고 있었다. 임칙

상해 푸동 루지아주이 무역 금융지구. 지상 633미터 세계3위 높이의 상하이타워와 상해 세계금융센터, 88층 진마오타워 등 최첨단 스타일의 빌딩들이 밀집해있다.

서의 아편 폐기사건 당시 동중국해 절강구(浙江口)로 올라가 주산군도를 점령했던 동양함대 2척과 4천명의 영국 해군은 광동협정 체결 때 주강구로 돌아와 있었고 새로 본국에서 급파된 14척의 증기선과 6천명의 해군 병력이 주강구로 들어왔다.

청국군의 각오도 만만치 않았다. 수백 척의 정크선이 영국 동양함대의 침입을 막기 위해 주강구에 도열해 있었다. 소문을 들은 농민들도 일어났다. 이들은 남의 나라 백성을 떼거리 아편쟁이로 만들어놓고도 자유무역이니 만국공법이니 저 좋을 소리만 지껄이는 영국의 오만방자함에도 열불이 일었지만 그보다도 청국 정부의 무능함에 치를 떨었다. 그러나 오랜 세월 평화를 누려온 청국의 낡을대로 낡은 군함이요 전혀 훈련되지 않은 농민군이었다.

영국군은 단숨에 광주를 점령하고 동중국해로 쳐올라갔다. 동중국해에는 2개의 강구가 있다. 절강구와 장강구이다. 절강(전당강)을 타고 소흥 항주까지 점령할 수 있기 때문에 절강구를 장악해야 한다. 그리고 상해와 남경을 얻으려면 장강구를 장악해야 한다. 장강구에서 황포강과 장강이 갈라진다. 항포강을 타면 상해, 장강을 타면 남경을 수중에 넣을 수 있다. 이러한 절강구와 장강구, 이 2개의 강구를 수중에 넣으려면 주산군도를 다스릴 수 있어야 하고, 주산군도를 다스리자면 영파를 장악해야 한다. 영국군은 영파까지 점령했다. 이 과정에서 청국 농민군에게 영국 해군 한 명이 사망하는 사건이 일어났다. 수많은 청국 군인과 농민을 살상한 영국군이 단 한 명의 자국 군인 사망에 광분하여 날뛰었다.

영파를 점령한 영국군은 그 옛날 장보고 선단이 주름잡고 누비던 바닷길을 타고 북상하여 장강구에 진입했다. 영국군은 장강구에서 먼저 황포강으로 들어가 1842년 6월 상해를 점령하고, 장강구로 돌아나와 장강을 타고 남경까지 쳐올라갔다. 1842년 8월, 청국군은 끝내 영국군을 이기지 못하고 타협을 요청했다.

남경조약은 장강에 정박한 영국 군함 콘월리스호 갑판에서 체결되었다. 중국 5천년 역사에서 처음으로 1대1의 입장에서 맺는 조약이었다. 지금까지 중국의 모든 국제관계는 조공의 형태로 이루어졌다. 정치와 문화와 경제 등 모든 분야의 거래가 '바치고 하사하는' 조공관계였다. 주변의 경쟁자가 없는 거대 황제국가였기 때문에 가능한 일이었다. 그러나 이때 1대1의 관계로 마주앉은 영국은 그만그만한 국가들이 뒤엉켜 사느라고 경쟁이 치열한 유럽에서 조공 같은 건 알 수도 없고 다만 만민공법 류의 국제법을 숭상하게 된 나라였다.

만민공법에 의한 1대1의 조약. 그러나 중국이 사상 처음으로 체결하는 남경조약은 절대로 1대1의 균형 잡힌 조약이 아니었다. 청국 전권대사 기영(耆英)과 이리포(伊里布), 영국 전권대사 H.포틴저가 장강에 정박한 콘월리스호 갑판에서 남경조약에 조인했다. 13개 조항으로 이루어진 이 남경조약은 1843년 6월 홍콩에서 비준서가 교환됨으로써 효력을 발휘했다.

1. 홍콩을 영국에 할양한다.

2. 광동 하문 복주 영파 상해 등 5개 항구를 개항한다.

3. 개항장에 영사를 주재시킨다.

4. 중국은 영국에게 전쟁배상금 1천2백만 달러, 아편 배상금 6백만 달러를 3년 내에 지불한다. (다음 생략)

영국은 '가장 부도덕한 전쟁'이라는 아편전쟁을 일으켰고 '가장 불공정한 조약'이라는 남경조약을 따냈다. 천하를 조공의 관계에서 군림하던 '세상의 중심' 중국의 자존심은 이렇게 허물어졌다.

오로지 아편 때문이었다. 영국이 무역적자를 해소하기 위해 청국에 풀어먹인 아편으로 하여 '중국인=아편쟁이'라는 소리를 듣기도 했고 나라가 망하기도 했다.

청국으로부터 전쟁배상금과 아편배상금을 수납하기 위해 설립한 홍콩상하이은행(HSBC)은 그 막대한 배상금의 규모로하여 단숨에 세계 굴지의 은행이 되었고, 영국의 아편은 아편전쟁과 남경조약 이후에도 변함없이 청국에 판매되었다.

상해 외탄에 벽면이 흰색과 분홍색으로 채색된 오래 된 호텔 건물이 있다. 1906년에 개업한 팰리스호텔이다. 지금은 화평호텔 남루南樓로 영업중인 이 호텔은 중국 역사에 기록되는 행사를 많이 개최했다. 일본에서 귀국한 손문이 이 호텔 1층 레스토랑에서 개최된 중국 지도자회의에서 중화민국의 초대 총통으로 선출되었고, 1909년에는 지금도 레스토랑

아편전쟁 당시 영국군이 침입한 주산군도의 해안. 이곳을 통해 영파를 점령했다.

인 이 호텔 1층 레스토랑에서 제1차 국제아편대회가 개최되었다. 아편문제를 의논하기 위해 개최된 이 대회에서 중국이 처한 아편의 문제는 전혀 거론되지 않았다. 아편으로 상처 입은 중국에서 개최된 이 국제아편대회는 대체 무엇을 위한 대회였을까.

청국 황실 보물 훔쳐서 갑부가 된
영국 프랑스 연합군 군인들

중국의 역사에서는 농민군이 황조를 멸망시키는 경우와 농민군의 두령이 황조를 일구고 황제가 되는 경우를 더러 보게 된다. 아주 멀지 않은 황조인 명조만 해도 황건적 두령 주원장이 세우고 태조 황제가 된 나라이다. 명나라를 멸망시킨 것도 농민군이었다. 농민군 두령 이자성(李自成·1606~1645)은 1644년 서안(西安)을 점령하고 대순국(大順國)을 세워 황제가 된 뒤 바로 북경으로 가서 자금성을 점령하고 명나라를 멸망시켰다. 대명제국의 황궁을 차지한 이자성은 황제의 비빈들을 농락하고 대장군 오삼계(1612~1673)의 애첩을 데리고 갔다. 산해관(山海關)에서 장성을 지키고 있던 오삼계는 이 소식을 듣고 분개하여 적군에게 성문을 열어주고 말았다. 적군이란 만주족 국가 후금(1616~1636)의 후신인 청나라였다. 오삼계가 열어준 만리장성 산해관 성문으로 물밀 듯이 들어온 청나라 군대는 북경을 함락했고 청 황제도 만주 봉천(펑톈)에서 북경 자금성으로 옮겨 왔다. 한편 자금성에서 도주한 이자성은 청군의 추격에 쫓기다가 스스로 목숨을 끊었다.

우리나라 왕조의 태조는 고려 태조 왕건이나 조선 태조 이성계가 모두 호족 출신의 대장군이었는데 비해 중국에서는 주원장이나 이자성의 경우에서 보듯이 하층 계급에서 지존의 태조 황제에 오른 인물이 더러 있었다. 이것은 무엇을 말하는 것인가. 호족의 도움 없이 농민 스스로 세력을 만들 수 있고 최고의 것을 쟁취할 수 있다는 것이었다. 마침 아편전쟁이 휩쓸고 간 자리였다. 아편전쟁과 남경조약을 통해서 청국 정부의 무능과 무기력을 절감하게 된 남방의 농민들은 스스로 결사체를 조직하여 눈앞의 불이익, 나아가서는 불의에 대항하기 시작했다.

애로호사건(亞羅號事件:Arrow War·1856~1860)도 이러한 과정에서 일어났다. 제2의 아편전쟁으로도 불리는 애로호사건이다.

1856년 광주의 청국 관리가 중국인 소유 선착장에 무단정박한 영국선박 에로호에 올라갔다. 청국 관리는 애로호의 선원 12명을 해적 혐의로 연행하고 갑판에 게양된 영국 국기를 내려버렸다. 그것이 애로호사건의 발단이었다.

광주 주재 영국 영사관은, 청국 관원이 영국 선박에 난입하여 영국 국기를 끌어내림으로써 영국의 명예를 훼손했다고 주장했다.

광주 영사관의 보고를 받은 영국 정부에서는 이 사건을 외교문제로 비화시켰다. 의도적으로 영국의 명예를 훼손한 데 대해 청국 정부는 사과문을 발표하고 배상금을 지불하라는 것이었다. 청국 정부는 당연히 거부했다. 우발적인 사건이지 의도적인 사건이 아니고 국기를 내린 것도 해적을 체포하는 과정에 발생할 수 있는 사고를 미연에 방지하기 위함이었다고 영국 정부에 해명했다. 요구를 거절 당한 광주의 영국인들, 광주 주둔 영국 군인과 주재 상인들은 화를 참지 못해 광주 외곽의 거리에 불을 지르는 등의 만행을 했지만 달리 더 이상 사건을 키울 방도가 없었다.

이 사건은 영국 의회에서 문제가 되었다. 아편전쟁만 해도 역사상 가장 부도덕한 전쟁으로서 영국인이 낯을 들고 다닐 수가 없을 정도인데 이번에 또 그와 유사한 사건을 일으켰냐고 야당은 여당과 정부를 몰아부쳤다. 내각이 총사퇴하지 않을 수 없었다. 그러나 그 직후에 있은 총선에서 여당이 승리를 거두면서 애로호사건에 대한 영국 정부의 반성은 쑥 들어가고 말았다. 이런 상황에서, 어느 시대에나 먼저 깨어나는 중국의 농민이 잠자코 있었을 리 없었다. 이때 청국의 남방은 태평천국(1851~1864)의 천하였다.

남경의 총통부와 소주의 천왕부에 태평천국의 왕궁이 있다. 태평천국의 수도 천경(天京·남경)의 왕궁은 오늘날 남경 총통부 안에 남아 있고, 소주의 태평천국 왕궁인 천왕부는 소주 졸정원과 소주박물관 사이에 있다. 무료 입장인 소주박물관으로 들어가서 천왕부 통로로 진입하면 입장료 없이 태평천국의 왕궁을 둘러볼 수 있다. 졸정원 입구와 소주박물관 입구 사이에 천왕부 무료 입구가 따로 있기도 하다.

소주의 태평천국 천왕부에서 놀라게 되는 것은 천왕의 집무실 옆에 대형 십자가가 걸린 기도실이 있다는 사실이다. 그렇다. 태평천국은 기독교인 홍수전(1813~1864)이 1851년 광서성에서 농민들을 모아 조직한 상제회(하느님회)를 발판삼아 일으킨 나라이다. 멸만흥한(滅滿興漢), 즉 '만주족국가 청나라를 무찌르고 한족국가를 일으킨다'는 기치를 내걸고 아편전쟁으로 도탄에 빠진 민생을 위로하며 태평천국을 건국하고 천경(남경)에 도읍을 정했다.

영국 프랑스 등 서구 열강국들은 태평천국이 기독교를 국교로 표방하고 나오자 은근히 기대를 했다. 종교의 뿌리가 비슷한만큼 서구 열강국들에게 우호적일 거라고 태평천국의 출범을 환영하는 분위기였다. 그러나 태평천국의 또다른 기치에 멸양(滅洋), 즉 '서양오랑캐를 무찌른다'는 것이 있음을 얼마 되지 않아서 알게 되었다. 더구나 태평천국 가담자 중에는 아편전쟁 이후 해산된 청국군 병사 출신이 많았고, 태평천국 지지자 중에는 아편전쟁으로 일자리를 잃은 사람이 많았다. 영국 프랑스 등 서방 열강국에 반감이 깊지 않을 수 없었다. 서방 열강국의 입장에서는 청국 정부보다도 청국의 남방을 장악한 태평천국이 먼저 넘어야 할 산이었다.

상해의 관광 명소 예원(위위엔)의 역사를 보면 19세기에 3번의 약탈과 정원 훼손의 피해를 입었다고 되어 있다. 첫 번째는 1842년 아편전쟁 때 영국군이 이곳에 지휘부를 두고 주둔하면서 훼손과 약탈을 했고, 두 번째는 1853년 반청복명(反淸復明), 즉 '청나라를 반대하고 명나라를 다시 세운다' 는 기치를 걸고 무장봉기한 시민군 소도회(小刀會)가 역시 이곳에 지휘부를 두고 주둔하면서 훼손을 하고 약탈을 했다고 예원의 역사는 적고 있다. 그리고 청국군이 영국군 독일군과 결탁하여 소도회를 쳐부술

상해읍성 안에 위치한 유명 정원 예원豫園이다. 19세기 혼란기의 각종 민란군과 여러 외세 군대가 점령하여 지휘부를 설치했던 곳이다.

때 이곳에 불을 지르고, 이어서 1858년 청국 영국 독일 공동 군사기지를 이곳 예원에 설치할 때 세 번째 약탈과 훼손이 있었다고 했다.

옆구리에 작은 칼을 차고 다니는 비밀결사체라 하여 이름이 '소도회'인 이 조직은 1853년 복건성에서 일어나 강남지역, 그중 상해지역에서 맹활약을 했다. 이때 상해를 제외하고 강남의 거의 전 지역을 장악한 태평천국과 힘을 합쳤다면 어떻게 되었을까. 태평천국과의 합작이 성사되지 못한 채 소도회는 먼저 청 영 독 연합군에게 참패하고 소멸되었다.

이처럼 태평천국과 소도회가 강남 전역을 장악하고 멸만흥한·반청복명·척양·멸양 등을 외치며 반정부 반외세 운동을 거세게 휘몰아오자 청국은 원수인 영국과 손을 잡게 되었고, 영국은 독일 프랑스 등 유럽국가들을 이 오월동주의 싸움판에 끌어들였다.

청국은 국토의 반쪽인 장강 이남에서 맹위를 떨치는 태평천국을 쳐 없애버리는 것이 목적이고 영국은 장강의 개방과 영국 상인의 청국 내륙

여행 및 간섭 없는 아편 판매가 목적이었다. 그리고 프랑스는 자유로운 내륙 선교가 목적이었다. 청국은 태평천국을 없애기 위해 영국과 프랑스 등 서방 열강국의 요구를 들어주기로 약속했다.

한편 햇수로 14년 장강 이남을 장악하고 있던 태평천국에는 내분이라는 치명적인 약점이 있었다. 4대천왕이 저마다 하나씩 4개의 왕국을 경영하는 형식이었고 중앙정부도 도읍인 천경(남경) 말고도 소주의 천왕부 등 그 기능이 분산되고 있었다. 반면 청국군은 증국번(1811~1872) 이홍장(1823~1901) 등의 맹장으로 뭉쳐지고 영국 청년장군 고든C.G.Gordon(1833~1885)의 상승군(常勝軍)은 그 이름만큼이나 승리에 대한 자신감이 붙어있는 군대였다. 태평천국은 건국한지 13년, 햇수로 14년이 되는 1864년 청국과 영국 연합군에게 천경성(남경성)을 빼앗기고 천왕 홍수전이 자살을 함으로써 멸망하고 말았다.

애로호사건을 풀다보니 태평천국, 소도회 얘기까지 나왔다. 애로호사건의 얘기는 태평천국 멸망 이후 그 무대를 강남에서 북경으로 옮겨가게 된다. 애로호사건의 종착점에 원명원(圓明園)이 있다.

북경의 원명원은 청국의 황금기인 강희제(1654~1722) 옹정제(1678~1735) 건륭제(1711~1799), 3대에 걸쳐 조성된 청 황실의 여름 궁원이었다. 원명원과 장춘원(長春園)과 기춘원(綺春園), 3개의 궁원으로 조성된 이 청조(淸朝)의 이궁(離宮)은 건물과 정원의 아름다움은 말할 것도 없고 청 황실의 보물창고라고 할만큼 온갖 진귀한 문화재가 전각마다 가득했다. 그리고 장춘원의 서양루(西洋樓)는 프랑스의 베르사이유궁전을 본따서 옮겨놓은 석조궁전으로서 그 규모가 자못 웅장하고 방대했다.

애로호사건을 제2 아편전쟁이라 하고 태평천국과 소도회를 아편전쟁의 산물, 원명원 약탈파괴사건을 애로호사건의 종착점이라고 말하는 이유는 이 사건들이 인과관계로 연결되기 때문이다. 청국은 애로호사건을 풀어가는 과정에서 영국과 프랑스에게 태평천국·소도회 진압의 공동전선을 제의했고 영국과 프랑스는 그에 응하면서 청국 내륙여행 허가권·아편판매 허가권·기독교 천주교 포교 허가권을 요구했다. 문제는 아편전쟁과 태평천국과 소도회를 경험하는 과정에서 민족의식이 한껏 고조된 중국 한족 인민들이었다. 그들이 영국의 아편상인과 프랑스 선교사가 내륙 곳곳 휘젓고 다니는 것을 순순히 봐줄 리 없었다.

청국 정부의 고민은 '민족'과 '척양'을 내세우는 태평천국을 서방 열강국 군대에게 무찔러달라고 하는 데에 있었다. 청국 정부의 입장에서는 반란군인 태평천국군을 서방 열강국 군대의 도움으로 무찌를 경우, 민족과 척양을 외치는 전체 인민들을 청국 정부의 적으로 만들어버리는 것이다. 그러니 청국 정부와 영국 프랑스 연합군 양자가 모두 만족할 해법은 애초에 없는 것이었다. 영국과 프랑스 연합군은 줄 듯 줄 듯 주지 않는 청국 정부에 질려버렸고, 청국 정부의 음흉한 계략에 말려들었다는 생각을 하게 된다. 그들의 선택은 최근의 경험 속에서 나왔다. 아편전쟁도 일으키고 애로호사건도 일으킨 영국이었고, 그것을 지켜본 동맹국 프랑스였다. 결론은 또 한번의 무력행사였다.

1860년, 이때 청 제9대 황제 함풍제(1831~1861)는 자금성보다 환경이 훨씬 좋은 원명원에서 국정업무를 처리하고 있었다. 천진에 집결한 영국과 프랑스 연합군은 함풍제를 만나겠다며 북경으로 쳐들어왔고, 놀란 함풍제는 열하(熱河)의 황실 별궁으로 급거 피신했다.

영국과 프랑스 연합군이 북경의 원명원에 당도하니 함풍제는 달아나고 없었다. 시위하러 왔는데 황제가 달아나고 없다니, 영불 연합군은 갑자기 점령군이나 된 듯이 기고만장해졌다. 궁문을 부수고 혹은 담장을 넘

어 원명원으로 난입했다. 보이는 것마다 황홀한 경관이었고 만져지는 것
마다 금은보화였다. 누가 먼저랄 것도 없이 손에 잡히는 작은 물건들을
주머니에 집어넣었고, 더 이상 의복에는 넣을 데가 없게 되자 자루를 찾
아서 쓸어담았다. 커다란 도자기는 훔쳐갈 수 없으니 총대로 쳐서 깨어
부수고 아름다운 전각은 옮겨갈 수 없으니 불을 질러 태워 없앴다. 이윽
고 장춘원 안쪽 서양루에 다다랐다. 프랑스군이 보니 자기네 베르사이유
궁전과 흡사한 석조전이었다. 서양루 안의 진귀한 재화들을 다 훔치고
난 뒤 지금까지 해온대로 건물을 태워버리려 하니 석조전이라 태울 수가
없었다. 총을 쏴도 부서지지 않았다. 여기서는 대포를 사용했다. 대포들
을 모두 집결시켜 서양루를 향해 쏘아댔다. 오늘날 장춘원 서양루 폐허
에 남아 있는 모습 그대로의 파괴를 자행했다.

이때 원명원의 보물을 탈취해간 영국과 프랑스의 군인들은 귀국하여 모
두 갑부가 되었다.

"누가 대포에 줄 매달아 빨래
너는 청국군대를 두려워하랴!"

강남의 태평천국을 평정하고 출세한 인물이라면 단연 이홍장이다. 안휘
성 합비(허페이) 출신으로서 진사시에 합격한 뒤 북경으로 올라가 한림원
에서 수학하고 증국번을 스승으로 모시면서 태평천국 평정 업무에 발을
들여놓게 된다. 안휘성 순무(巡撫)를 거쳐 강소성 순무가 되면서 이홍장은
크나큰 전과를 올리게 된다. 태평천국군의 공격으로부터 상해성을 방어
하고 1863년에는 태평천국이 점거한 소주성을 공격하여 탈환하고 1864
년에는 천경(남경)을 공격하여 태평천국을 멸망시키는 전공을 세운다.

태평천국이 없어지자 이홍장은 이미 그 전의 한림원 진사 이홍장이 아

니었다. 쓰러져 가는 청국을 일으켜 세울 희망으로 떠올라 있었다. 마침 청국 정부가 양무운동(洋務運動)을 펼치려던 때였다. 양무운동은 서태후와 공친왕이 정권을 잡은 1861년 신유정변으로부터 1894년 청일전쟁까지의 30여년동안 전개된 군사 중심의 근대화운동이다. 중체서용(中體西用), 즉 '중화의 정신을 지키면서 서양의 기술을 사용한다'는 옹색한 변명으로 시작한 양무운동은 태평천국 평정의 일등공신인 증국번과 이홍장 등에게 맡겨진다. 이홍장에게 맡겨진 임무는 청국 해군을 근대화하는 일이었다. 아편전쟁에서부터 애로호사건에 이르기까지 군사력은 곧 해군력이라는 것을 절감한 서태후 공친왕 연합정권이 이홍장에게 청국 해군 근대화의 임무를 맡긴 것이다. 소주성과 남경성 등 육지에서 벌인 전쟁의 공로자인 이홍장에게 맡겨진 일이 해군 개혁이었다. 육군 전공의 이홍장에게 해군은 전공과목이 아니었지만 비전공의 그 일을 맡고 북양대신으로까지 출세를 했다.

청국 해군은 산동성 이북의 북양군(北洋軍)과 강남바다(강소성 절강성)의 동양군(東洋軍)과 남쪽바다(복건성 광동성)의 남양군(南洋軍)으로 개편되었다. 3개 해군의 함대는 북양함대(북양군), 동양함대(동양군), 남양함대(남양군)로 명명했다. 이홍장은 북양군을 맡았고, 그의 호칭은 북양대신이었다. 한국 근세사에 가장 많이 등장하는 북양대신 이홍장, 청국을 군사대국으로 일으켜 세우는 책임을 졌던 그는 우리 조선왕국의 국정에 여러 번 군사적인 개입을 한 인물이기도 하다. 조선국의 흥선대원군 이하응을 천진으로 납치하라고 지시한 것도 그였다.

청국 말기의 양무운동은 한마디로 평가해서 성공하지 못했다. 유럽에서 비싼 값으로 사들인 군함들은 그 외양이나 위세에 비해 실속이 없었고 군대의 정신상태는 서방 열강국 군대로부터 그 많은 수모를 겪었음에도 불구하고 흐리멍텅하기 짝이 없었다.

1887년 세계최강이라는 청국의 북양함대가 러시아 블라디보스톡을 방문하고 귀국하는 길에 일본 나가사키항에 입항했다. 젊은 혈기에는 언제나 술이 문제고 텃세가 문제였다. 항구에 내려 술을 마시고 비틀대는 북양해군과 항구거리의 일본 청년들 사이에 패싸움이 붙었는데, 북양해군한 명이 일본 청년의 주먹을 맞고 죽어버린 것이었다.

청국 북양대신 이홍장은 일본 정부에 배상금을 청구했고, 나가사키에 입항했던 북양함대는 요코스카 군항으로 이동을 했다. 요코스카 군항에 입항한 북양함대는 일본국 해군 관계 인사들을 초청하여 군함 내부를 견학시켰다. 세계최강의 군함을 구경시켜서 기를 죽이자는 의도가 있었는데, 당연히 일본 해군 인사들은 기가 죽었다. 견학하고 돌아온 그들은 한숨을 들이쉬고 내쉬었다. 세계최강의 함선을 가진 청국 해군이 부럽기도 하고 두렵기도 했던 것이다. 그런데 단 한 사람, 생각이 다른 장교가 있었다. 그가 이런 말을 했다.

"베이양함대, 겁낼 거 하나도 없습니다!"

도고 헤이하치로(1848~1934)였다.

"도고 군, 장군님도 계시는 자리에서 말을 함부로 하는 게 아닐세."

"아닙니다. 청국 북양함대는 겁낼 것이 전혀 없습니다. 수병들이 함포와 함포 사이에 줄을 걸고 빨래를 말리고 있었습니다. 조국의 운명을 지고 있는 함대의 함포를 빨랫대로 이용하다니, 그런 정신상태의 군인은 아무리 좋은 무기를 가지고 있어도 전쟁에서 이길 수가 없는 것입니다."

"호오, 도고 군!"

도고 헤어하치로의 이 한마디가 일본과 청국의 운명을 바꿔놓게 된다. 불과 7년 후인 1894년의 청일전쟁에서 일본 해군은 청국 해군을 무찌르고 동아시아의 강자로 부상하게 된다. 그리고 청국 해군의 정신상태를 지적했던 도고 헤이하치로, 이 장교는 장차 러일전쟁을 승리로 이끄는 세계 해전사의 명장이 된다.

청일전쟁의 패배 이후 청국은 걷잡을 수 없는 몰락의 속도에 국운을 싣게 된다. 1963년작 미국영화 〈북경의 55일〉은 청국의 마지막 날을 여실히 보여준다. 니콜라스 레이 감독, 찰톤 헤스톤, 에바 가드너, 데이빗 니븐 주연의 이 영화는 1900년의 의화단사건과 미국 영국 프랑스 러시아 이탈리아 오스트리아 독일 일본 등 8개국 군대가 북경에 진입하여 시가지를 불태우는 장면을 보여주고 있다.

서방 기자가 찍은 현장사진도 많이 있다. 어느새 열강 8개국의 반열에 오른 일본국 군인의 기고만장한 만행 한 장면을 보게 된다. 말 탄 일본 군인이 의화단원의 목에 밧줄을 걸고 개나 소를 끌고 가듯이 북경 거리를 행군하는 장면이다. 불과 몇 년 사이에 일본은 이처럼 커버렸고 청국은 헤어나기 어려운 늪에서 허우적거리게 된 것이었다

산동성에서 일어난 비밀결사 의화단의 원래 이름은 의화권(義和拳)이었다. 의화권은 외세의 경제적 침탈로 피폐해진 농민경제에 대한 의분과, 대륙을 조각조각 나눠 가지려는 서방 열강국의 도둑심보에 대한 의분, 그리고 특권적 포교권을 행사하며 대륙을 휘젓는 기독교 선교사의 무례에 대한 의분을 가지고 있었다.

의화단사건의 배경에는 청국 정부의 만주족 수구파와 한족 양무파(洋務派) 사이의 대립이 있었다. 의화권을 보는 수구파와 양무파의 시선도 같을 리 없었다. 서태후를 정점으로 하는 만주족 수구파는 의화권을 외세 견제에 쓰려 했고 이홍장 등의 한족 양무파 관료들은 기독교 선교사에

적대적인 의화권을 위험분자로 보고 있었다. 서태후 쪽의 수구파는 의화권에 손을 내밀었다.

"너희 의화권은 언제까지 그늘의 비밀결사로 활동할 것이냐. 너희의 존재를 정부에서 인정해주마. 외세에 항거하되 청국 정부에 도움이 되는 항거를 하라."

의화권은 수구파의 제의를 받아들였다. 정부가 비공식적으로 인정하는 단체가 된 의화권은 그 이름을 의화단으로 고치고 새로이 부청멸양(扶清滅洋), 즉 '청조(清朝)를 받들고 양이(洋夷)를 무찌른다'는 기치를 내걸었다. 의화단과 수구파는 다 같이 그 행로에 날개를 단 격이었다.

반전은 1899년 양무파 원세개(위안스카이:1859~1916)가 산동순무(山東巡務)로 부임하면서 일어났다. 원세개가 의화단을 탄압한 것이다. 이에 의화단은 그 활동지역을 산동성에서 하북성으로 옮기게 된다. 이것은 또 무엇을 뜻하는가. 산동성에서 화북성으로 쫓겨간 것이라기보다 그 세력을 하북성까지 확장했다는 의미도 되었다. 기독교회들이 산동성에서만 파괴되고 불태워지는 것이 아니라 하북성에서도 파괴되고 불태워지게 되고, 서양 수입품들이 산동성에서만 불태워지는 것이 아니라 하북성에서도 불태워지게 된 것이다. 그리고 그 바람은 순식간의 화북지방의 모든 성과, 멀리 사천성, 더 멀리 동북지방에까지 확산되었다. 장강 이북의 거의 모든 지역에서 기독교회들이 파괴되고 서양 수입품들이 불태워지는 사태가 벌어진 것이었다. 선교사가 살해되는 사건까지 일어났을 때 서방 열강 8개국, 미국 영국 프랑스 독일 이탈리아 오스트리아 러시아 일본의 군대는 연합군을 형성하고 북경으로 쳐들어왔다. 1900년 8월이었다.

영화 〈북경의 55일〉은 연합군이 북경에 들어올 때까지 55일동안 청국 정부에 항의 농성을 벌인 서방국가 외교관과 기자의 행적을 그린 것이었다.

의화단사건은 8개국 연합군에 의해 평정이 되었고, 청국은 이들 8개국에게 막대한 전쟁배상금을 지불했다. 이 사건으로하여 수도 북경에 열강국 군대가 주둔하게 되었고, 청국은 열강국의 관리감독 아래 들어가게 되었다.

"민족문제, 제국주의의 간섭 없이 스스로 해결하게 하라"

1918년 11월 제1차 세계대전이 연합국의 승리로 종전이 되었을 때 미국 대통령 윌슨은 파리 강화회의에서 '민족자결주의의 원칙'을 발표했다. 세상의 모든 약소국가들이 주변 강대국의 간섭 없이 스스로 자국의 문제를 해결할 수 있게 하자는 것이었다.

모든 제국주의 국가들이 약소국가를 식민지로 착취하면서 하는 말은 한결같이 똑 같다. "스스로 독립할 능력이 없으므로 우리가 대신 경영해 준다" 다들 이 말이다. 대한국을 지배한 일본의 주장도 마찬가지였다.

이러한 때에 윌슨이 민족자결주의의 원칙을 주창했고, 우리 대한국이 맨먼저 능동적인 행동을 보였다. 스스로 독립할 능력이 충분한데도 부당하게 일본의 무단강압통치를 받고 있다는 우리의 주장이었다.

민족자결주의 원칙이 발표된지 두 달만인 1919년 2월1일 만주와 연해주, 중국, 미국 등지에 거주하는 한인 지도자 39명이 〈대한독립선언서〉를 발표했다. 이때가 음력으로는 1918년 무오년 11월이었으므로 〈무오독립선언서〉라 불리기도 한다. 1919년 2월8일에는 일본 동경에서 우리 유학생들이 〈2·8독립선언서〉를 발표했고 3월1일에는 서울에서 민족지도자 33인 연명의 〈대한독립선언서〉가 발표되었다. 그리고 비무장 비폭력의 삼일만세운동이 전개되었다.

인도의 시성 타골은 "한국은 동방의 등불"이라고 했다. 타골이 일본을 방문했을 때 "한국을 어떻게 생각하느냐"는 한국 유학생의 질문을 받고 대답한 말이었다. 타골은 한국 삼일만세운동의 비무장 비폭력 만세정신에 감탄, 감동하고 있었다. 한국의 삼일만세운동이 있자 중국 산동성 청도(칭다오)에서 5·4운동이 일어났고 그러한 비무장 비폭력의 저항운동은 모범사례로서 제3세계에 퍼져 나갔다.

삼일만세운동의 영향을 받아서 일어난 중국의 오사운동. 세계의 중심이며 세상의 중화라던 중국이 약소국가들이나 기대는 민족자결주의에 기대는 입장이었다.

제1차 상해사변

세계에서 가장 아름다운 해안풍경을 가진 도시로 평가되는 중국 산동성 청도의 시중심 해안에 빨간색 5·4운동 기념탑이 있다. 그리고 식민 조계 시대의 흔적이 여실하지만 대단히 아름다운 옛날 시가지 중심의 해안에 오래 된 신문사 건물이 있다. 20세기 초 식민 조계시대에도 이곳 청도에는 언론이 살아 있었다는 증거를 1932년 1월의 청도 민국일보가 대고 있다.

1932년 1월10일자 청도 민국일보는 1월8일 일본 동경 황거 앞에서 일어난 한 사건을 보도하고 있었다.

'한인 이봉창 저격 일황 불행부중 韓人 李奉昌 狙擊 日皇 不幸不中'

한국인 이봉창이 일본 동경 황거(皇居) 앞에서 일본천황 히로히토(1901~1989)를 쏘았는데 불행히도 맞지 않았다는 기사였다. 그들의 천황이 총을 맞지 않은 것이 불행이라고 했으니 일본의 심사가 말이 아니었을 터이다. 속을 부글부글 끓으며 백배천배 되갚아주겠다며 기회를 노렸을 것이다.

1월18일 상해 소주하 남쪽 영국조계, 오늘날 남사천로와 향항로가 만나는 지점 그 언저리의 거리에서 검은색 일본승복을 입은 사내 5명이 일본군가를 부르면서 행진하고 있었다. 승려가 군가라니, 너무나 당치 않은 일이라 행인들이 가던 길을 멈추고 구경을 했다. 그러나 검은색 승복의 일본 승려들은 더욱 기고만장해서 군가를 불러댔다. 나중에 안 일이지만 이들은 일본 야쿠자 중에서도 가장 지독한 극우 황당파 야쿠자인 흑룡회 단원이었다. 이들은 멀리 가지 못하고 중국인들에게 앞을 가로막혔다. "건방지게 어디 남의 나라에서 니놈 나라의 군가를 부르고 다니냐"고 시비 거는 중국인들에게 흑룡회 패거리는 가소롭다는 식의 헛웃음을 날렸다. '길을 비켜라'며 중국인의 가슴팍을 떠민 것이 발단이었다. 떠밀려 넘어지는 동료를 본 중국인들이 우루루 5명의 흑룡회 패거리에게 달려들었다. 아무리 사납고 독하다는 야쿠자 중의 야쿠자 흑룡회였지만 5명이 수십 명을 상대하는 싸움이었다. 야쿠자의 본떼를 제대로 보여주지도 못한 채 일방적으로 얻어터지다가 그중 한 명이 꼬꾸라지고 말았다. 흑룡회 야쿠자 한 명의 사망이었다. 흑룡회 야쿠자 중에서도 가장 극우파인 야쿠자 단체가 '사쿠라회'였다. 사쿠라회 야쿠자가 소주하를 떼지어 건너왔고 중국인들은 이에 대항했다. 역시 중국인이 다수였고, 사쿠라회 야쿠자는 의도적으로 맞기도 하고 쓰러지기도 했다. 그러한 때였다. 미리 대기해 있던 북사천로의 일본군이 소주하를 건너 돌진해 왔다. '선량한 일본인이 아무 죄도 없이 중국인 폭도들에게 생명의 위협을 느끼는' 상황인 것이었다. 일본군이 무장을 하고 백주의 거리를 돌진해 오자 중국군도 무장을 하고 출동했다. 바로 총성이 일었다.

제1차 상해사변은 이렇게 시작되었다. 제1차 제2차 할 것 없이, 상해사변에는 희한한 특징이 있다. 일본군과 중국군의 전투가 낱낱이 똑똑히 서방언론에게 목격되었다는 점이다.

외탄에 오늘날에도 후기 르네상스양식의 자림서보(차이나데일리뉴스) 건물이 남아 있다. 자림서보 창문마다 서방기자들이 몰려서 이 전투를 취재했다. 위험한 전장에 종군할 필요도 없었다. 신문사 창문을 통해서 전쟁을 현장취재했다. 바로 눈 앞에서 전쟁이 펼쳐진 것이다. 샹하이타임즈·노스차이나헤럴드 등의 영자지를 비롯하여 신보·민국일보 등의 내신(內信)들도 빌딩의 창문을 통해서 이 전투를 현장 취재했다.

'자국 교민의 안전을 위하다가 불가피하게 전쟁에 휘말린' 일본군과 '일본 무뢰배의 횡포를 응징하다 전쟁에 휘말려버린' 중국군은 전쟁이 일어난 날로부터 35일째 되는 3월3일 휴전에 들어갔다.

일본군은 만국조계와 단독 각국 조계에 정전회담 중재를 요청했다. 단독 조계를 운영하는 미국 영국 프랑스와 만국조계에 적을 두고 있는 독일 이탈리아 포르투칼 소련 캐나다 등은 일본이 요청하는 정전회담의 중재에 동의했다. 그러자 일본은 이번 전쟁의 책임이 중국에 있다는 것을 확인해달라고 다시 요청했다. 전쟁배상금을 받아내기 위한 술책이었다.

34일간의 전투를 똑똑히 목격한 각국 조계와 만국조계 당국자들이었다. 건물 창가에서 혹은 옥상에서 시가전으로 벌어지는 전쟁을 생생하게 관람한 그들이 일본에게 우호적일 리 없었다. 단말마의 비명을 지르며 돌격하고, 무고한 시민에게 무차별 난사하던 일본군을 떠올리지 않을 수 없었다. 수만 명 시민의 목숨을 앗아가고 30여만 명 시민의 집을 앗아간 전쟁이었다. 다같이 중국에 식민지를 경영하는 입장이면서 다른 식민조계를 긴장시킨 일은 용납이 되지 않는 행위였다.

6개월 전의 만주사변과는 사정이 달랐다. 그 때는 극히 소수의 서방기자와 외교관이 그 사변을 목격했지만 이번은 상해의 모든 서방기자와 외교관과 상사원과 여행자가 목격하면서 그 현장상황을 그대로 서방세계에 생중계를 했다. 정전회담을 주선하되 일본의 야만적 처사에 대해서는 따끔하게 지적할 필요가 있다고 생각했다.

일본군은 이 전쟁에서 얻은 것과 잃은 것을 계산했다. 잃은 것보다 얻은 것이 많다는 결론이었다. 이 전쟁을 할동안에 만주에서는 만주국 건국 작업을 마치고 있었다. 서방세계가 상해사변에 한 눈 팔지 않았다면 만주국 건국 작업이 이토록 수월하게 될 수는 없는 일이었다. 이제 만주국은 청국의 마지막 황제 부의를 신경(장춘)에 데려다놓고 건국선언만 하면 되는 단계에 있다. 그리고 중국과 서방세계에 일본군의 위력을 확실하게 보여주었다. 아시아의 주도권은 일본에 있다는 것을 실력으로 만방에 입증한 것이다. 수습해야 할 것은 있다. 서방세계의 반감을 무마하는 일이었다. 이런 경우에는 정면돌파를 해야 한다. '당신네 같으면 당신네의 이익이 침해를 받아도 가만 있겠는가. 알다시피 우리는 정당방위였다. 상해에 투입한 10억 달러의 자본과 3만 명 교민을 지켜야 할 책임이 상해 주둔 일본군에 있다. 우리는 책임을 다했다. 여러분도 우리의 선례를 따라 상해에서의 이익을 지키면 된다.'

아무튼 제1차 상해사변을 통해서 일본이 상해의 최강자가 된 것만은 분명했다. 미국·영국·프랑스의 조계를 제외한 상해 전지역이 일본의 점령지가 되었다는 것이 일본군의 인식이었다.

일본군이 상해를 점령한 1932년 3월 이 달, 일제는 만주국 건국을 세계 만방에 선언했다. 만주 출신 청국 마지막 황제 부의에게 그의 본적지인 만주를 중국으로부터 되찾아 돌려주고 새나라 만주국을 개국한다는 선언이었다. 일본은 아무런 욕심도 없이 다만 정의에 입각하여 원래 있어야 할 나라를, 그 원래의 주인 이름으로 세운다는, 너무나 당당한 자세였다.

일본군의 상해 점령에 놀란 입을 다물기도 전에 세계는 또한번 일제의 만주국 건국에 놀랐다.

4월로 접어들면서 상해 홍구(虹口) 일본조계는 정전협정과 '승전기념 및 천장절 경축' 행사 준비로 분주했다. 1932년 4월29일은 1901년에 태어난 일본천황 히로히토의 만31세 생일이었다. 일본조계는 이 날 홍구공원에서 대규모 경축행사를 열기로 했다.

일본조계 당국은 홍구공원의 행사장에 중국인은 제외하고 일본인과 한국인만 입장시킨다는 사실을 미리 공지했다.

'중국인은 제외하고 일본인과 한국인만 입장', 이 점이 좀 애매한데, 일본군은 더러 노골적으로 중국인을 한국인의 하급으로 천대했고, 이런 일로하여 중국인들은 '때리는 시어머니보다 말리는 시누이가 더 밉다'는 식으로 한국인을 싫어하기도 했다. 실제로 중국인 중에는 오늘날까지도 일본인보다 한국인을 더 싫어하는 이가 더러 있다.

1932년 4월29일 상해 홍구공원, 대한국인 윤봉길은 일본제국주의의 심장에 폭탄을 던졌고, 이 사건으로하여 중국 정부와 중국인은 한국인과 대한민국임시정부에 관심과 우정을 가지게 되었다.

제2차 상해사변

제2차 상해사변을 '8·13 상해사변'이라고도 한다. 1937년 8월13일 금요일, 기함(旗艦) 이즈모마루(出雲丸·flagship Izumo)를 필두로 황포강을 줄지어 거슬러 올라온 일본해군 제3함대 군함들이 외탄과 육가취 사이의 강 한복판에서 운항을 멈추었다. 그리고 각 군함의 정면을 향하고 있던 함포들이 일제히 방향을 틀기 시작했다. 함포의 포구가 향하는 방향은 제각각이었지만 공통된 점은 그 모두가 중국자본의 공장이나 호텔이나 은행 등을 겨냥했다는 것이었다. 일본해군의 함포는 상해의 중국자본을 정조준하고 있었다.

가장 가까운 거리에서 일본해군 함포의 시커먼 포구를 마주보게 된 중국자본은 푸른 납작금자탑 지붕의 중국은행이었다. 외탄에서 가장 높은 건물을 지향했던만큼 중국은행은 상해 중국자본의 자존심 중 하나였다.

1937년 8월 현재 상해에는 1백여 개의 은행이 개점을 하고 있었고 그중 30여 개가 외국계 은행이었다. 외국계 은행 중에서 가장 많은 것이 일본계였다. 일본은 상해에 8개의 은행을 개설하고 있었는데, 개설 연도순으로 보면 1892년 황포탄로(외탄) 24호에 개설한 횡빈정금(요코하마 쇼우킨)은행, 1911년 황포탄로 16호에 개설한 대만은행, 1916년 구강로 69번지에 개설한 주우(스미토모)은행, 1917년 구강로 36호에 개설한 삼릉(미쓰비시)은행, 같은 해 광동로 93호에 개설한 삼정(미쓰이)은행, 같은 해 해녕로 190호에 개설한 상해은행, 1918년 사천로 330호(외탄 뒷길 사천로통)에 개설한 조선은행, 1932년 봉래로 310농 4호에 개설한 한구은행 등이었다.

일본 다음으로 상해에 많은 은행을 개설한 나라는 영국과 미국으로서 영국이 유리은행·맥가리은행·회풍은행·대영은행·사손은행·달상은행 등 6개 은행, 미국이 화기(시티)은행·미풍은행·우방은행·미국운통은행·대통은행·미국신제은행 등 6개 은행이었다. 그리고 프랑스가 동방회리(동방페리)은행과 회원은행, 이탈리아가 화의은행과 빈도은행, 네덜란드가 화삼은행과 안달은행, 독일이 덕화은행, 소련이 막사과국발(모스크바국가발전)은행, 벨기에가 화비은행과 벨기에·프랑스 합작의 의품방관은행 등을 개설하고 있었다. 이들 30여개 외국계 은행 중에서 최대규모의 은행은 책정자본금 5백만 달러에 실제자본금 250만 달러의 영국계 회풍은행(홍콩상하이은행HSBC)이었다.

상해의 얼굴이라 할 수 있는 외탄에서 중국자본의 상징인 중국은행은 그 건물의 높이로서, 외자은행의 상징인 향항상해은행, 즉 회풍은행은 그 건물의 자태와 규모로서 상해금융자본의 양대상징이 되고 있었다. 그런데 중국자본의 상징인 중국은행 건물을 일본해군 함대의 함포가 정조준한 것이었다.

상해에는, 1932년 상해사변에 이어 5년만에 또다시 전운이 감돌았다. 외탄에 줄지어 늘어선 빌딩에 입주한 회사의 직원들은 일손을 놓고 창가에 붙어서서 황포강에 도열한 일본해군 함대들을 내다보았다. 불과 몇십 미터 앞에 도열해 있는 함대들이었다. 중국자본 회사 직원들은 시커먼 대포아가리가 바로 자신을 향해 대포알을 머금고 있으니 그대로 혼비백산이었다. 이 날 중국계 은행에서는 예금이 썰물처럼 빠져나갔고, 외자은행들도 전전긍긍하며 불똥이 튈 것에 대비했다. 일본해군 함대의 함포들이 중국자본의 건물들만 정조준하고 있다는 사실은 영국 미국 프랑스 등 외국자본을 다소나마 안심시키고 있었다. 상해의 외국자본은, 일본이 중국만 건드리고 만다면 우리가 군이 항의하고 나설 이유가 없다는 태도였다. 일본군을 달리 어떻게 다스릴 방도가 없기 때문이었다.

상해의 조계정부들은 일본군이 전형적으로 자해공갈단의 습성을 가지고 있다는 것을 잘 알고 있었다. 5년 전 상해사변도 전형적인 자해공갈단의 수법으로 도발한 일본군이었다. 승려 복장의 야쿠자들이 누구 나 좀 죽여달라는 듯이 일본군 승전가를 부르며 상해시내를 활보했다. 일본군이 중국군을 무찔러서 기쁘다고 백주대로를 고성방가하고 다녔으니 중국인들이 가만 있을 리 없었다. 패싸움이 붙었고, 그 와중에 야쿠자 하나가 죽었다. 제1차 상해사변의 빌미는 그것이었다.

1937년 8월13일, 이 날 상해에서 일어난 사태의 빌미는 상해가 아닌

장강구. 장강 하구와 황포강 하구가 만나는 지점이다.

저멀리 북경에서 7월7일 일본군의 한 어리바리한 병사가 제공했다.

37일 전인 7월7일 밤, 한 일본군 병사가 북경 교외 노구교 근처 논두렁에 쪼그리고 앉아 대변을 보고 있었다. 부대가 야간훈련을 하던 중에 갑자기 똥이 마려워 대열을 무단이탈했던 것인데 하필이면 엉덩이 까발리고 앉은 위치가 절묘한 지점이었다.

북경 교외 노구교에는 중국 제29로군이 주둔하고 있었다. 중국에 중국군이 주둔하고 있는 것은 너무나 당연한 일이었다. 일본군은 북경시내와 노구교 사이의 풍태에 주둔하고 있었다. 중국에 일본군이 주둔하는 것은 너무나 이상한 일이었지만 자국의 투자자본을 보호하기 위함이라니 어쩔 수 없는 노릇이었다.

문제의 발단은 풍태 주둔 일본군이 중국군 주둔지인 노구교 근처에 와서 야간훈련을 한 데 있었다.

한밤중이라 잠자리에 들었던 중국29로군 노구교 주둔군 병사들은 난데

없는 군사훈련 소리에 놀라 일어났다. 내다보니 북경시내 쪽 풍태에 있는 일본군이 노구교까지 와서 기합소리 드높이며 야간훈련을 하고 있었다. 분통이 터지지만 속수무책이었다.

잠도 못 자고 부글부글 속만 끓이며 남의 군대 야간훈련을 구경하고 있는데, 멀리서 봐도 어리바리하기 짝이 없는 일본군 병사 하나가 바지춤을 움켜잡고 훈련대열에서 이탈하고 있었다.

어허 저 놈 봐라, 하고 있는데 하필 이 놈은 중국군 주둔지 철조망 근처 논두렁에 와서 엉덩이를 까고 앉았다.

감히 어느 방향으로 엉덩이를!

마침 총들은 손 닿는 위치에 있었고, 군인이라 하나 한창 짓궂을 나이의 젊은이들이었다. 중국군 병사들은 똥누는 일본군 병사의 엉덩이를 중심으로 반경 1미터 이내에 10여 발의 총을 집중사격했다. 엉덩이를 바로 명중시킬 수 있었지만 절대로 그런 짓은 하지 않았다.

남의 지역에 와서 야간훈련을 하고 있던 일본군은 멀지 않은 곳에서 10여 발의 총소리가 나자 긴장하여 대오를 정열했고, 점호에 들어갔다. 1명의 낙오자가 있었다.

"낙오병 저기 있습니다! 저기 옵니다!"

낙오자는 잠시 후에, 밑도 닦지 못한 터라 어기적거리며 돌아와 부대에 합류했다.

"또, 똥을 누다가 주, 중국군의 고, 공격을 바, 받았습니다…"

이것은 묵과할 수 없는 중국군의 도발행위였다. 이 사건을 긴급전령으로 보고받은 풍태 일본군 보병연대는 즉각 주력부대에게 중국29로군 총공격령을 내렸다. 중국군 병사들의 장난사격이 있은 때로부터 1시간도 지나지 않아서였다. 일본군은 약 먹은 군대처럼 발광을 하며 공격했고,

청말 이래로 군기가 빠진 중국군은 제대로 된 방어도 해보지 못한 채 부대를 버리고 달아났다. 일본군이 중국29로군 노구교 주둔지를 점령한 것은 7월8일 아침이었다.

7월11일, 중국군은 일본군에게 노구교 사건의 잘못을 시인하며 용서를 구했고, 일본군은 적반하장으로 떠들다가 사태 무마협정을 체결한 뒤 풍태로 퇴각했다. 그러나 이것으로 끝난 것이 아니었다. 일본군은 노구교 사건과 같은 사건의 재발을 미연에 방지한다는 명분으로 군대를 계속 증파했고, 중국군은 일본군에게 협정 사항을 준수하라고 촉구했다. 군대의 증파를 중단하라는 요구였다. 일본군은, 중국군의 이러한 요구 역시 중대한 도발행위로 몰아부쳤다. 동경의 일본군 최고사령부는 마침내 7월28일 북경과 천진의 일본군에게 중국군 총공격령을 내렸다. 중일전쟁의 발발이었다.

3개월 이내에 중국대륙을 완전점령할 수 있다는 것이 일본군의 계산이었다. 천진을 점령하여 수중에 넣고, 북경을 점령하여 수중에 넣고, 상해를 점령하여 수중에 넣고, 수도인 남경을 점령하여 수중에 넣으면 전쟁은 끝나는데 그게 뭐 그리 오래 걸릴 일이냐는 것이었다. 한편 장개석(장제스·1887~1975)의 처남이자 중국 재정부장인 송자문(쑹쯔원·1894~1971)은 3개월 이내에 일본군을 중국에서 완전추방시킬 수 있을 거라고 호언했다. 중국은 거대한 늪과 같은 대륙인데 일본군이 여기에 쳐들어와서 3개월 이상을 버틸 수 있겠느냐는 것이었다.

3개월이면 10월 말이었다. 10월 말 이전에 중국대륙을 완전점령하겠다는 일본군과 10월 말 이전에 일본군을 중국대륙에서 완전히 몰아내고 말겠다는 중국군의 결전이 발발 초기의 중일전쟁이었다.

초반은 파죽지세로 몰아부치는 일본군의 연전연승이었다. 단숨에 천진과 북경을 점령한 일본군은 다음 목적지인 상해로 밀고내려왔다. 전쟁을 시작한지 열흘도 되지 않아서였다. 북경과 천진은 무주공산이어서 전투다운 전투도 없이 일본군에 함락되고 말았다. 장개석은 상해에서 벌어질 결전에 중국의 명운을 걸었다.

중국 국민정부 주석 겸 국민당 총재 겸 중국군사위원회 주석 겸 중국육해공군 대원수인 장개석은 직접 제3전구 사령관을 맡았다. 제3전구는 장강 유역을 관할하는 군대였고, 상해와 남경이 장강 유역의 도시이기 때문이었다. 장개석이 제3전구 사령관을 맡았다는 것은 장강 전투에 중국의 모든 것을 다 걸겠다는 의지를 만방에 공표하는 것과 다름이 없었다.

중일전쟁은 해군의 전쟁이 될 전망이었다. 강을 중심으로 전쟁을 하는 것이니 해군의 전쟁이 될 수 밖에 없었다. 장개석은 일본 해군의 위력을 익히 알고 있었다. 강에서 형성되는 전장을 내륙으로 유도했다. 일본군은 장개석의 작전대로 내륙으로 들어왔다. 작전에 말려들었다기보다 전쟁을 해야 하기 때문이었다. 동중국해에서 장강 하류를 거쳐 황포강에 진입한 일본해군 군함들은 하구 오송구(吳淞口)로 육전돌격대를 상륙시키고 계속 강을 거슬러 올라왔다. 외탄까지 밀고오는 도중의 홍구 이화마두에서도 육전대를 상륙시켰다. 소주하 이남의 외탄이 만국조계지이니 주 전투는 소주하 이북의 양포 홍구 일대에서 벌인다는 계산이었다.

일본해군 화동방면군 제3함대 기함 이즈모마루는 1901년 미국 암스트롱조선소에서 건조한 일본해군 제1대 8·8함대로서 3개의 거대한 굴뚝과 앞뒤 2개의 거대한 돛대형 안테나를 단 장갑순양함이었다. 8·8함대란 8쌍1류의 주력전함과 8쌍장갑의 순양함을 갖춘 일본해군 막강함대의 이름이다. 일본해군은 1894년 청일전쟁 이후 제1대·제2대·제3대… 순차적인 8·8함대를 구축했다. 제1대 8·8함대는 녹도환(鹿島丸) 등 6척의 전열함과 팔운환(八云丸) 등 8척의 순양함을 이르는 이름이다.

불야성(不夜城)이라는 말도 1930년대의 상해에서 나왔고, 소돔과 고모라니 마도(魔都)니 하는 악담도 1930년대의 상해에서 나왔다. 가장 사치스럽고 화려했던 1930년대 이 때 상해는 2차례의 상해사변을 겪었다. 첫 번째 상해사변 때는 우리 대한민국임시정부가 된서리를 맞았고 1937년의 두 번째 상해사변은 그대로 중일전쟁과 제2차 세계대전으로 이어졌다.

그 당시나 지금이나 중국에서 가장 부유한 도시 라인은 상해-소주-무석-남경 라인이다. 이 라인이 1937년 후반기 일본군의 침략으로 쑥대밭이 되었다. 일제의 도둑심보는 북경 점령하고 천진 점령하고 상해 점령하고 남경 점령한 뒤 북경-천진-상해-남경 연결 철도망만 점령하면 중국대륙 전체의 점령으로 본다는 것이었다. 북경과 천진을 불과 열흘만에 점령한 일제는 상해와 남경도 각기 열흘씩이면 충분히 점령할 수 있다고 보았다. 그것이 오산이었다. 상해는 만국 조계지요 국제도시였다. 일본군이 막상 상해에 진격해오고나니 대포 쏠 각도가 나오지 않았다. 이리 쏘면 미국 건물에 포탄이 날아가 박히고 저리 쏘면 영국 건물에 박히고, 도무지 대포를 쏠 수 있는 각도가 나오지를 않았다. 세계열강국의 건물에 포탄의 파편이라도 튀는 날이면 일본은 바로 세계열강국의 적군이 되는 것이니 난감하지 않을 수 없었다. 그리고 중국군도 상해 사수를 위해 필사적인 방어를 했다. 일본군은 석 달 이상 1백일 가까이 고군분투를 하고서는 가까스로 상해를 점령했다. 그러니 지치지 않을 수 없었다. 지칠 대로 지쳐서 남경으로 갔는데 남경의 성벽이란 것이 실로 무지막지하게 두껍고 높았다. 남경성 성벽을 타넘고 들어가는 데만도 10여 일이 걸렸다. 일본군에게 남은 것은 악 뿐이었다. 일본군은 악마처럼 날뛰었고, 그렇게 남경대학살을 자행했던 것이다.

중국 강남 상해·남경·항주·소주·영파·양주·소흥
그리고 중국 속 한국 이야기

제11장

강남의
이별과 상봉

돌아가지 않은 소녀

1927년판 상해 지도와 1948년판 상해 지도, 그리고 1956년판 상해 지도를 펼쳐서 보고 있다. 1927년판 지도에는 상해에서 큰돈을 벌고 기부도 많이 한 서양국가 기업인의 이름이 거리 이름에 많이 올라 있다. 상해에서 벌만큼 벌고 쓸만큼 쓰고 거리의 이름이 된 서양인들이다. 1948년판 지도의 황포강변에는 일본기업 전용부두가 많이 눈에 띈다. 오늘날에도 세계적으로 유명한 일본기업들이 상해 황포강변에 제각기 전용부두를 가지고 있었다. 1956년판 지도에는 이들 일본기업 전용부두의 이름이 모두 사라지고 없다. 떠나버렸기 때문이다. 1927년과 1948년의 복잡하고 빽빽한 지도가 1956년에는 한산하고 한가하다. 도시의 원형은 그대로인데 기재할 사항이 많이 줄었다는 얘기이다. 자본주의의 시시콜콜함을 배격했다는 얘기이고 개인과 기업이 국가의 그늘 아래로 들어갔다는 얘기이다.

대한민국 1세대 경제인이었던 한 인사는 그의 회고록에서 일본경제인단체 원로와 대화한 내용을 밝히고 있다. "우리(일본 최고기업)는 20세기 전반기 중국 시절에 마약장사 여자장사 등 안 해본 장사 없이 다 해봤다"고 일본경제인단체 원로 회원이 말했다는 것이다.

2005년 5월 상해서성(上海書城)에 막 출시된 소지량(蘇智良)·진여비(陣麗菲)·요비(姚霏) 공저, 상해삼련서점 출간 〈상해 일군 위안소 실록〉을 구입해 읽었다. 2005년 초까지 상해에 남아 있는 일본군 위안소를 일일이 찾아서 사진 찍고 취재한 기록들을 묶은 책이었다. 제1차 상해사변이 일어나던 1932년부터 일제가 연합군에 항복한 1945년까지 상해에 설치한 일본군 위안소의 숫자가 무려 1백여 곳이었고, 그중 절반 이상이 2005년 초 당시에도 거의 원형을 유지한 채 민간의 마을에 숨어 있었다. 필자는 그중에서 20여곳을 현장답사했다.

상해 북부 강만파출소 인근에 있었다는 일본군 위안소 자리를 찾아갔을 때였다. 복잡한 도시에서 동네 이름과 책에 실린 사진만 가지고 집을 찾는 일은 결코 쉬운 것이 아니었다. 서민들이 복작복작 비좁게 모여 사는 마을이라 소문 내면서 찾아다닐 수도 없고 외국인의 티를 내고 다닐 수도 없는 일이었다. 카메라도 감추고 수첩도 감춘 채 조심스럽게 마을 몇 바퀴 돌다가 우연히 한 할머니와 눈이 마주쳤다. 80세쯤 되어보이는 중국인 할머니였다. 그는 필자를 지켜본 듯했다. 눈길이 마주치기를 기다렸다는 듯이 그 할머니는 팔을 들어 어느 한 쪽을 가리켰다. 그 방향으로 시선을 옮겼다. 거기에 사진으로 본 집들이 있었다. 길을 물은 적이 없는 필자였고 가르쳐 주고 생색내려는 할머니도 아니었다. 필자는 그 할머니에게 다만 고개를 꾸벅하는 것으로 인사에 대신했다.

묻지 않았는데도 필자가 찾는 곳을 알고 바로 손가락으로 일러주는 할머니의 행동이 황당하다는 느낌이었다. 필자가 찾는 곳을 어떻게 알았을까. 묻지 않았는데도 스스로 알아서 가르쳐 주고, 그리고는 아무 일 없었다는 듯이 덤덤한 저 표정은 무엇이며, 하던 일을 하든지 가던 길을 가든지 할 것이지 필자의 움직임을 빤히 쳐다보는 저 모습은 또 뭐란 말인가. 고맙다는 말도 못하고 고개만 꾸벅한 필자의 기분이 한참 찜찜했다.

일본군 위안소였던 집 중에 빈집은 하나도 없었다. 모두 사람이 살고 있었다. 아무 정보도 없이 본다면 그냥 가난한 사람이 사는 집이구나 할 뿐 그이상의 짐작은 하지 못할 곳이었다. 그렇기 때문에 더욱 그 할머니가 이상하다는 생각이었다. 단순히 길을 가르쳐 주는 마음이 아니라, 찾는 사람이 나타나기를 기다렸다가 가르쳐 주는 마음인 것 같다는 생각은 며칠 뒤에야 했다. 그렇다면 그 할머니는 그 위안소단지와 어떤 연관이 있는 사람일까. 서민들이 복잡하게 모여 사는 동네라 하더라도 주민 중에는 시내 중심가의 직장에 출퇴근하는 신사도 많을 것이고 낯선 방문자도 적지 않을 터여서 필자의 모습이 특별할 리도 없었다. 어떻게 필자의 목적을 알아채고, 왜 묻지도 않은 것을 가르쳐 주고, 무슨 일로 빤히 쳐다본 것일까.

1945년 8월 패전한 일본군은 연합군의 포로가 되어 상해의 여러 수용소에 수용되었고 일본군 위안부들도 연합군에 의해 수용소에 수용되었다. 이때 수용되는 과정에서 달아난 위안부가 더러 있었다고 한다. 꿈에서도 탈출하고 싶던 위안소를 탈출하는 심정으로 수용소를 탈출한 일본군 위안부 출신 처녀가 있었다는 것이다. 한편 일본군이 저들만 몰래 도망가 버려서 올데갈데 없는 외톨이로 뚝 떨어져버린 위안부 처녀도 있었다고 한다. 그녀들은 다 어떻게 되었을까, 이 막막한 상해천지의 또다른 미아(迷兒)가 되었을 것이다. 더럽혀진 몸으로 고국산천 돌아갈 생각은 아예 하지도 못하고 눌러앉는다는 것이 그래도 덜 낯선 위안소 근처였을 수도 있다. 그렇게 구르는 세월에 묻혀 구르다 80대 노인이 되었을 수도 있을 것이다.

그 할머니가 낯선 필자에게 손가락으로 가리킨 곳은 70년 가까이 민가로 사용된 집들이었다. 일본군 위안소로 사용된 집이었다 해도 이미 70년의 세월이 흐른 뒤이고, 필자는 옛날 일본군 위안소를 확인하러 왔다는 낌새를 전혀 보이지 않고 있었다. 그런데도 그 할머니는 오래 기다렸다는 듯이 필자의 동정을 살피다가 눈길이 마주치는 순간 손을 들어 그곳을 가리켰던 것이다.

그곳을 다시 찾은 것은 1년쯤 뒤 한국에서 여행 온 지인에게 이런 곳이 있다는 것을 알리기 위해서였고, 그뒤 마지막으로 그곳을 찾은 것은 2010년 여름이었다. 그때까지는 동네가 크게 변하지 않았는데 지금은 어떻게 되어 있는지 모르겠다.

그리고, 그 할머니, 떠올리니 가슴이 아프다. 왜 그런지 모르겠다. 필자의 마음이 왜 이런지 모르겠다. 그 할머니는 필자가 본 '헛것'이었을까.

강남의 유두화 빨간꽃 하얀꽃

　　　　　　중국 강남의 오래 된 한국인은 우리가 아는 한국인만이
아니다. 중국의 한국인 사회는 한국인 1인당 2인의 조선족 동포가 있어
야 원활히 돌아간다는 얘기가 있다. 한국인 5만명이 거주하는 도시는 10
만명의 조선족 동포가 있어야 그 도시의 한국인 사회가 제대로 굴러간다
는 얘기이다. 한국인의 조선족 동포 의존도가 그만큼 높다는 증거이다.
그런데 그 조선족 동포의 대부분은 중국 동북지방 출신이다. 과거 상해
등 강남지역에 살았던 한국인 후예의 모습은 찾아보기 어렵다. 대도시에
서 살다보니 처음엔 이웃으로 모여 살던 동포들이 차츰 떨어져, 이윽고
흩어져버린 까닭이기도 하고 비공인 한인학교가 중국 국공립학교들 속
에서 존재감을 잃고 사라져버린 까닭이기도 했다. 그들은 그렇게 한국말
을 잊어버릴 수 밖에 없었고, 중국말을 모르는 한국인들 사이에 들어올
수 없었다.

상해. 이곳은 어떤 의미에서 대한민국 역사 성지라 할 수 있다. 20세기 전반기의 약 30년 상해 한국인의 역사는 바로 대한민국임시정부의 역사, 그것이므로 상해는 대한민국 국민이 잊어서는 안 될 성지인 것이다.

강남은 옛날부터 한민족에게 친숙한 지명이었다. 친구 따라 가는 강남, 제비가 가고 온 강남, 옛시조에서 님이 떠난 강남, 옛글에서 그리움으로 묘사되는 강남… 이러한 강남이 김교각 장보고 최치원 의천 등의 이력에서 알 수 있다시피 고대에는 한민족이 '누비고 다니던 마당'이었지만 중세 이후에는 한민족의 자취가 적막했다. '중화'라 하여 그토록 추앙하던 문화가 강남에서 일어났는데도 정작 한민족의 '사람'은 이곳을 찾지 않았다. 대략 조선왕조 때부터 정치적으로 놓았기 때문일 수도 있다. '정치의 북경'에서 '문화의 강남'을 구매할 수 있었기 때문일 것이다. '강남 직수입 문화'가 아니라 '북경에서 사온 강남 문화'에 '중화의 격조'를 부여하면서 유유자적 '강남 문화인'의 행세를 했을 것이다. 그러다가 조선만의 독특한 문화를 창조하게 되면서 스스로 소중화(小中華), '작은 중화가 아니라 중화를 계승한' 대중화적(大中華的)인 소중화를 자부하게 되고 '강남'을 잊어도 무방하게 되었을 것이다.

잊혀진 강남에 찾아온 한민족 사람이 있었다. 김대건 신부였다. 마카오에서 신학교를 졸업한 김대건 청년이 상해에 온 것은 1845년이었다. 조선의 김씨인 김대건 청년이 상해에서 머문 곳은 긴씨마을 김가항(진쟈샹)이었다. 오늘날 포동신구의 금교(진챠오)인데 이곳에 아주 소박한 외양의 성당이 있었다. 김대건 청년은 김가항성당에서 한국인 최초로 사제 서품을 받는다. 신부 김대건 안드레아이다. 350년 이상 진챠오, 김가항에 있었던 이 작은 성당은 지금 없다. 2000년대 들머리, 도시개발계획에 따라 철거되었다. 그러나 이 오래 된 성당의 정신은 딴 곳에 모셔졌다.

상해 포동 렌양 따무즈광장 천주당의 김대건 신부 상.

포동의 대규모 아파트단지 렌양(聯洋)은 주거환경이 썩 좋은 곳이다. 그곳의 따무즈광장(大拇指廣場) 옆에 '천주당(天主堂)'을 신축하고, 그 내부에 김대건 신부 기념경당을 안치했다.

상해는 우리나라 기독교와도 인연이 있는 땅이다. 우리나라에 기독교가 처음 들어온 날은 1884년 9월20일로 기록되고 있다. 엄격히 말하면 이 날은 기독교를 선교하기 위해 미국 북장로교 의료선교사 호레이스 알렌(1858~1932)이 제물포항에 첫 발을 딛은 날이다. 호레이스 알렌이 기독교 선교를 위해 처음 파견된 곳은 중국 상해였다. 1883년 상해로 파견된 25세 청년 알렌은 그러나 중국이 자신에게는 맞지 않는다는 생각을 하게 된다. 그래서 장소를 남경으로 옮겨보기도 하는데, 그곳에서도 도무지 흥이 나지 않았다. 상해에 돌아온 알렌은 우연히 조선이라는 나라의 얘기를 듣게 된다. 알렌은 미 북장로교 본부에 청원하여 조선 선교를 허락받고 상해를 떠나 조선으로 오게 된다. 그러나 막상 서울에 당도하고 보니 도움 받을 데가 전혀 없어 막막한 처지였다. 셋집을 얻어 기본적인 의료설비를 갖추었지만 찾아오는 환자도 없고, 환자가 없으니 선교를 할 수도 없었다. 그렇듯 하릴 없는 나날을 두 달 보름쯤 보냈다. 그런데, 이런 것을 천명이라고 하는 것일까. 1884년 12월4일 밤, 조선에 갑신정변이 일어나는 것이다. 김옥균 등 급진개화파가 일으킨 이 정변에서 민중전(명성황후)의 친정조카인 민영익이 개화파의 칼을 맞아 생명이 위독한 지경에 이르게 된다. 알려져 있다시피 민중전은 자신의 아들(순종)과 친정 가문에 대한 집착이 대단한 이였다. 친정조카(양자 입양한 남동생의 입양한 아들) 민영익을 살리는 것이 곧 친정 가문을 살리는 것이었으므로 어떤 의원이든 살려낼 의원을 구하라고 백방에 명을 내렸다. 이때 등장한 인물이 호레이스 알렌이었다. 알렌은 그가 가진 서양의술과 지극한 정성으로 민영익을 살려내고만다. 가장 기뻐한 사람은 민중전이었다. 왕비의 기쁨을 확인한 고종임금은 알렌에게 10만냥의 사례금을 하사한다. 호레이스 알렌, 그는 이 돈으로 우리나라 최초의 병원인 광혜원(廣惠院)을 설립한다. 광혜원은 바로 제중원(濟衆院)으로 개명을 하는데, 이 병원은 뒷날 세브란스병원이 되고 연세대 의대 병원이 된다. 병원이 성장하는만큼 그의 의료선교도 힘을 받았다. 호레이스 알렌, 그로하여 기독교는 한국에 무혈입성을 하고 승승장구의 밑받침을 깔게 되는 것이다.

한국인 기독교 신자 제1호. 인사가 세례를 받은 곳이 상해였다. 윤치호(1865~1945)가 바로 한국인 첫 번째 공식 기독교 신자인데, 그가 세례를 받은 곳은 상해 중서서원(中西書院), 오늘날의 상해 홍구 곤산로 135호 경령당(景靈堂)이었다. 윤치호 나이 24세 때인 1887년 4월3일의 일이었고, 당시 그는 중서서원에 유학 온 학생이었다.

호레이스 알렌에게서 목숨을 구했던 민영익도 상해에 와서 살다가 상해에서 죽었다. 민중전(명성황후로 추존)의 친정조카로서 민씨척족정권의 실세였던 그는 고모도 별세하고 나라도 멸망할 지경에 이르렀을 때 고종황제의 밀명을 받아 중국 상해로 건너온다. 고종황제는 현찰 비자금 이외에도 질 좋은 홍삼 상당량을 그에게 하사한다. 팔아서 국가를 위해 쓰라는 것이었다. 민영익이 상해에서 구체적으로 어떤 임무를 수행했는지는 알 수 없다. 가끔 홍콩도 오가면서 죽을 때까지 중국에서 살았는데 상해와 소주에서 거주했다. 전통 부자가 많고 고급품 소비층이 두터운 소주에서 홍삼 판매사업을 할 때 그곳 여성을 현지처로 맞이했고, 아들도 낳았다. 이 아들은 민영익의 유일한 혈육으로서 해방된 뒤 귀국하여 상속자가 되었다. 하지만 한국 물정을 모르는 탓에 주변으로부터 사기를 당해서 이내 빈털터리가 되고 중국으로 되돌아갔다고 한다. 상해나 소주에서 자식을 낳고 손자를 보고, 민씨의 대를 이었을 그의 모습이 그려진다.

민영익과 원래 동지였으나 원수가 된 인물로 김옥균이 있다. 한때 조국의 개혁을 논하는 동지였으나 민영익은 왕비의 조카로서 민씨척족정권 실세이고 김옥균은 왕비의 세력을 몰아내고 개혁정권을 세우려는 혁명가였다. '갑신정변 3일천하' 이후 일본으로 망명했던 김옥균이 상해에 나타난 것은 갑신정변으로부터 12년이 지난 1894년 3월27일이었다. 조국의 '지명수배 역적'인 김옥균이 상해에 나타난 이유에 대해서는 해석이 분분하다. 다만 그는 상해에 도착한 이튿날, 고종임금이 보낸 자객 홍종우의 총에 맞아 사망했다는 엄연한 현실만 남겼다. 이와같이 대한민국 근현대사를 얘기할 때 빼놓을 수 없는 곳이 중국 상해이다. 대한민국임시정부 27년의 역사는 말할 것도 없다. 그 역사에 등장하는 유명무명의 인사들 모두가 상해와 강남에 피와 땀을 뿌렸다. 강남천지에 사철 꽃을 피우는 유두화의 빨간꽃과 하얀꽃에서 그 분들의 피와 땀을 본다.

귀국선 미군 LST- 강항의 이별

　　　　　1945년 8월 이후, 중국 전역에 흩어져 살던 한국인들이 상해로 모여들었다. 미군 LST가 한국인의 귀국을 돕기 위해 상해로 온다는 정보가 있었기 때문이었다. 모르긴 몰라도 이때 상해에서 상당수 사람들이 친일 등으로 인해 얼룩이 진 신분이나 경력을 세탁했을 것이고, 그것을 눈감아 줄 정도로 당시에는 다들 광복된 국민의 기분에 들떠 있었다.

　상해의 미국인들도 귀국하고 있었다. 미 해군의 넬슨제독함이 매월 2차례 일본군 수용소에서 구출된 미국인들을 실어날랐다. 중국군 주악대는 매회 공평로마두에서 그들을 위해 환송연주를 했다. 미국인들이 수용되어 있던 수용소에는 일본군이 수용되었다. 패전 일본군은 귀국할 때까지 수용소에 갇혀 있으면서 상해의 전후복구작업에 동원되었다. 십육포·금릉마두·해관마두·브로드웨이마두·이화마두 오사카마두… 황포강의 강항마다 각국의 귀국자들로 북적였다.

일본인들도 귀국하고 있었다. 도쿄의 CHQ는 일본인 귀환자를 위해 미해군 군함을 상해로 보내고 있었다. 한국인을 실어갈 미군 LST도 황포강을 거슬러 상해 부두에 입항했다. 부두의 귀국자들을 보면 한국인과 일본인이 한눈에 구별되었다. 다들 가방과 자루 같은 것을 둘러멘 것은 같은데 가방과 자루의 끈을 어깨에 거는 방법이 달랐다. 한국인은 등짐자루의 끈을 오른쪽 어깨에서 오른쪽 겨드랑이, 왼쪽 어깨에서 왼쪽 겨드랑이, 앞에서 보면 11자가 되게 걸었는데 일본인은 끈을 왼쪽 어깨에서 오른쪽 옆구리로, 오른쪽 어깨에서 왼쪽 옆구리로, 앞에서 보면 X자가 되게 걸고 있었다.

8·13 이후 자취를 감추었던 영어간판들이 다시 상해 거리의 벽면을 뒤덮고 있었다. 거리에는 벌써 미제물품들로 넘쳐나고 있었다. 한 상점에서 어떤 신사가 내혁nugget(나이거)구두약 한 통을 사면서 돈을 두 손으로 한움큼 지불하고 있었다. 어떤 여자는 합덕문(하더먼) 담배 한 갑을 사면서 누런봉투에 가득 담긴 돈을 털어내고 있었다. 놀랄 일도 아니었다. 쌀 한 말을 사는데 지불한 돈은 커다란 자루 하나 가득이었다. 최고 1,100%의 인플레이션이 시작되고 있었다. 장강 이북에서는 국민당 군대가 공산당 군대에게 밀리고 있다는 소문이었다.

남경동로 남경서로와 더불어 상해 구 시가지의 대표적 변화가인 회해중로(화이하이중루)에 일본계 태평양백화점이 있다. 이 백화점 자리가 원래는 석고문주택단지였다. 이 석고문 동네에 김구 안창호 박은식 신규식 이동휘 안공근 등 많은 독립운동가가 살았다. 이 동네에 교민이 운영하는 상점도 2군데 있었다. 김시문(金時文)의 금문공사(金文公司)와 조상섭(趙尚燮)의 원창공사(元昌公司)였다. 일제강점기에는 상해에 도착한 한국

유행의 거리 회해로에 있는 일본계 태평양백화점이다. 이 자리에 안창호 김구 등 대한민국임시정부 인사들이 집중적으로 모여 살던 석고문 주택단지가 있었다.

인들이 이들 상점을 이정표삼아 찾아와 정보도 얻고 휴식도 취했다. 귀국자들이 몰려들어 상해가 온통 북적일 때도 이들 상점은 한국인의 사랑방과 휴게실 역할을 충실히 했다. 20세기 중반기 한국경제사의 주요인물로서 저마다 10대 재벌의 반열에도 올랐던 이정림·이회림·전택보 등도 중국 공산화 이전까지 상해에서 영업장을 가지고 있었다는데 그 위치는 잘 모르겠다.

금문공사의 김시문과 원창공사의 조상섭, 이들은 대한민국임시정부가 상해를 떠나 강남 여러 지역을 거쳐 중경에 가 있을 때도 상해의 상점을 지키면서 연락책과 안내책의 역할을 했다. 그러던 조상섭이 병으로 사망했고, 김시문은 1968년까지 상해에 살면서 한국인 뒷바라지를 했다. 해방이 되어 대한민국임시정부가 중경에서 상해로 돌아와 귀국을 준비할 때도 그나름의 역할을 했고, 1948년 대한민국 초대 대통령이 되기 직전의 이승만이 미 군용기 편으로 날아와 상해와 남경을 방문했을 때도 태극기를 들고 환영하러 나갔다. 김시문은 중국과 한국 사이의 길이 막히게 될 줄을 몰랐다. 1949년 가을 중국은 공산화되었고, 그를 비롯한 다수의 한국인들이 한국으로 돌아올 길을 잃었다.

김시문은 1968년 상해에서 사망했다. 1949년에서 1968년 사이, 그 20년동안 상해의 김시문은 대한민국 국민 그 누구도 할 수 없는 일을 선우혁(鮮于爀·1882~?)을 도와서 했다. 대한민국임시정부 요인들의 무덤이 정안사(靜安寺) 묘지에 있었는데 이 지역이 1955년 상해 도시개발계획에 들어가면서 이장을 해야 했다. 이때 정안사 묘지의 한국인으로 박은식(임시정부 대통령 대리 역임) 노백린(임시정부 국무총리 역임) 안태국(신민회 등 창설) 등이 있었는데 중국과 한국 사이에 국교가 없으니 이들 무덤은 무연고묘지로 분류되어 유해마져 없어질 상황이었다. 정안사 묘지는 오늘날 관광객이 많이 찾는 황금빛 화려한 사원 정안사의 정문 길 건너편 공원 자리에 있었다.

귀국하지 않고 상해에 남은 한국인 사회의 중심인물 중에 선우혁이 있었다. 상해 인성학교와 한국독립당 등을 설립, 조직하는 데에 앞장서고 상해 한인거류민단을 창설한 선우혁이 정안사 묘지의 도시개발 소식을 듣게 되었다. 그는 김시문 등 상해 잔류 한국인들과 함께 중국 정부 당국에 대한민국임시정부 요인들의 묘소 이장에 관한 탄원서를 제출했고, 중국 정부는 이들의 유해를 홍교 만국공묘로 이장하는 것을 허락했다. 선우혁과 김시문, 이들이 없었다면 박은식 노백린 안태국 등의 유해는 대륙의 바람으로 흩어져버렸을 일이었다.

이렇듯 '우리'가 없는 자리에 '그들'이 있었다.

옛 건물이 많은 상해의 거리에서 가끔 목격되는 특수한 장면이 있다. 특히 오래 된 주택가에서 많이 목격되는 광경이다. 홍콩이나 대만의 화교가 과거 부모 혹은 조부모가 살던 집을 찾아와 깊은 감회에 젖는 모습이다. 부모나 조부모로부터 상해의 집 번지수를 들었을 것이고, 홍콩 또는 대만에서 태어난 아들 혹은 손자는 이제 자신의 뿌리를 찾아와 조국과 개인의 운명을 생각하는 것이다.

홍콩이나 대만에서 자신의 뿌리를 찾아온 화교가 있듯이 한국에서 부모나 조부모가 살던 집을 찾아보러 상해에 온 사람도 있을 것이다. 필자가 확인하지 못해서 그렇지 분명히 있을 것이고, 있었을 것이다. 떠나왔던 상해, 그곳의 기억을 간직한 채 이승을 떠난 부모나 조부모의 자취를 찾아온 후손도 분명 있을 것이다. 필자가 보지 못했을 뿐. 그렇듯이 우리가 무심히 지나치는 자리에도 어떤 유심하고 유정한 일은 충분히 일어날 수 있는 것이다.

1945년 8월부터 1년여에 걸쳐, 상해 황포강 강항에서 미군 LST를 타고 고국으로 돌아갔던 이들, 그들은 배에 따라 인천으로도 가고 부산으로도 갔다. 인천이든 부산이든 고국의 부두에 내린 그들은 한결같이 하얀 가루를 뒤집어쓰고 있었다. LST를 내릴 때 출입문의 미군이 D.D.T가루를 뿌렸기 때문이었다.

귀국자, 귀환동포…그들은 머리며 어깨며 온몸에 하얗게 앉은 D.D.T가루를 털며 상해에서의 일을 잊고 고향으로 돌아갔다. 나라 없는 백성으로 이국땅에서 갖은 고초를 겪었으니 이제 그 어떤 어려움도 헤쳐갈 수 있다는 용기가 저마다의 가슴에서 끓어올랐을 것이다.

다시 만날 때까지

소식도 닿지 않는 곳에 떨어져 살면서 같은 노래를 부르고 있은 경우를 보게 된다. 1949년 가을부터 1992년 여름까지, 43년동안 소식 한 조각 전할 수 없이 단절되어 있던 한국과 중국, 두 나라에 떨어져 살면서 같은 리듬의 노래를 부른 예가 있다. "아메리카 타국땅에 차이나 거리…" 이렇게 시작되는 대중가요를 말하자는 것이 아니다. 그 노래도 그렇지만, 이것은 다른 경우이다.

이제 가면 언제 만나
새 달에? 새 해에?
아니 아니 내일, 바로바로 내일
만나자, 아안녕!

대한민국의 소년들이 1950년대부터 불러오던 번안곡 가사이다. 수업을 마치고 하교하는 시간의 교정에 울려퍼지던 이 노래를 초등학교 시절의 추억으로 삼는 세대도 있다. 이것과 똑 같은 곡조의 노래가 중국에서도 불려지고 있었다. 우리와 같은 시기에 그들도 우리처럼 불렀던 번안곡이다.

양지노호 양지노호	兩只老虎 兩只老虎
포적쾌 포적쾌	跑的快 跑的快
일지몰유 이타	一只沒有 耳朵
일지몰유 미파	一只沒有 尾巴
진기괴 진기괴	眞奇怪 眞奇怪

이런 가사를 그들 말로 다음과 같이 노래한다.

량쯔 라오후 량쯔 라오후

파오더 콰이, 파오더 콰이

이쯔 메이오 얼두어

이쯔 메이오 웨이바

쩐치과이, 쩐치과이

한국어로 번역하면 다음과 같다.

호랑이 두 마리, 호랑이 두 마리

빨리도 달리네, 빨리도 달리네

한 마리는 귀가 없고

한 마리는 꼬리가 없네

정말 이상하다, 정말 이상하다

1940년대 중국의 국공내전을 개탄하는 의미가 깃들어 있다고 보는 가사이다. 그런데 곡조는 아주 경쾌하다. 지금도 젊은 어머니와 어린 아들이 즐겁게 손잡고 걸어가면서 입 모아 부르는 이 노래를 거리에서 듣게 될 정도로 가볍고 산뜻한 리듬이다. 양쪽으로 갈라져 다투는 형제, 분리된 민족의 애환이 담긴 노래로 보기에는 너무나 상쾌한 느낌이다. 그래서 더욱 애잔한 것이 이 노래에 담긴 정서라 할 것이다. 이 노래를 같은 시기에 한국의 아이도 부르고 중국의 아이도 불렀다.

1950년 가을, 귀국하지 못하고 상해에 남은 한국인은 참으로 기막힌 벽보를 보았다. 항미원조 지원병 모병(抗美援朝志願兵募兵), '한반도의 전쟁에 참전할 청년을 모집한다'는 벽보였다. 상해의 한국 교민은 거의 남한 출신인데 '조선(북한)을 도와 한국(남한)을 치는 전쟁의 지원병'을 모집한다니 기가 막히지 않을 수 없었다. 먼저 본 교민이 못 본 교민을 찾아와 벽보 얘기를 했다. 1949년 가을 고국과의 연락이 끊어진 이후 상해 잔류 교민들은 서로 만나면 신신당부를 했다. "연락 끊지 말고!" "마음 단단히 먹고!" "변동 있으면 즉시 연락하고!" 전화 가진 집이 거의 없는 때이니 사소한 소문 하나도 몇 시간 걸어 집집마다 찾아다니며 전해야 했는데 김시문의 상점 같은 데라도 있어서 그나마 다행이었다.

국공내전을 끝낸지도 얼마 안 되고 공산정부를 수립한지도 얼마 안 되는 중국(중공)인지라 남의 전쟁에 나설 수 있는 형편이 아니었다. 그러나 같은 공산 정권인 북한의 간청이 있는데다 늘 미국에 대한 경계심을 가지고 있던 중국이었다. 대만(자유중국)이 미국을 업고 대륙(중공)을 치러 올지도 모른다는 염려도 버릴 수 없었다. 그렇게 중국은 한반도의 6·25전쟁 속으로 들어왔다.

6·25전쟁의 역사에는, 제2차 세계대전 이후에도 살아남은 20세기 세상의 영웅들이 모두 등장을 한다. 트루먼 처칠 아이젠하워 맥아더 스탈린 모택동(마오쩌둥) 장개석(장제스) 이승만 김일성… 아이젠하워와 모택동은 각기 그들의 아들을 6·25전쟁의 전선에 내보냈고, 이 전쟁에서 모택동은 끔찍이 사랑하는 아들을 잃었다. 1950년 10월부터 휴전이 될 때까지 인민지원군으로 참전한 중국군은, 도로 보수요원 약 60만 명을 포함하여 연인원 3백만 명을 넘는다는 통계가 있다. 맥아더가 크리스마스 대공세를 명령하던 1950년 12월에 밀려온 중국군은 약 45만 명이었고, 1951년 6월의 춘계대공세 때는 95만 명, 그 해 10월의 추계대공세 때는 110만 명, 전쟁이 소강상태를 보이던 1951년에는 20만 명, 1953년 7월27일 휴전 당시에는 130만 명이었다. 이처럼 어마어마한 병력의 중국군을 미군은 인해(人海), 즉 '사람의 바다'라 했고, 중국군은 최신병기로 무장한 미군을 두고 화해(火海), 즉 '불의 바다'라 했다. 중국군은 사납게 불을 뿜는 미군의 최신무기를 사람물결로 대항했던 것이다. 철모도 없고 제대로 된 군복도 없이 누비옷에다, 소총 한 자루는 오른쪽 어깨에서 왼쪽 옆구리로 비스듬히 둘러메고, 식량 한 자루까지 둘러멘 중국군은, 아무리 진격을 해도 그 겉모습으로 봐선 영락없는 후방의 노무병이었다. 미군의 최신화기에 맞서 싸우는 군사가 철모도 없이 가죽군화도 없이 축 처진 쌀자루를 둘러멘데다 삽 한 자루까지 둘러메고 돌격해오는

모습이었으니. 그러나 미군이 전폭적으로 지원한 국민당 군대를 무찌르고 공산혁명을 이룩한지 겨우 1년인 중국의 사정을 감안하면 그나마도 훌륭한 모습이었다.

실질적으로 세계 제3차 대전인 6·25전쟁의 승자는 중국이라고 할 수 있었다. 6·25전쟁이 휴전을 하자 세계의 정치평론가들은 중국을 '세계 4강'으로 자리매김하는 데 주저하지 않았다. 자유진영의 미국·영국과 공산진영의 소련·중국이 그 4강이었다. 신생독립국이나 다름 없고 오랜 항일전쟁과 국공내전으로 하여 국가 재정이 파탄상태인 중국을 세계 4강으로 평가한 것이다. 6·25전쟁의 결과라 할 수 있었다. 물론 자유진영과 공산진영의 역학구조상 4강이었다.

1959년 대약진운동 실패의 책임을 지고 국가 주석의 자리에서 물러난 모택동은 북경을 떠나 상해로 내려왔다. 상해에서의 주거는 회해로(화이하이루)의 구 프렌치클럽Francais club과 서금로(루이진루)에 있는 모호크 모리스의 저택으로 정했다. 프렌치클럽은 오늘날 일본계 호텔인 오쿠라 샹하이 가든호텔의 메인홀로서 르네상스풍의 이 아름답고 거대한 건물은 1930년대 프랑스조계의 명물 사교장이었다. 그리고 오늘날 루이진빈관인 서금로의 대저택은 옛날 조계시대에 경주마 한 필로 큰 돈을 모은 뒤 그 돈으로 부동산 사업을 하여 거부가 된 모호크 모리스가 살던 집이었다.

한편 모호크 모리스는 외탄에 건물이 있는 차이나데일리뉴스의 창업자이기도 했다. 상해에 내려온 모택동은 이 두 집에서 머물며 외형상 한가한 생활을 했다. 그런 가운데 모택동의 부인인 강청(쟝칭)은 동평로에 있는 장개석(장제스) 송미령(쑹메이링) 부부의 집을 접수하여 경극 연습장

케세이호텔 팬트하우스. 상해에서 가장 성공한 유대인인 빅터 사순은 그가 세운 동양 최고급 케세이호텔 꼭대기층의 팬트하우스에서 거주했다. 황포강변에 있다. 평생 독신으로 살았던 그의 막대한 유산은 미국인 간호사가 받았다.

으로 꾸미고 상해 문화계 인사들과 접촉했다. 문화대혁명의 전조였다.

1960년 실각한 모택동의 뒤를 이어 유소기(劉少奇·류샤오치)가 중화인민공화국의 주석이 되었다. 개혁개방을 주장하던 유소기가 국가 주석의 자리에 올랐다는 것은 중국의 출입문이 세계를 향해 넓게 열리는 것을 의미했다. 따라서 사회 전반의 긴장된 분위기가 다소 풀어지고 있었다.

아시아 최고 호텔의 명성을 자랑하던 케세이호텔(오늘날 화평반점 북루)은 상해 외탄 거리에서 초록색 금자탑(피라밋)지붕을 올리고 있다. 상해 최고 갑부 빅터 사순이 세운 이 호텔이 화려하던 날의 상해를 회상하는 서방세계 시민의 관심 속으로 다시 들어온 것은 1966년이었다. 이

호텔에 '사회주의 문화대혁명 총본부'가 입주한 것이다. 상해에서 문화대혁명이 일어나고 있었다. 상해에서 북경으로 올라간 모택동은 1949년 10월1일 중화인민공화국의 탄생을 알리던 천안문 문루에 17년만인 1966년 8월 다시 올랐다. 모택동은 천안문광장에 운집한 지지자들의 환호 속에서 '사회주의 문화대혁명'의 시작을 선포했다.

문화대혁명은 1976년까지 햇수로 11년에 걸쳐 진행되었지만 1970년 경부터는 경제적으로 서방세계와 합류하려는 몸짓이 있었다. 그 첫 걸음은 역시 강남, 상해에서 있었다. 중국의 문을 서방세계로부터 닫아 건 문화대혁명은 1966년 케세이호텔에 문화대혁명 총본부가 들어서면서 시작되었고, 닫았던 중국의 문을 서방세계에 여는, 상징적인 회담은 케세이맨션에서 있었다. 케세이호텔과 케세이맨션. 이 두 곳은 모두 유대인 부호 빅터 사순이 세운 것이었다. 오늘날 상해 금강반점이 되어 있는 케세이맨션은 1930년대에 상해 주재 서양 기자와 외교관의 주택으로 지어졌다가 '신중국(新中國)' 이후 호텔로 용도가 변경되었다. 일본계 오쿠라 상하이 가든호텔(화원반점)과 섬서남로(샨시난루)를 사이에 두고 나란히 서 있는 호텔이 케세이맨션의 후신인 금강반점이다.

1972년 2월 상해 금강반점에서 미국 대통령 리처드 닉슨(Richard M Nixon1913~1994)과 중국 수상 주은래(1898~1976)가 만나 상해 공동성명을 발표했다. 이 성명에서는 자유중국(대만)을 중국의 일부로 천명했다. 중국이 울창한 대숲을 헤치고 다시 세계사의 중심으로 나오는 순간이었다.

일본은 중국에서 그렇게 못할 짓을 많이 하고도 미국보다는 7년, 한국보다는 20년 먼저 중국과 국교를 정상화했다. 일본은 패전하고 쫓겨간 지 10년만인 1955년 '일본물산전(日本物産展)'을 북경에서 개최했고

1970년 4월에는 중일 무역회담을 성사시켰다. 무역회담을 했다는 것부터가 상대방을 합법적인 국가로 인정한다는 의미이므로 회담의 성사는 국교 정상화에 준하는 성과였다. 1970년이면 문화대혁명이 한창이던 때였으니 더욱 놀라운 일이었다.

일본과 무역회담을 할 때 중국 수상 주은래는 이른바 '주은래 4원칙'을 천명했다. 그 내용은 다음과 같다.

1. 한국과 대만(자유중국)을 돕는 사람이나 상사(商社)와는 교역하지 않는다.

2. 한국과 대만에 투자한 사람이나 상사와는 교역하지 않는다.

3. 베트남·라오스·캄보디아에서 미국이 일으킨 전쟁을 돕거나 미국과 무기를 팔고 사는 자와는 교역하지 않는다.

4. 미국회사의 자회사(子會社)와는 교역하지 않는다.

한국·대만 등 반공국가와 교역하는 회사는 중국과 교역을 할 수 없다는 것이었다. 일본과의 무역에 크게 의존하고 있는 한국으로서 중국 수상 주은래의 4원칙은 엄청난 타격이었다. 중국과 일본의 국교정상화를 앞두고 일본 유수의 기업들이 중국시장 진출계획을 세우고 있을 때였다. 일본의 기업들은 한국과 중국 중 한 나라를 선택해야만 했는데, 당장의 시장성을 보면 한국이지만 장래를 내다보면 중공이라는 것이 그들의 판단이었다.

한국의 경제개발이 얼마나 힘들게 성공시킨 것이었는지 '주은래 4원칙'만 봐도 알 수 있다. 한국의 경제개발은 전 세계가 의심하고 무시하고 방해하는 가운데서 이룩한 것이었고 중국의 경제개발은 전 세계가 믿고 응원하고 돕는 가운데서 이룩한 것이었다.

중국의 아주 오래 된 착한 이웃, 우리

1992년 8월22일 대한민국은 중화인민공화국과 국교를 수립하고 우방국이 되었다. 1949년 10월1일 중화인민공화국의 수립과 더불어 국교가 단절되었던 때로부터 43년만이었다. 43년을 제외한 반만년의 교류. 반만년 묵은, 그 오래 된 관계에서 중국은 우리에게 무엇이었고 우리는 중국에게 무엇이었을까.

조선 말기의 왕족이나 고관, 사대부의 묘소에서 '유명(有明) 조선국(朝鮮國) 운운(云云)' 하는 묘비명을 흔히 발견할 수 있다. '명나라에 속하는 조선국의 왕손 아무개' '명나라에 속하는 조선국의 영의정 아무개'가 묻혀 있다고 밝히는 묘비명인 것이다. 불평등 요소가 다분하지만 그래도 명색이 사대교린이라는 이름의 외교정책까지 가지고 있는 독립국가의 지도층 인사들이 죽어서도 그 영혼의 집인 무덤에 유명(有明), 즉 '소유권자가 명나라' 라는 문패를 달고 있는 것이다. 조선 말기라면 중국도 이미 명나라가 아닌 청나라가 아닌가. 청나라를 대국(大國)으로 받들면서, 청나라가 멸망시킨 명나라의 조선 소유권을, 죽어 묻혀서까지 웅변하고 있다니 이 무슨 기막힌 반청운동(反淸運動)인가. 오랑캐라고 무시해 마지않던 만주족이 세운 청나라, '사대'의 대상으로 받들던 명나라를 멸망시킨 간접원수 청나라, 병자호란과 정유재란을 통하여 조선을 쑥대밭으로 만든 직접원수 청나라, 그러면서도 어쩔 수 없이 '대국'으로 모시고 있는 청나라에 대한 저항정신이 '유명 조선국 운운'의 묘비명으로 새겨진 것이라 하더라도, 이미 역사에서 사라지고 없는 명나라를 내세워 자신의 존재를 확인하려는 조선 말기의 기이한 주권의식 앞에서 우리는 탄식하게 된다.

서울 서대문 영천 무악재 길목에 독립문이 있고, 그 앞에는 두 개의 돌기둥이 서 있다. 독립협회가 자주독립국 대한제국의 존재를 상징하기 위해, 중국사신이 드나들던 영은문(迎恩門)을 헐고 독립문을 세울 때 상징적으로 남겨둔, 그 영은문의 돌기둥인 것이다. 은인을 환영하는 문, 영은문. 그 문은, 먼길 온 중국사신을 쉬게 하던, '중화를 사모한다'고 지은 모화관(慕華館)의 정문이었다. 오로지 중국에게만 받들어 모시는 외교를 하고 그밖의 주변국가들과는 적당히 거래하는 외교를 하던 조선. 그러나 중국이 청일전쟁에서 패배하자 일본의 입김에 의하여 모화관이 헐리고 독립협회에 의해 영은문의 돌기둥이 독립문의 문지기로 전락할 때, 그때가 바로 사대교린의 대중 불평등외교가 수정되는 때였다. 그리고, 또한 바로 그때가 청나라로서는 아시아 패권국가로서의 자존심에 치명타를 입은 때였다.

따지고 보면 조선은, 일본을 포함한 서양 제국주의국가들로부터 찢겨질 대로 찢겨진 청나라의 마지막 남은 자존심이었던 것인데, 한편 청나라의 무능이 확인된 그때부터 조선의 고단한 외교역정이 시작되는 것이다.

조선이 미국과 처음 국교를 맺을 때 중국은, 조선과 미국 사이의 통상조약 문안에 중국의 종주권을 명기하라 했고, 미국이 그것을 싫어했으나 조선은 굳이 중국의 종주권을 내세웠다. 그리고 조선과 일본과의 통상조약 체결에 있어서도 그와 유사한 과정을 밟은 바가 있다. 이것은 어떤 경우인가. 예컨대 중국에게는 자기네가 가진 동양에서의 영향력을 과시할 방편이 필요했고, 이제 막 문을 열고 바깥세상을 내다보는 조선에게는 불안감을 풀어줄 든든한 배경이 필요했던 것이다. 그러나 산업문명으로 무장한 제국주의의 세력은 중국의 보수적 패권을 인정하지 않았고, 이미 기울대로 기울어진 중국이라는 기둥에 매달린 조선을 딱하게 보고 있었다. 그리고 다른 한편으로, 중국으로부터 분리를 시켜야 조선에서의 이권행사가 수월하고, 조선으로부터 손을 떼게 해야 중국을 더욱 고립무원으로 소외시킬 수 있다는, 일본 및 서양 제국주의국가들의 외교책략이 있었다. 그런 상황에서 '형이야 아우야' 하고 있은 조선과 중국의 동반자 관계, 그것은 망해가는 나라끼리의, 안타깝기 그지없는 대외 동맹외교 전선이었다.

1905년 7월 미국으로부터 한국의 지배권을 인정받고, 같은 해 8월 영국으로부터 한국의 지배권을 인정받고, 역시 같은 해 9월 러시아로부터 한국의 지배권을 인정받은 일본은 그해 11월17일 을사보호조약, 즉 '을사늑약'을 강압체결하여 우리의 외교권을 빼앗고 통감정치를 실시한다. 그리고 1910년 8월22일, 이른바 '한일병합조약'이 강제체결될 때까지, 사회지도층인 선비를 중심으로 하여 전국에서 일어나는 항일의병과 그를 진압하는 일제 군경 사이의 유혈사태는 끝을 모르게 이어진다. 결국 일제 군경의 탄압에 밀려 우리 항일의병들이 자리를 옮겨간 곳은 압록강 건너 서간도, 백두산 너머 북간도, 두만강 건너 동간도, 그리고 중국 본토였다.

중국의 사정도 어수선하던 그 시절, 서태후가 죽고 어린 부의(溥儀)가 황제가 되고, 정권이 원세개에게로 넘어가고, 그러다가 신해혁명 이후 중화민국이 수립되어 손문이 초대 임시대통령으로 취임을 하고, 그 어수선한 사정에서도 중국은 국경을 넘어온 우리 항일의병과 망명 독립지사들에게 동정의 손길을 내밀었다.

러시아도 믿어보고 미국도 믿어보았지만 결국 일본의 식민지가 되고 만 한국에게 있어 중국은 그 얼마나 새삼스러운 옛친구였을 것인가. 1918년의 파리강화회의(講和會議)에, 외교권이 없는 우리 대표가 참석할 수 있도록 도와준 것도 중국이었고, 1919년에 항일연석회의를 소집하여 한국의 독립운동을 지지한다고 성명해준 것도 중국이었으며, 1921년에 대한민국임시정부를 처음으로 승인해준 것도 중국이었다. 그리고 1932년 상해 홍구공원에서 있은 윤봉길 의사의 의거에 감복한 중국은 대한민국임시정부를 정치적으로 군사적으로 적극적인 지원을 해주게 된다. 그런데 중국, 그 나라는 언제나 우리 운명의 끈을 잡고 있었다.

우리가 해외에 처음으로 개설한 외교공관은 1948년 가을 중국 남경의 주중특사관(駐中特使館)이다. 국공내전을 치르고 있는 와중에서도 국민당 정부는, 미 군정이 끝나지 않은 상태의 우리나라를 승인하겠다며 각서를 보냈고, 우리는 그에 대한 특별사절, 즉 특사를 파견했다. 일반적으로 특사라 하면 일회성의 임무를 띤 사절이지만 한국과 중국 사이의 특별한 인연은 그에 구애되지 않고 대사관이나 공사관처럼 상주하는 특사관의 개설에 합의를 본 것이다. 정식수교가 안된 상태의 특사관 개설이라는 파격적인 특례였다. 그러나 광복 후 처음 개설한 우리의 외교공관인 주중특사관은, 국민당 군대가 공산당 군대와의 싸움에서 계속 밀리면서 남경에서 광동으로, 광동에서 중경으로 수도를 옮겨갈 때마다 따라다니게 된다. 그 와중에서도 국민당 정부는 1949년 1월4일, 미국에 이어 두 번째로 대한민국을 승인했고, 주중특사관은 주중대사관으로 승격이 된다. 중화민국의 수도가 떠돌아다니니 중화민국 정부인사나 부호들도 가족과 귀금속을 챙겨서 장개석이 옮겨 다니는 수도를 따라 떠돌아다니게 되어 남경이면 남경, 광동이면 광동, 중경이면 중경의 호텔들마다 피난민 수용소처럼 아수라장이었는데 주중대사관도 그 아수라의 호텔 일실이었다. 마침내 1949년 12월7일, 장개석 정부가 중화민국의 수도를 본토의 중경에서 대만의 타이페이로 옮길 때 우리 주중대사관과 정항범(鄭恒範) 대사도 그들과 함께 타이페이로 옮겨가게 된다. 초대 주한 중국 대사는 장개석의 측근인 소육인(邵毓麟·샤오유린)이었다.

한국이, 대만으로 밀려난 자유중국과 수천년 전통의 형제지교를 잇고 있을 때 북한은, 국민당 정부를 대만으로 밀어내고 본토를 차지하여 공산정권을 세운 모택동의 중화인민공화국과 형제지교를 형성하고 있었다. 6·25전쟁 때 중화인민공화국은 북한을, 자유중국은 한국을 지원하였다. 그러나 외교사는 영원한 우방도 영원한 원수도 용납하지 않는다. 적성국가인 중화인민공화국과의 관계도 개선될 수 있다는 기미가 보인 것은 1970년대 초였고, 그 신호는 미국으로부터 왔다. 워터게이트사건 때문에 사임하므로써 미국 역사상 가장 불명예스러운 대통령으로 기록이 되는 리처드 닉슨이, 대통령 재임 중 자신의 최고 치세로 내세우는 것은 미국을 모택동의 중국과 관계 개선시켰다는 사실이다. 미국이 모택동의 중국과 국교를 수립했는데 우리가 가만 있을 수는 없는 일이었다. 기회는 10년이 지난 뒤에 스스로 찾아왔다.

1983년 5월5일, 평화로운 대한민국의 허공을 가르며 길고 섬찟한 비상사이렌이 울었다. 무심히 일상의 생활에 몰두하고 있던 국민은 난데없는 그 비상경계통보 앞에서 아연 긴장했다. 민방공훈련에서 익히 경험한 바로 그 비상경계신호가 아닌가. 평화롭던 일상이 일시에 깨어지는 순간이었다. 구멍가게의 라면이 삽시간에 동이 나고 각종 비상용품이 동이 났다. 제2의 6·25가 발발했으니 비상식품과 비상용품을 사재기할 필요가 있었다. 그런데 그것은 제2의 6·25가 아니었다. 105명의 승객을 태운 중화인민공화국 민항기가 난데없이 우리의 춘천 공군기지에 불시착을 했다는 것이었다. 우리 정부는 곧 조사에 착수했다. 탁장인 등 6명의 중국인이, 자유중국으로 망명하기 위해 중화인민공화국의 민항기를 탈취하면서 일어난 사건이었다. 탈취 당한 민항기는 북한 영공으로 접어들었다가 휴전선 상공을 넘었는데, 기름이 떨어져서 불시착을 하게 되었고, 그 과정에서 대한민국 공군의 유효적절한 인도를 받았다고 밝혔다. 탁장인 등 납치범의 주장은, 비행기와 함께 자신들을 자유중국으로 무사히 갈 수 있게 해달라는 것이었다. 당황한 것은 우리 정부보다도 북경의 중화인민공화국 정부였다. 그로부터 이틀 뒤인 5월7일, 중국민항 총국장을 단장으로 하는 33명의 중화인민공화국 협상대표단이 내한했다. 적성국 관계인 한국과 중공 사이에 최초의 공식접촉이 이루어지게 되었고 다시 사흘 후인 5월10일, 양국은 합의각서를 교환했다. 우리 정부는, 승객과 여객기는 북경으로, 납치범은 대북(타이페이)으로 각각 출국시켰다. 북경의 중공 정부는 우리 정부의 이러한 배려에 고마움을 표시했다.

1986년 서울에서 아시안게임이 개최되었고 중화인민공화국은 대규모 선수단을 파견했다. 아마도 이때 한국 국민은 그 어느 나라 선수단보다도 중공 선수단을 열렬히 환영했고, 중공 선수단은 뜻밖의 환영에 오히려 당황하는 눈치였다. 중공 선수단은 이른바 '죽의 장막'을 헤치고 나온 신비한 선수단이라 할 수 있었다. 이때까지 중공을 제대로 안다고 할 수 있는 사람은 거의 없었다. 한국 국민이 이때 확인한 것은 중공 선수들의 '괴력'과 '마력', 그리고 그 선수단 지도자가 구사하는 '마법'이었다. 마녀가 아니고는 탁구를 그렇게 잘 칠 수 없는 일이고, 마법을 구사하지 않고서는 다이빙을 그렇게 잘 하게 만들 수 없는 일이었다. 한국 국민은 중공이 현란하게 구사한 육체의 마술에 홀렸고 중공 인민은 한국인의 진심 어린 친절에 홀렸다. 그 기운은 그렇게 1988년 서울올림픽으로 이어졌고, 1990년 북경 아시안게임으로 흘러갔다. 그때 그 물밀 듯이 밀려오고 몰려갔던 그 상호 교감의 기운을 어떻게 표현할 것인가. 중공 선수단이 한국 국민 앞에서 선수 입장을 하고 한국 선수단이 중공 인민 앞에서 선수 입장을 하고, 그것이면 되었다. 그것만으로도 충분한 감동이었다. 그것으로 단40년의 변심과 오해는 봄눈 녹듯이 녹아내리고 반만년 쌓은 정분은 되살아나던 것이었다.

　1991년 11월12일, 제3차 에이펙APEC 총회 참석차 서울에 온 중화인민공화국 외교부장 전기침(錢基琛·첸치천)이 노태우 대통령을 예방했다. 전기침 외교부장은 노태우 대통령에게 "서울아시안게임과 서울올림픽을 성공적으로 개최한 한국이 그 노하우를 전수해주었기 때문에 중국은 1990년 북경 아시안게임을 훌륭하게 치를 수 있었다"며 고마워 했고 노태우 대통령은 "수천년을 교류해오는 동안에 한국은 단한번도 중국과의 신의를 저버린 적이 없다. 우리는 4백년 전 일본의 침략을 받아 한반도가 폐허로 변한 임진왜란의 역사를 가지고 있다. 그때 백성의 시체가 산과 들을 뒤덮었다. 일본이 명나라를 치겠다며 길을 빌려달라고 했을 때 조선 정부가 그것을 거부했기 때문에 일어난 전쟁이었다. 그때 명나라도 우리를 도와주었다" 며 오래 된 동반자의 관계를 일깨웠다.

마침내 1992년 8월22일 대한민국과 중화인민공화국은 북경에서 수교 의정서를 교환하고 국교를 수립했다. 자유중국과는 외교관계를 단절한 다는 발표도 아울러 있었다.

우리는 명동 대사관저 국기게양대에서 청천백일기(靑天白日旗)를 내 리면서 숙연해 있던 자유중국 대사관 직원의 모습을 텔레비전에서 보았 고, 하강하는 청천백일기를 바라보며 눈물짓던 화교학교 어린 학생의 모 습을 역시 텔레비전을 통해서 가슴 아프게 지켜보았다. 그때 우리는 우 정보다도 실리가 앞서는 냉엄한 국제외교 현실을 보았고, 그 냉엄한 질 서 속으로 거침없이 걸어들어가는 우리 자신의 모습을 보았다. 자유중국 대사 일행이 청천백일기 고이 접어 대북(타이페이)으로 떠난 뒤, 명동 중 국대사관에 입주한 새 주인 중화인민공화국은 국기게양대에다 오성홍기 (五星紅旗)를 걸었다.

40년만에 반만년 인연이 다시 이어지자 한국인의 중국천지에 대한 관심 이 탐욕적으로 표출되었다. 한자문화권 교양의 원천 바로 그곳이라 할 수 있는 중국대륙에 대한 관심, 고구려에 대한 관심, 그리고 먼 옛날도 아닌 불과 백년 안쪽의, 아버지 할아버지와 바로 연결되는 인물들의 유민 혹은 이민에 대한 관심이 가히 폭발적이었다. 한민족사의 전체적 퍼즐을 그곳 에 가보지 않고는 맞출 수 없다는 강박관념까지 작용을 했다.

중국을 자유롭게 드나들면서 우리는 우리 민족의 본면목이 대륙적이었 다는 실감을 했다. 압록강 건너 집안(集安)의 고구려 유적들을 답사하면 서 우리 민족의 대륙성을 확인했고 백두산 천지에 오르면서 우리 민족의 기상을 일깨웠다. 그러면서 깨닫게 되었다. 우리가 두만강 백두산 압록강 을 탐욕스럽게 답사해댈 때 그 아래에 있는 북한땅이 차츰 섬이 되고 있다는 사실을, 대륙행 통로를 확보한 남한 또한 여전히 섬이라는 사실을.

  슬픈 역사의 산물이지만 중국에는 '조선족'이라는, 그 어느 나라도 가지 못한 중국내의 막강한 우리 세력을 가지고 있다. 한민족이되 한국인은 아닌, 국적이 엄연한 중국인인 우리 민족. 그들이 있어 중국은 우리에게 한결 자유롭다. 그리고 중국은, 우리의 역사 속에서 문화 속에서 풍습 속에서 언제나 친근한 이웃의 이름이었다. 그러나 중국에서 오는 바람은 언제나 훈풍만은 아니었다. 우리의 꿈과 희망이 그들을 연모하여 휘달리던 조선왕조시대에도 우리를 움추리게 하는 북풍한설은 거기서 왔다. 지금도 해마다 봄철이면 한반도는 황사에 휩싸인다. 눈병도 일으키고 피부병도 일으키는 황사. 속수무책의 그 황사가 불어오는 중국을 향해 우리는 지금 새로운 희망의 끈을 던지고 있다. 황사 너머 저 중국시장을 어떻게 경작해야 할 것인지.

  상인(商人)이라는 말이 중국에서 나왔듯이 중국은 세계에서 장사를 가장 잘하는 사람들이 사는 나라다. 우리는 그러한 중국에서 큰 돈 벌 궁리를 하고 있다. 중국에서도 특히 개방적인 기질의 강남은 세계 거대자본의 각축장이 되어 있다. 지금 그 곳에 우리가 우뚝 서 있다.

중국 강남 상해·남경·항주·소주·영파·양주·소흥
그리고 중국 속 한국 이야기

제12장

강남의 산천
강남의 마음

두목과 허난설헌의 강남

천리앵제녹영홍 千里鶯啼綠映紅

수촌산곽주기풍 水村山郭酒旗風

남조사백팔십사 南朝四百八十寺

다소누대연우중 多少樓臺烟雨中

녹음 속에 꽃 피고 앵무새 울어

강마을 언덕 아래 술이 익는다

남조 사백팔십 옛절의

탑과 누각들은 비안개에 싸여

만당시인 두목(杜牧·803~853)이 남경을 유람하면서 지은 시 〈강
남춘(江南春)〉의 전문이다. 자(字)가 목지(牧之)여서 두목지로 불리기

도 하는 이 사람의 호는 번천(樊川)이다. 우리 조선왕조 중기의 국제적인 여류시인인 호(號) 난설헌, 본명 허초희(許楚姬), 허난설헌(許蘭雪軒·1563~1589)은 별호(別號)를 경번(景樊)으로 지어서 썼다. 두목의 시를 좋아해서 그의 호인 번천에서 '번'을 따온 경번이라고도 한다. 허난설헌의 시 〈강남곡(江南曲)〉을 본다.

강남풍일호 江南風日好／ 기라금취교 綺羅金翠翹／

상장채릉거 相將採菱去／ 제탕목란요 齊盪木蘭橈

강남의 날씨는 언제나 좋은데다／ 비단옷에 머리꽂이까지 곱기도 해요／.

서로들 어울리고 마름밥을 따며／ 나란히 목란배의 노를 저었죠

인언강남락 人言江南樂／ 아견강남수 我見江南愁／

년년사포구 年年沙浦口／ 장단망귀주 腸斷望歸舟

남들은 강남이 좋다지만／ 나는 강남이 서럽기만 해요／

해마다 모래밭 포구에 나가／ 돌아오는 배가 있나 애타게 바라만 보죠

호리월초명 湖裏月初明／ 채련중야귀 採蓮中野歸／

경요막근안 輕橈莫近岸／ 공경원앙비 恐驚鴛鴦飛

호수에 달빛이 처음 비치면／ 연밥 따서 한밤중에 돌아왔지요／

노 저어서 언덕 가까이 가지 마세요／ 원앙새가 놀라서 날아간답니다

생장강남촌 生長江南村／ 소년무별리 少年無別離／

나지년십오 那知年十五／ 가여롱조아 嫁與弄潮兒

강남마을에서 나고 자랐기에／ 어렸을 적엔 이별이 없었지요／

어찌 알았겠어요, 열다섯 나이에／ 뱃사람에게 시집 갈 줄이야

홍우작군차 紅藕作裙衩／ 백빈위잡패 白蘋爲雜佩／

정단하저변 停丹下渚邊／ 공대한조퇴 共待寒潮退

연분홍 연꽃무늬 치마저고리에/ 새하얀 마름꽃으로 노리개 만들었죠/
갯가로 내려가서 배를 세워두었다가/ 둘이서 물 빠지기를 기다렸었죠

　대표적인 허난설헌 연구가인 허경진 교수의 번역 〈강남곡〉 전문이다.
허난설헌은 강남 풍광이며 풍속을 마치 중국 강남에 살았던 사람처럼,
주인공을 그 풍광 그 풍속 안에 넣어서 그리고 있다. 중국 강남을 이미
그의 안에서 소화했다는 얘기이다. 중국의 먼 강남이 이렇듯 우리와 함
께 있었다.

흥부의 제비도 상해 숭명도에서 겨울을 났을까?

　　　　장강은 중국에서 가장 긴 강이자 세계에서 3번째로 긴 강이다. 나일강과 아마존강, 그리고 장강이 세계 1위 2위 3위의 긴 강이다. 티베트고원 탕구라산맥에서 발원하여 6300킬로미터, 1만6천리를 흘러와 장강구에서 이윽고 동중국해를 만나는 장강. 그 흐름은 누구의 눈에도 거대한 황룡의 모습이다. 장강이 황룡이라면 장강구 삼각주 숭명도(총밍다오)는 여의주일 수 밖에 없다. 장강과 황포강이 합류하는 지점의 숭명도는 해남도와 대만에 이어 중국의 3번째 큰 섬이다. 참고로 이미 우리와 익숙한 주산군도의 주산도는 숭명도에 이어 4번째 큰 섬이다.

　숭명도 가는 길은 상해 오송구 도선장에서 배를 타는 수로도 있고, 길고 긴 터널을 지나고 다시 길고긴 대교를 건너는 육로도 있다. 육로는 상해 포동-(장강 강저 터널)-장흥도-(대교)-숭명도 코스가 있고 남통시에서 대교를 건너 숭명도로 가는 코스도 있다. 어떤 코스로 가든 숭명도는 광활한 모래톱 위의 광막한 푸르름이다. 산도 없고 언덕도 없다. 오로지 대륙의 흙이 장강을 타고 내려와 쌓이고 쌓인 기름진 토양의 삼각주, 그 면적도 어마어마하게 중국 3번째 큰 섬이다.

숭명도는 사계절 철따라 과일 좋고 꽃 좋고 곡식 좋고 어류 좋고 게 좋다. 바람도 좋고 물도 좋다. 요즘 말로 힐링하기가 이곳보다 더 좋은 곳은 흔치 않다. 숭명도에 들어서면 방향을 몰라도 좋고 정처가 없어도 좋다. 딱히 갈만한 데도 없고 딱히 가지 말아야 할 곳도 없다. 어디를 가도 숭명도 손바닥 위고 어디에 차를 세워도 무공해 자연이다. 숭명도는 욕심 없는 사람이 단지 머리 비운다는 마음으로 아무런 기대도 하지 않고 찾아가면 정말 제대로 된 '힐링'을 하게 되는, 아주 편하고 한적한 슬로시티slowciti의 전형이다. 숭명도는 들어가는 길과 돌아오는 길만 알면 된다. 그 이상 알 필요가 없다. 숭명도는 그저 휴식의 다른 이름이므로. 숭명도에서는 어디를 가도 특별한 곳이 없고 어디를 가도 평범한 곳이 없다. 부담 없이 헤매다가 해 지기 전에 돌아오면 아주 특별히 만족한 하루여행을 했구나 하고 만족할 것이다.

상해의 보물섬 숭명도는 겨울철새의 낙원으로도 유명하다. 북쪽으로 날아갔던 철새들이 늦가을이면 숭명도로 돌아온다. 그 철새들 사이에 제비가 있다. 숭명도에서 겨울 나려고 남하한 한국의 흥부네 제비를 만날 수 있다면 얼마나 좋을까. 춘삼월이면 저 멀리 먼 동북방의 한반도로 날아갈 강남제비, 숭명도의 겨울은 그들을 만날 수 있는 계절이다.

항간의 소문- 강남의 골목들

북경 호동, 상해 농당, 남경·소주 항

동네 골목에서 떠도는 소문을 '항간의 소문'이라고 한다. 남에게 내가
사는 동네를 겸손하게 말할 때 누항(陋巷)이라고 한다. 더럽고 지저분한
동네라는 뜻이다. 항(巷)은 가장 기본적인 행정단위의 이름으로서 마을
혹은 골목을 말하는 것이다. 그런데 우리나라에는 삼국시대의 백제에 항
이라는 행정단위가 있었지만 오래 유지되지 않고 없어졌다는 기록 이외
에 달리 항이 없었다. 그럼에도 우리는 항간의 소문이니 누항이니 하는
말을 흔히 사용했다.

항이 모두 같을 수 없으니 항간의 분위기도 서로 다르다. 길가에 소상점
이 늘어선 상업항이 있고, 상업항 중에서도 잡화용품 시장이 형성된 골
목과 문화용품 골목의 분위기가 다르다. 호젓한 일반주택가의 분위기는
당연히 그와 같을 수 없다. 항 중에서도 잡인의 무상출입을 경계하는 항

이 있다. 패방 혹은 패루가 서 있는 항이다. 패방과 패루는 같은 성격이면서도 그 형식에 따라 이름이 달라진다. 패방 위에 지붕이 있으면 패루라고 부른다. 패방 혹은 패루는 우리나라의 홍살문 혹은 정려문과 같은 것이면서도 내용은 조금 다르다. 우리나라의 홍살문 혹은 정려문은 효자 열녀 충신의 집이나 사당에 내려지는 것인데, 중국의 패방 혹은 패루는 거기에다 우리나라 천하대장군 지하여장군 장승의 기능을 하는 것이 있고, 특별한 구역의 표지 기능을 하기도 한다.

소주 정해사항은 정혜사 앞 길의 이름이다. 화방이 많은 이 거리의 입구에 정혜사항 패루가 서 있다. 태호 동산의 육항(陸巷)에는 정승 및 판서 등 고관 3명을 배출한 가문이 있는데 그 집 입구 골목에 패루가 1개도 아니고 3개나 서 있다. 우리나라의 홍살문 정려문과 같이 중국의 패방 패루도 유림의 추천과 정부의 결정과 황제의 결재가 있은 뒤에 세워지는 것이다.

아이를 낳으면 대문에 금줄을 걸어 잡인의 출입을 막는 것이 우리의 전통 풍습이었다. 항의 입구에 있는 패방 패루는 "잡인은 이 항의 통행을 삼가라"는 의미를 담고 있다. 요즘은 패루 중에서도 최고의 패루로 치는 5패루(五牌樓)가 미국 뉴욕의 차이나타운Chinatown 등 세계의 차이나타운 상가 입구에 상업 목적의 호객용으로 서 있다.

농당(눙탕)과 방

중국에서 지역의 성격을 말할 때 통상적으로 비교되는 두 도시가 있다. 북경과 상해이다. 남경과 소주의 '항'이 북경에서는 '호동(후퉁)'이 되고 상해에서는 '농당(눙탕)'이 된다. 북경의 호동은 집의 4면이 닫힌 전통형식의 사합원(四合院) 주택들을 거느리고 외부로 좁게 열린 골목이다. 그에 비해서 상해의 농당은 석고문 주택단지 안에서 삼합원(三合院) 양식의 연립주택들에게 개방되어 있는 마당형 골목이다. 골목으로 열려 있지만 집집마다 문을 달아 건 북경 호동의 집들에 비해 상해의 집들은 석고문 안에 갇혀 있는 듯 하지만 모든 집들의 출입구가 그 중간의 농당으로 개방되어 있다. 상해 석고문주택단지의 농당은 누가 "여기 나와라" 소리 지르면 일제히 그 골목의 모든 사람들이 창문 열고 내다보거나 문 밖으로 나오게 되어 있는 구조인 것이다. 그만큼 정보의 유통도 수월하게 이루어지고 남의 말도 많이 하게 될 수 밖에 없다.

상해의 농당은 주소가 아니다. 상해의 주소는 기본적으로 이농(里弄·이눙)제이다. 이해를 돕기 위해 상해 대한민국임시정부 청사를 예로 들기로 한다. 이곳의 주소는 '마당로 00농 보경리', 이렇게 된다. 제일 큰 단위가 '로', 즉 큰길의 이름이고 그 다음이 '농', 가장 좁고 작은 단위가 '리'이다. 다시 간략하게 설명하면 5인 1가구, 약 5가구 25명 정도가 모여 사는 지역을 '리'라 하고, 그러한 리들이 모인 골목을 '농'이라고 한다. 그리고 농 자체를 '농당'이라고 한다. 상해 대한민국임시정부 청사에 입장하려면 맨먼저 마당로 큰길에서 골목으로 들어가야 하는데 그 골목 입구의 천장 있는 문이 석고문이고 그 안의 연립주택들 통로가 바로 농당이다. 이곳 보경리 사람은 누구라도 이 농당을 거쳐야만 외출을 하고 귀가를 할 수 있는 것이다.

농에 이름표를 붙인 것이 '방(坊)'이다. 석고문 위에 '보경리'라는 이름표를 붙이듯이 영경방·매난방 등의 이름표를 붙인 석고문도 있다. 영경연립주택·매난연립주택으로 이해해도 된다.

원래 상해의 마을은 남경 소주와 별반 다르지 않았다. 상해의 석고문 연립주택은 20세기 초 상해의 급격한 도시팽창과 급격한 대규모 인구 유입으로 인한 주택 수요에 부응하기 위해 서양 건축업자들이 대량으로 공급한 '집장사집'이었다. 20세기 전반부의 상해는 세계에서 인구가 가장 많은 도시였다. 집은 지어도 지어도 모자랐다. 집집마다 세를 놓았고, 모든 집들이 화장실이 없거나 부족해서 난리였다. 그 당시 상해의 아침 시간에는 집집마다 마통(요강)을 들고 나오는 사람들의 모습이 진풍경을 이루었다. 농당 앞에 와 있는 분뇨수거차량 앞에 요강(마통)을 들고 나온 사람들이 장사진을 이루었다. 이 시절, 상해에서 분뇨수거권을 가지고 분뇨수거차량을 운행시킨 사람이 상해 갑부 명단에 들었다.

농당의 변신, 신천지와 전자방

퇴락한 농당을 화려한 관광지로 변신시킨 것이 상해 신천지이다. 남루한 그야말로 누항을 가장 화려하고 세련된 세계 멋쟁이들의 위락명소 쇼핑명소로 변신 성공시킨 것은 놀라운 상술의 개가라 하지 않을 수 없다.

신천지의 성공을 모방한 것인지 알 수 없지만, 신천지에서 거대 자본의 여유로운 계획 개발을 목격할 수 있었다면 전자방에서는 소자본들의 다급한 난개발을 목격할 수 있다. 아주 평범한 동네가 문화적 소상품 상가 마을로 구상이 되면서 한가롭던 농당에 구멍구멍 소상점이 들어섰고, 상해라는 도시 브랜드는 이런 몰개성의 상업지구에도 세계 각국의 관광객이 몰려들게 만들었다. 거대 자본의 치밀한 계획이 없이도, 불과 몇 년의 짧은 기간에도 이처럼 골목골목 구멍구멍이 세계의 관광객들로 그야말로 미어터지도록, 볼품 없던 상해 전자방의 농당들이 기막힌 변신을 해버렸다.

2010년에 있은 상해 세계박람회의 주제는 '도시생활'이었다. 상해와 도시 이미지의 연관성을 세계박람회의 주제로 삼았던 것이다. 100년 전부터 상해를 말할 때는 국제도시라 했고, 1930년대의 상해는 이 세상의 문명생활 문화생활을 모두 다양하게 누릴 수 있는 세계에서 몇 곳 안 되는 국제도시였다.

상해 세계박람회의 주제가 도시생활이라면, 상해에서 외국인이 가장 많이 찾는, 상해에서 가장 세련된 거리 신천지는 '상해의 주거생활'을 주제로 탄생했다. 두 블록으로 나누어진 신천지의 북쪽 구역 부흥로 길가 첫 번째 건물 2층에 '우리샹'이라는 한글 이름이 병기된 전시실이 있다. 우리샹(屋里廂)은 곁채, 옆채, 혹은 삼합원, 사합원의 상해 사투리이다. 여기서는 오픈하우스openhouse의 의미를 가지고 있는데, 이곳이 바로 신천지의 주제인 상해의 주거생활을 보여주는 공간이다.

신천지가 들어선 지역은 원래 중산층 석고문(스쿠먼) 주택이 밀집한 마을이었다. 석고문은 20세기 초에 등장한 상해식 주택의 명칭이다. 주택 건설업자들이 상해 전통주택인 삼합원과 유럽 건축의 바로크 양식을 혼합해서 개발한 것이 석고문 주택이다. 한국인은 이미 상해 대한민국임시정부 청사 건물에서 석고문 주택의 외양과 내부를 보았다. 따지고 보면 20세기 초의 집장사 집인 셈인데, 1997년 홍콩자본이 이곳에 들어와 세련된 휴식문화공간으로 재개발했다. 허물 것은 허물고 단장할 것은 단장해서 이름 그대로 신천지를 조성한 것이다.

노천 카페와 멋진 바와 레스토랑, 생음악 연주 클럽, 명품브랜드의 상점들… 이 거리 남쪽 구역의 중앙통로에서는 거의 매주 주말이면 특설무대가 가설되고 패션쇼가 펼쳐진다. 멋쟁이들과 세계 각국에서 온 각양각색의 멋과 낭만이 가득한 이 거리의 골목을 기웃거리며 '샹하이'라는 세련된 도시상품을 구경한다. 자본주의 세상에서 누릴 수 있는 도시의 멋과

도시의 낭만과 도시의 즐거움을 소규모, 소규모, 소규모로 집약해서 진열해놓은 듯한 상해 신천지에서는 한편 '상술의 천지'라는 느낌도 받게 된다.

마당로 대한민국임시정부 청사와 가까운 거리의 신천지에 김구선생이 살던 집이 남아 있다. 아무런 표지도 없고 새겨진 자취도 없지만 석고문 단지 입구 문두에 조각된 주소만은 분명하게 영경방(永慶坊), 옛날 그대로이다. 이 영경방의 집은 원래 독립운동가 김가진(金嘉鎭)이 살다가 이웃으로 이사 가고 김구 가족이 입주했다. 2014년까지만 해도 집의 내부가 폐쇄되어 있었는데 2015년 가을에 가니 내부를 완전 들어내고 레스토랑을 개업하고 있었다. 다만 골목과 집의 외부 골격은 그대로였다.

신천지는 한국 관광객도 많이 찾는 곳이다. 김구 선생 등 임시정부 요인들이 어떤 모습으로 신천지의 이 골목을 다녔는지 상상하며 걸어보는 것도 이곳 관광의 또다른 의미가 될 것이다.

영경방 동문 밖은 바로 황피남로이고, 이 길을 건너면 태평양공원이다. 이 공원의 수변무대에서 해마다 12월31일 자정이면 새해맞이 행사가 개최된다. 새해맞이 카운트다운을 하고 화려한 쇼가 펼쳐진다.

신천지에서 대한민국임시정부 청사를 지나 마당로를 남쪽으로 쭉 내려가면 첫 번째 네거리 지나 두 번째 네거리 모퉁이에 옛날 인성학교(임시정부 설립 한국학교) 건물이 있다. 그 네거리를 통과하여 쭈욱 내려가면 서가회로(쉬자후이루) 큰길이 나온다. 신천지에서 여기까지 도보로 약 7분이 걸린다. 서가회로에서 서쪽으로 약 4분 걸어가면 태강로(타이캉루)가 나온다. 서가회로에서 갈라져 나온 태강로를 2분 정도 걸어가면 '예술가의 거리'로 소문난 전자방의 좁은 골목이 나온다. 전자방이라는 간판

영경방. 독립운동가 김가진 선생의 집이었는데 김구 선생이 물려받아 살았다. 지금은 개조되어 레스토랑 영업중이다. '신천지'에 있다.

이 태강로의 옆 골목 위를 가로질러 있는 이곳이 원조 전자방 골목이다.

필자가 전자방을 처음 찾았던 때는 2006년이었다. 그 때 이 골목에는 젊은 화가들이 공동공방으로 쓰는 작은 건물 하나가 있었고, 워낙 비좁은 골목이다보니 가게도 아주 비좁은, 그만그만한 평수의 소상품 가게들이 10여개소, 커피와 쥬스와 간단한 스넥을 파는 아주 작은 찻집이 서너 곳 있었다. 2007년 전자방을 다시 찾았을 때, 소상품 가게가 몇 곳 더 늘어 있었다. 좁은 원조골목의 곁골목, 아주 좁은 곁골목 집들이 소상품 가게로 개조하기 위한 공사를 하고 있었다. 골조는 물론 외벽도 거의 원래대로 두고 집 안의 침실과 주방을 가게로 개조하는 공사였다. 2008년에도 전자방은 그 전 해의 변화 속도 정도로만 변해 있었다. 크게 변한 건

없었던 것이다. 그런데 2013년 1월, 필자는 너무나 번잡하고 번화해진 전자방의 모습에 그만 아연해지고 말았다. 미술도구를 구입하려고 문화의 거리인 복주로(푸저우루)로 갈까 하다가 전자방의 화가공방이 생각나서 갔던 것인데, 전자방은 이미 그 전자방이 아니었다. 화가도 화가의 공방도 찾기 어려웠고, 당연히 미술도구를 파는 데도 없었다. 이 골목에 살았던 유명화가의 이름을 단 갤러리 하나가 이곳이 미술과 관계가 있던 골목이었구나 하게 될 뿐… 미술은 없고 소상품만 구멍구멍구멍… 손바닥만한 틈만 있으면 소상품 가게 소상품 가게 소상품 가게… 원조골목 옆골목의 옆골목, 그 옆골목의 곁골목, 그 곁골목의 곁골목들이 모두모두 개조가 되어, 소상품가게 수백 수천 곳이 들어선, 그런 이상한 마을이었다.

전자방은 원래 소규모 공장들이 산재한 공장지대였다. 이곳에 가난한 예술의 씨를 뿌린 사람은 화가 임미음(任微音·Ren Weiyin)이었다. 1918년에 태어나 1994년에 사망한 임미음은 중국의 근현대 미술사에서 빼놓을 수 없는 아주 중요한 화가이다. 그는 1950년대 초에 상해로 와서 이곳 전자방에 화실을 열고 제자를 양성했다. 사실주의 화가였던 그의 작품세계는 당시의 정치환경에 맞지 않은 부분이 많았고, 그의 화실은 1961년 강제패쇄가 되었다. 그리고 문화대혁명 시기에 그는 아내와 1남 2녀의 가족과 함께 감숙성(깐수성)으로 하방되어 17년간 수혜공(구두수선공) 생활을 했다. 이러한 그의 생애는 영화로 제작되어 중국인에게 널리 알려졌다.

임미음이 살다 간 이 좁은 골목 전자방에 화가 진일비(陳逸飛·천이페이)가 들어와 자리잡은 것은 1999년이었다. 중국의 유명한 현대화가이면서 미술품을 상품으로 보는 사업가인 진일비가 이곳에 작업실 겸 갤러리를 열었다는 것은 그 자체가 하나의 사건이었다. 미술상품의 거리가 열리게 된다는 사실이었다. 많은 유명 무명의 화가들이 그를 따라 이 골목에 들어와 작업실 겸 갤러리를 열었고, 그러한 사실은 각종 언론에 자주 언급되고 홍보되었다. 화가이자 예술사업가인 진일비와 언론은 전자방을 미술의 골목으로 탄생시켰고, 이 소문이 널리 퍼지면서 미술의 골목은 관광의 골목으로 변화했다. 두 사람이 어깨 부딪지 않고 스쳐 지나갈 수 있을까말까한 비좁은 골목마다 손바닥만한 소상품가게들이 빼곡이 비집고 들어선 것이다.

여기서 한번 유심히 살펴보지 않을 수 없다. 좁은 동네의 미로같이 얽히고 설킨 골목들이 소상품 천지가 된 것은 상업의 천재인 중국인, 그중에서도 상해인이 있기 때문에 가능했다고 치자. '개혁개방'이라는 말만 듣고도 단숨에 저마다의 정신을 개혁개방해버린 중국인, 그중에서도 상해인이 있었기 때문이라고 치자. 상인(商人)이라는 말 자체가 중국의 고대 상(商)나라에서 왔듯이 중국인과 상인은 서로 떼어놓을 수 없는 관계라고 생각을 정리해놓고 보자. 그런데 이런 곳이 어째서 외국인이 선호하는 관광 명소가 될 수 있었을까?

소상품이라면 예원상가에만 가도 무진장으로 많다. 중국 천지에서는 가는 곳마다 소상품 가게이다. 그런데 왜 하필 태강로 전자방일까? 화가들의 거리라는 특성도 이미 사라지고 없는데? 수많은 동양인과 서양인들이 주요 관광코스를 밟듯이 전자방을 찾을 때는 무슨 특별한 이유가 있을 것이다. 그런데 그걸 찾기 어렵다는 것이 전자방 관광의 특징이다.

전자방은 신천지의 모사품 같아 보인다. 그러나 전자방의 상품은 신천지의 상품에 비해서 값이 싸다. 신천지와 전자방은 그 공통점과 차이점을 분명히 드러내 보인다. 신천지와 전자방은 별로 많이 허물지 않고 자연스럽게 재개발했다는 공통점이 있고 한 쪽은 고급(신천지)이고 한 쪽은 서민적(전자방)이라는 차이점이 있다. 신천지에서 쉽게 열리지 않던 알뜰관광족의 지갑이 전자방에서는 어렵지 않게 열린다. 분위기와 가격에 부담이 없기 때문이다. 알뜰한 서양사람들이 전자방의 수공예 소품 한두 점을 관광기념품으로 사고 노천카페의 토스토로 점심 떼우는, 그런 알뜰관광류의 명소가 된 것이다.

전자방은 미술인의 거리로 출발했는데 지금 미술인의 흔적은 없다. 상해 미술인의 거리라는 지극히 간단한 한 줄의 카피 하나만으로도 수많은 동서양 외국인 관광객을 불러모을 수 있는 중국이라는 국가브랜드, 상해라는 도시브랜드의 위력이 놀라울 따름이다.

운하마을, 강남6진

        중국 강남의 얼굴을 하나만 들라면 단연 운하마을이다. 운하마을을 빼놓고는 중국 강남을 설명할 수 없고, 운하마을을 빼놓을 때 중국 강남은 별다른 의미가 없어진다. 운하가 흐름이고 경제도 흐름이어서 강남의 운하로 중국 경제가 흘렀다면 운하마을은 물자와 산업이 이합집산하던 장시였다. 군데군데 맺히고 뚫리는 곳마다 장시가 터 잡아 운하마을을 이루었고, 그곳에 재물이 쌓이고 문화가 꽃을 피웠다.

  부슬비가 내리는 날 우산을 쓰고 돌다리를 건너는 여인… 강남 수향(水鄕)을 상징하는 수묵화의 정경이다. 비안개에 젖은 수로 풍경이 강남 수향의 대표 정경으로 꼽힌다. 이런 그림을 강남의 수향에서는 어디서나 볼 수 있다.

  흔히들 강남 6진(江南六鎭)이라고 한다. 강남의 6군데 대표적인 수향을 말함이다. 주장, 동리, 남심, 오진, 서당, 녹직이 그 강남 6진으로 꼽힌다.

금계 주가각 등도 6진에 버금가는 수향으로 거론된다. 주장과 동리와 금계와 녹직은 소주에서 가깝고 서당은 상해에서 가는 길이 편하다. 주가각은 상해 인민광장에서 시내버스가 왕래하고, 남심은 호주, 오진은 가흥과 가깝다.

주장(저우좡)

중국의 유명화가 오관중(1919~2010)은 '중국 산의 아름다움은 황산에 다 모였고 중국 물고장의 아름다움은 주장에 다 모였다'고 했다. 강남6진의 간판스타라 할 수 있는 세계문화유산 주장은 14세기의 전설적인 거부 심만삼(沈萬三)의 터전으로도 유명하다.

심만삼은 1330년 절강성 호주의 남심에서 태어나 어릴 때 아버지를 따라 주장으로 왔다. 그때까지만 해도 그의 고향 남심에 비해 한적한 마을이던 이곳은 심만삼의 활약에 의해 강남 최고의 장시가 된다. 주장의 주산업은 면(綿)의 생산과 가공이었다. 심만삼은 여기서 비단장사를 했다. 인근의 소주는 당시 강남 최대도시로서 중국비단의 최고산지이자 최대시장이었다. 심만삼은 나이 30이 되기 전에 중국의 비단시장을 석권하고 국제무역을 시작했다. 중국비단은 그의 배에 실려 세계로 수출되었고 그는 중국최초의 국제무역상이라는 기록을 남겼다.

심만삼의 집 심청(沈廳)은 주장의 주요 관광지 중 하나이고, 주장의 대표식품인 완싼티(萬三蹄)는 심만삼이 즐겨 먹었다는 돼지족발 요리이다. 물 위에 세운 절 전복사와 크고작은 돌다리들도 주장의 볼거리이다. 오래 된 돌다리들 중에 세계적인 관심의 대상이 된 쌍교가 있다. 자물쇠와 열쇠의 모양인 이 두 개의 다리 쌍교는 중국과 미국의 국교수립, 중국의 개혁개방과 관련한 상징성으로 유명하다.

동리(퉁리)

소주의 동리를 얘기할 때 흔히들 베니스를 들먹인다. 꾸밈 없는 소박한 아름다움을 보고싶다면 동리를 선택할 일이다. '태호 13경(太湖十三景)'에 들만큼 아름다운 고장으로 널리 알려져 있지만 아주 소박한 모습이다.

주장에 쌍교가 있다면 동리에는 삼교(三橋)가 있다. 태평교와 길리교와 장경교, 작은 돌다리 3개가 'ㄷ'자 형국으로 4갈래 물길 위에 놓여 있다. 이 돌다리는 일상생활 이외에도 결혼식을 마친 신랑신부나, 출산을 앞둔 임산부, 과거시험을 보러 가는 선비, 생일을 맞이한 사람 등이 기도하는 마음으로 건넌다. 이 삼교를 건너면 행운이 온다는 전설이 있다.

동리의 역사는 남송시대로 거슬러 올라간다. 천년 수향인 셈이다. 4면이 물에 둘러싸여 있으면서 그 안이 또 7개의 섬으로 구성된 동리에는 49개의 크고작은 돌다리가 놓여 있다. 수로와 돌다리와 돌계단과 흰 회벽에 검은 기와의 주택들, 이 풍족한 마을의 음식으로는 장원제(壯元蹄)라는 이름의 돼지족발과 태호에서 잡은 3가지 흰색 물고기로 요리한 태호삼백(太湖三白)이 유명하다.

남심(난쉰)

'소주와 호주에 풍년이 들면 중국천지가 편안하다'는 중국 속담이 있다. 남심은 호주와 가까운 운하마을로서 소주와 가까운 주장보다 먼저 번성했던 곳이다. 지금의 남심은 도시에 많이 잠식되어, 번성했던 과거의 마을 안으로 도시가 자연스럽게 파고들어온 듯한 모습이다.

강남 부호를 배출하는 운하마을답게 남심에도 장석명(張石銘)이라는 거부가 있었다. 20세기 전반부 남심에서 비단사업과 무역업으로 큰 재물을 모은 장석명은 상해에 진출하여 방직업으로 거부가 되었다. 20세기 전반

주장. 유네스코문화유산으로 등재된 별 다섯 개 짜리 관광지. 강남의 대표적인 운하마을이다.

기 중화민국의 원로 장정강(張靜江)도 이곳 출신이다. 부호 장석명의 조카로서 비단사업과 소금사업으로 부호가 된 장정강은 손문(孫文)의 측근이 되어 중화민국 건국에 이바지했다. 그의 집도 관광코스에 들어 있다.

태호 아래쪽 호주에서 가까운 남심에는 강남 4대 장서루(藏書樓)의 하나인 소연장(小蓮庄) 장서루가 있다. 소연장은 유씨(劉氏) 가문의 장원으로서 대대로 수재를 배출한 이 집안에서는 송·원·명·청대의 서적들을 출간하여 이곳에 소장했다. 그러나 1933년 이후 유씨 가문의 가세가 많이 기울면서 소장하고 있던 수십만 권의 서적들 중 상당량이 유실되었다.

녹직(루즈)

녹직은 원래 소주에 속하는 운하마을이었지만 오늘날에는 행정주소지가 곤산(쿤산)으로 되어 있다. 녹직의 옛 이름은 보리(甫里)이다. 당나라 시인 육구몽의 호가 보리선생인 것은 그가 이곳에서 살았기 때문이다.

강남6진 동리

녹직에 육구몽의 묘가 있다. 한편 소주의 졸정원은 원래 육구몽이 살던 집터였다. 주장 동리 금계 등의 운하마을과 멀지 않은 거리에 있다.

오진(우쩐)

오진의 역사는 가마득히 7천년 전 신석기시대로 거슬러 올라가고, 2천5백년 전 오월동주의 춘추시대에는 월나라의 군사 요충지였다. 그러나 오진은 오래 된 돌다리들과 오래 된 골목들이 상당히 넓은 면적에 자리하고 있음에도 불구하고 고색이 완연하다고 할 수는 없는 곳이다. 왠지 기획되고 정리된 옛 고장이라는 느낌이 앞선다. 물가 집들 창틀마다 놓인 아깃자깃한 분재 수목이나 화분들, 이끼와 곰팡이가 끼지 않은 골목과 집들은 오히려 오랜 역사를 지우고 있다는 느낌이다. 정갈하고 상쾌한 분위기가 오히려 영화 셋트장을 산책하는 기분이 들게 만드는 것이다.

중국에서 가장 오래 된 마을 중의 한 곳인 오진은 1999년 인민폐 10억

위안으로 대규모 보수공사와 재정비 공사를 시작했다. 2001년 오진은 전통 장(醬)공장, 전통 솥공장, 전통 천연염색공장 등 청나라 말기 기준과 규모의 전통 산업시설들을 원래 있던 자리에 재개발해놓았다. 이 또한 오진마을의 특징이다.

1933년에 발표한 모순(茅盾·1896~1981)의 소설 〈자야(한밤중)〉는 한밤중과 같이 깊이 침잠해 있던 중국 사회의 재래적 낡은 인식에 경종을 울리는 작품이었다. 1921년 중국 최초 근대문학단체인 문학연구회(文學硏究會) 발기인으로서 노신 곽말약 등과 함께 중국 신문화의 선구자 역할을 한 모순은 자신이 태어난 오진에 묻혀 있다. 고향마을 그가 공부한 서당이 있던 자리에 모순 기념관이 있다. 그의 무덤과 전시관이 한 공간에 있는 특수한 기념관이다. 건물 입구를 들어서면 바로 만나는 공간의 정중앙에 그의 유해가 안장되어 있다. 기념관 옆에 언덕인 듯 평지인 듯 약간 봉긋하니 도드라진 곳에 무덤 하나가 있다. 모순 부인의 묘이다.

서당(시탕)

가흥시에 속하는 서당 운하마을은 수로변으로 1킬로미터나 이어지는 긴 회랑의 운치가 압권이다. 서당의 수로변 긴 회랑은 많은 영화의 촬영지이기도 했다. 안개 낀 이른 새벽 이 긴 회랑을 걸어 먼 길 떠나는 홍콩영화 속 장국영의 모습은 서당에 안개 이미지를 선사했다. 톰 크루즈의 〈미션 임파서블 Ⅲ〉의 촬영지도 서당이다.

오진과 마찬가지로 유구한 역사를 자랑하는 서당은 춘추시대 오월 양국의 격전지였다. 춘추 말기의 대영웅인 오왕 합려가 이 인근의 전투에서 부상을 입고 그 후유증으로 사망했다. '두견화 꽃 속에서 춤추는 서시(西施)'라는 시를 만날 수 있는 곳도 서당이다.

옛날 세무관리 김공(金公)이 세금으로 걷은 곡식을 배에 싣고 운하를 따라 올라가다가 이곳 서당 일대의 백성이 굶주리고 있다는 얘기를 듣게 되었다. 김공은 나라에 바칠 곡식을 이곳 굶주리는 백성들에게 풀어주고 빈 배를 몰아 도성으로 갔고 국고횡령죄로 처형이 되었다. 김공이 '횡령'한 곡식으로 굶주림을 면하고 목숨을 건진 이곳 백성들은 그의 은혜를 기리는 사당을 지었다. 호국수량왕 김공전(護國隨糧王金公殿)이 그곳이다.

끝없이 이어지는 서당의 수로변 회랑을 걷다보면 수로 건너편에서 이쪽 회랑을 끝없이 따라오는 여관들을 보게 된다. 수로변의 낡은 집들을 여관으로 개조하여 영업중인 것이다. 여관 베란다에서 일광욕을 즐기는 투숙객의 모습이 서당의 풍경과 어울리는 듯 아닌 듯 기묘한 인상이다.

경제도로인 운하에는 경제가 흘렀고, 그 흐름의 군데군데 큰 장시에는 한 나라를 흥하게도 망하게도 한 막대한 재화가 모였다. 재화가 모였으니 멋진 장원들이 들어섰고 천하의 시인묵객들이 유람 길에 들고났다. 그들이 부잣집에서 몇날몇일 묵고 또다른 운하마을이나 대처로 떠나갈 때 남긴 시 한 수 그림 한 폭은 그대로 이곳의 문화가 되고 예술이 되었다.

중국인이 아닌 외국 사람이 불특정 중국인을 일컬을 때 흔히들 '왕(王)서방'이라고 한다. 그 불특정 중국인인 왕서방의 직업은 거의 어김 없이 '비단장사'이다. '비단장사 왕서방'이면 중국상인이면서 중국인인 것이다. 비단이면 소주를 중심으로 한 강남의 특산물이고 소주 비단에 소주 고(顧)씨 집안의 고수(顧繡)가 놓인 것을 최고의 상품으로 친다. 강남의 운하마을들에는 비단으로 거부를 쌓은 이들의 집과 전설이 곳곳에 남아 있다. 주장의 심만삼, 남심의 장석명 등, 모든 운하마을에 전설적인 거부의 집과 이야기가 있다. 이들이 거부를 쌓은 바탕에는 비단이 있다. 비단으로 거부의 길에 들어섰다는 것이다. 세계인이 알고 있는, 중국인의 대명사 '비단장사 왕서방', 그는 과연 누구일까. 강남의 운하마을에서 길가는 사람을 잡고 묻고 싶어진다. "누구 비단장사 왕서방을 모르시나요? 정크선에 비단바리 싣고 운하 물길을 타고 먼바다로 나갔던 왕서방을 누가 모르시나요?"

발 밑의 낭만 - 강남의 다리

　　　　　강남의 역사는 다리의 역사라고도 할 수 있다. 물의 고
장 강남은 동네의 다리에서부터 마을 간의 다리, 도시 간의 다리… 잇고
잇고 이으며, 다리를 세우며 성장해온 역사라 할 수도 있다. 자연의 강 이
외에도 운하가 손금처럼 깔려 있는 물의 고장 강남에서는 다리만 구경해
도 몇 달을 보낼 수 있다. 몇 달을 구경해도 다 못 보는 것이 강남의 다리
라는 얘기이다. 홍교와 판교가 눈 길 닿는 데마다 놓여 있다. 모양도 각양
각색이고 규모도 천차만별인데, 거의 대부분 행인이 일상생활에서 밟고
지나다니는, 역사의 다리이지만 오늘날에도 다리의 구실을 하는, 살아있
는 생명들이다.
　소주는 춘추시대 오나라 말기의 몇십년 이외에는 단 한번도 수도였던
적이 없기 때문에 권위적이고 웅장한 대형 구조물은 없다. 그러나 2천5
백년동안 줄곧 최고의 번영을 구가한 도시였기 때문에 골목마다 물길마

다, 눈길 닿는 데마다 부티가 묻어난다. 소주의 부티 중에서 대표적인 것이 돌다리들이다. 소주 시내에는 참으로 밟고 지나 다니기가 아깝고 미안하게 느껴지는 돌다리가 많이 있다. 우아하게 아름다운 무지개다리(홍교)와 단순하지만 날렵한 널다리(판교)가 물고장 소주의 물길마다 가로 놓여 있다. 한산사의 풍교·강촌교, 간장로의 언교·낙교와 같이 유명한 다리가 관광객의 인문지식 욕구를 충족시키고, 평강로 등 옛 동네의 좁은 물길에 가로놓인 소교들은 관광객의 마음을 다감하게 흔들어놓는다. 무지개다리 돌난간의 기둥들마다 돌로 새겨 얹은 12간지 동물의 상들을 보는 재미도 있고, 밋밋한 널다리의 무늬 없는 돌에 묻은 세월의 바람결을 느끼는 맛도 있다. 천년 세월의 소주 사람들이 그 세월동안 밟고 지나다닌 돌인 것이다. 소주에서 살다간 수많은 영웅과 호걸과 명인들의 자취가 발바닥에서 느껴지지 않을 수 없다.

물론, 다리 밑을 보면서 "물이 좀 맑았으면 얼마나 좋으랴" 하는 탄식이 절로 나오지만, 어쩌랴, 남의 동네 일을! 좋은 것만 보고 좋은 느낌만 추슬러 가질 수 밖에. 천년 넘은 돌다리를 여전히 생활의 통로로 사용하고 있는 데에 대한 여행자의 소감만 챙겨넣을 수 밖에.

장엄한 역사유적보다도 더 실감나는 역사를 느끼게 하는 돌다리들도 있다. 석호(石湖)의 월성교는 춘추시대 오나라 월나라의 치열한 전투를 일깨워 느끼게 하고, 목독(木瀆·무두)의 구리산당(九里山塘)에 놓인 13개 작은 돌다리들은 춘추시대 서시에서부터 청나라 건륭황제에 이르기까지 2천5백년 소주 역사의 파노라마를 펼쳐놓는다. 소주에는 당나라 때 390개의 돌다리가 있었고 청나라 때는 649개의 돌다리가 있었다고 한다. 지금은 168개의 돌다리가 남아 있는데, 현재의 넓은 소주시가 아니고 옛날의 좁은 구시가지에 649개나 돌다리가 있었다니 놀랍기 그지 없다.

강남의 오래 된 돌다리들 중에서 가장 긴 것은 317미터 길이에 53개의 아치형 물길이 뚫린 소주 보대교이다. 이 다리 역시 명나라 사람들이 지나다녔듯이 오늘날의 소주 사람도 지나다니고 있다. 다리의 고장 강남에는 그 길이와 규모로서 기록을 갱신한 다리들이 많다. 남경의 장강대교와 항주의 전당강 철교는 중화인민공화국이 해방 직후의 열악한 환경에서 자체의 철강기술과 교량건축기술로 세운 것이라는 자부심이 강한 다리이다. 그 후 장강에는 그보다 더 길고 실한 대교들이 끊임없이 건설되어 강의 차안과 피안을 연결했다. 다리로서 물고장의 아름다움을 여지없이 보여준 강남은 이제 다시 다리로서 대국 중국의 위세를 유감없이 떨치고 있다. 2005년 완공된 길이 31킬로미터의 동해대교(상해-동해바다 양산섬), 2008년 완공된 길이 36킬로미터의 항주만대교(가흥 작포-영파 자계), 2013년 완공된 전체 69.5킬로미터(전당강 하류 구간 10.1킬로미터) 길이의 가소대교(가흥-소흥). 바다 한복판으로 달려가는 아찔함을 이 다리들에서 느낄 수 있다. 이 다리들 외에 아찔하면서도 아름다운 다리들이 또 더 있다.

영파 앞바다에 펼쳐지는 강남의 절정들. 보타산은 강남의 한 정점이자 강남의 마지막 지점에 피어난 한 송이 꽃이라 할 수 있다. 영파 앞바다 주산군도의 중심 섬 주산도는 대산도, 주가첨도, 육횡도, 금당도 등의 큰 섬들을 거느리고 있다. 영파에서 보타섬으로 가는 길에 강남 다리의 또다른 아름다움들을 만끽할 수 있다. 영파 진해에서 처음 만나는 다리가 금당소령으로 건너가는 금당대교이다. 이 다리는 전체 48.16킬로미터(바다 구간 19.1킬로미터) 길이로 2009년에 완공되었는데 그 곡선의 아름다움이 가히 환상이라 할만하다. 필리핀 쪽에서 발생한 태풍이 대만을 비껴돌아 일본 쪽으로 가고 있다는 일기 보도가 있을 때 이 다리를 건넌 적이 있다. 태풍은 아주 먼 곳으로 가고 있다는데 이 다리가 바람에 심하게 흔들

강남의 오래된 돌다리 중 가장 길이가 긴 소주 보대교. 317미터 길이에 53개의 아치형 물길이 뚫려있다.

렸다. 다리가 뒤집어지고 차가 바다에 나가떨어지겠다는 위기감의 연속이었다. 그 길고긴 다리를 어떻게 다 지나갔는지, 지금 생각해도 몸서리쳐진다. 다리를 곡선으로 디자인한 이유가 아마도 이 바다의 거센 바람 때문일 것이다. 금당대교 다음에는 서후문대교이다. 이 다리 역시 대단히 높고 대단히 길다. 그 다음의 도요문대교 또한 아주 높고 아주 길다. 향초문대교, 잠항대교… 다섯 개의 대교를 건넜다는 것은 다섯 개의 섬을 통과했다는 것과 같은 의미이다. 주산도, 즉 주산시의 마지막 다리는 관음대교이다. 길이 2730미터로서 앞서 말한 다리들에 비하면 길지 않다. 관음대교를 건너 주가첨섬에 들어서면 거기서부터 또 절경의 연속이다. 주가첨섬의 해안선과 해변은 가는 데마다 표정이 다르다. 주가첨섬의 북쪽 끝에 보타섬(보타산) 행 배를 타는 오공치부두가 있다. 지금까지 이어져온 다리의 행진이 여기서 끝나는 것이다. 차 없는 섬 보타섬(보타산)에 대한 배려이다. 중국 강남은 그 많고많은 다리의 행진을 주가첨섬의 끄트머리에 와서 보타섬을 앞에 두고 멈추었다. 멈춤으로서의 완성이었다. 다리의 고장 강남이 그 유장한 다리 역사의 화룡점정을 여기에서 한 것이다. 심청의 바다에 뜬 섬, 눈 앞의 한 송이 꽃 보타섬을 위하여.

강남의 산

옛부터 강남의 중심도시였던 남경과 소주와 양주에는 지형학상의 묘한 공통점이 있다. 세 도시 모두 그 중심부에 구슬처럼 알처럼 박힌 나지막한 동산이 있다는 점이다. 한결같이 높지도 넓지도 않은 작은 언덕이다. 해발 50미터도 되지 않는 낮은 언덕이 그 어떤 산보다도 우람하게 도시의 정신인 양 박혀 있는 것이다. 대평원 소주의 일망무제 들판에 해발 34미터 남짓의 해용산, 즉 호구(虎丘)가 있다. 이 산을 일컬어 '오중 제1산(吳中第一山)'이라고 한다. 강남 최고의 산이라는 뜻이다. 2천년 동안 왕기를 품고 있었던 남경성의 알이라 할 수 있는 지점은 역시 남경 계롱산일 것이다. 남경 천지가 왕기를 품었다 하나 닭이 울어 새벽을 열지 않고서야 어찌 왕기를 발할 수 있으랴. 계명사 그 자체가 되어 있는 작은 언덕 계롱산의 관상은 남경 풍수의 정수라 할 수 있다. 소주의 호구, 남경의 계롱산과 같은 존재가 양주의 평산이다. 평산 또한 호구나 계룡산과 마찬가지로 눈 씻고 유심히 봐야 겨우 보이는 나지막한 언덕이다. 이 산에는 대명사와 관음사가 있고 그 옆으로 당성) 유적이 있다. 평산이라는 지명은 송나라 초기의 대문호요 천하명필인 구양수(1007~1072)가 지은 것이다. 대명사에 평산당(平山堂)이라는 편액글씨를 써주면서 "강남의 모든 산이 이 산을 향해 머리를 조아린다"고 설명했다. 이 때부터 평산당은 강남 풍수지리의 중심점이 되었다. 이렇듯 호구와 계룡산과 평산당, 이 3곳 모두가 해발 50미터 미만의 작은 언덕이면서 강남 천지의 정기가 알차게 뭉쳐진 3개 구슬, 3개 알집, 3개 핵으로 대접받고 있는 것이다.

막간산과 천목산

절강성 104번 국도 덕청현에 해발 719미터의 막간산이 있다. 상해에서는 승용차로 약 4시간 소주에서는 약 2시간 반, 항주에서는 약 1시간, 호주에서는 약 40분 거리이다.

막간산에는 1930년대에 건축된 수십 채의 별장들이 해발 600미터 위치에 길게 띠를 이루며 숲속에 혹은 골짜기에 박혀 있다. 80년 전 그 당시, 이 외딴 산에서 무섭지도 않았는지 저마다 멀찍이 떨어져 외따로 들어선 이 별장들의 주인은 1930년대 중국을 호령한 인물들이다. 당시 중국을 이끌던 장개석의 별장도 있고 세계적으로 유명한 마피아조직인 상해 청방의 대두목 장숙림과 두월생의 별장도 각기 깊숙이 앉아 있다. 만국건축박람회장으로 일컬어질만큼 당시의 세계 별장 건축 양식이 모두 이곳에 모여 있다는 느낌이다. 강서성 여산, 하남성 계공산, 하북성 북대하와 더불어 중국 4대 피서지로 꼽히는 막간산에는 모택동이 청년당원들을 면담한 집도 남아 있다.

전설의 검(劍) 명장 간장(干將) 막야(莫耶) 부부가 살던 산이라 하여 막 간산이 되었다고 한다. 막간산은 천목산맥에 그 줄기를 대고 있다.

동천목 서천목, 해발 1500미터 조금 넘고 조금 덜 되는 두 봉우리에 두 개의 눈(目)인 듯 작은 산정호수를 머금고 있는 천목산은 그 산맥의 가지 에 강남의 여러 산들을 달고 있다. 상해 송강 대평원에 오똑오똑 조그맣 고 예쁘고 날렵하게 돋아난 서산(sheshan·余山·여산) 등 9개 작은 봉우 리들도 천목산의 새끼들이라고 한다. 지상에서는 도무지 뻗어 연결된 부 분이 없이 수백 리 떨어져 있는데 천목산의 새끼 산들이라고 하니 땅 속 에 천목산의 심줄이라도 뻗어있나보다 할 뿐이다. 이렇듯 절강성 서북부 의 산들과 강소성 서남부의 산들 거의 모두가 천목산맥으로 규정되고 있 다. 천목산은 도교의 명산이자 불교 임제종의 총본산 선원사가 있는 산 으로도 유명하지만 나무로도 유명한 산이다. 천목산의 입장료는 해발 1000미터가 훌쩍 넘는 산꼭대기에서 받는다. 입산료가 우리나라 돈으로 3만 원이 넘는다.

그럼에도 평일 주말 할 것 없이 만원사례인 이 산에 중국에서 가장 큰 나무가 있고, 세상에 하나 밖에 없는 나무도 있다. 장정 둘이 마주 팔을 둘러도 안을 수 있을까말까 한 굵고 큰 나무는 무수히 많다. 선원사를 지 나 나무의 왕 대수왕(大樹王)을 찾아가는 길에서 밟고 지나가게 되는 연 리지(連理枝)의 노골적으로 얽힌 뿌리… 얽히고 설킨 인연을 백일하에, 뭇 인간의 발길 아래 내놓고 있어 처참하면서도 감동적인 연리지의 형체 라 할 수 있다. 천목산은 물길 경항대운하와 더불어 강소성과 절강성, 오 (吳)와 월(越)을 하나의 강남으로 엮어내는 산맥이다.

남경 종산

종산(자금산)은 남경을 품고 있는 산이다. 왕기를 품었다는 천하명당 남경을 품고 있으니 그 산의 격이 여느 산과 같을 리 없다. 풍수지리에 문외한인 사람이라도 남경의 종산을 보면 그 산 전체가 우람한 기의 덩어리라는 것을 느낄 수 있다.

강남에서는, 특히 남경 소주 등지에서는 '동오(東吳)'라는 상호의 간판을 많이 보게 된다. 동오는 손권(孫權·182~252)이 세운, 〈삼국지〉의 오나라를 말한다. 소주가 수도였던 춘추전국시대의 오나라와 구별하기 위해 후세 사람들이 동오라고 지어 불렀다. 손권의 오나라라 하여 손오(孫吳)라고도 불렀다.

남경을 수도로 삼은 첫 국가가 손권의 오나라이다. 손권의 선택을 받은 그 때부터 남경이 '왕기를 품은 천하명당'으로 알려지게 된다. 남경의 왕기를 처음 발견한 사람은 〈삼국지〉의 유비(161~223)이다. 유비는 손권의 누이동생과 정략결혼을 한 이듬해에 처가 나들이를 했다. 당시 손권의 오나라는 오늘날의 진강을 도읍지로 하고 있었다. 처갓집이 있는 진강으로 오기 위해 배를 타고 장강(양자강)을 유유히 내려오던 유비는 강변 저만치에서 '붉은 금빛의 서기가 감도는 산(자금산)'을 보게 된다. 처가에 당도한 유비는 처남 손권에게 일러준다. "내가 본 곳(남경)으로 도읍을 옮기시오, 만년 왕기가 서린 땅이오" '십조도회(十朝都會) 남경'의 출발점이었다.

손권의 무덤은 아직까지 발견되지 않고 있다. 그 대강의 위치만이 구전되어 오고 있는데 종산 자락의 매화산이 그곳이다. 남경은 예로부터 매화로 유명한데 이곳 종산 자락의 매화산이 매화의 산지이다. 손권은 이곳 매화산의 매화밭 어디쯤에 잠들어 있다.

명 태조 주원장(1328~1398)이 잠든 명효릉(明孝陵)의 입구는 매화산 옆에 있다. 매화산을 둘러보고 거대한 동물 석상들이 도열한 길로 접어들면 그곳이 명효릉 입구이다. 사자 낙타 기린 코끼리 말 등 호위 동물들이 각 1쌍씩 거대한 모습으로 명효릉 5리 길 좌우에 앉거나 서거나 엎드려 있다.

주원장과 그의 부인 마황후를 합장한 무덤인 명효릉은 원래 영곡사가 있던 자리였다. 종산의 명찰인 영곡사는 그 자리가 명당으로 소문이 나 있었다. 주원장은 자신이 명당에 눕기 위해 그의 생전에 영곡사를 지금의 자리로 옮겨가게 했다. 명효릉 구내에 용도와 성격을 알 수 없는 대형 돌거북이 있는데 이것은 아마도 영곡사 시절에 조성된 것인 듯 하고, 지금 열사기념관이 되어 있는 거대한 건물도 원래 영곡사 부속 건물이었다. 주원장은 홍건적 4대 수령 중의 한 명인 유명한 도적 출신이고 그 아내 마씨는 중국 역사에서 사납기로 소문난 여인이었다. 가장 기가 센 남자와 가장 사나운 여자가 한 무덤에 나란히 같이 누운, 이 거대한 명효릉은 10만 명의 군인이 25년에 걸쳐 이룩한, 진시황릉 이후에 가장 웅대하게 조성된 황릉이다.

명효릉과 대총통 손문(1866~1925)이 누운 중산릉은 종산 관광코스의 한 흐름으로 연결이 된다. 영곡사-명효릉-중산릉의 연결이다. 손문은 5천년 제국을 '국민의 나라 중국'으로 만든 인물들 중의 대표자로서 중화민국 대총통이 되었다. 따라서 그는 국부의 대접을 받는다. 1925년 북벌의 마침표를 찍기 위해 북경에 갔다가 그곳에서 간암이 악화되어 사망한 손문은 남경으로 옮겨져 이곳에 묻혔다.

손문은 우리나라 독립지사들과도 각별한 관계를 유지했다. 도산 안창호와 우남 이승만 등이 그들이다. 상해의 대한민국임시정부 첫 번째 청사가 상해 손문의 집에서 100미터 이내 거리에 있었다는 점에서도 그와 우리 독립지사들의 관계를 엿볼 수 있다. 지금의 상해 대한민국임시정부 청사는 손문 별세 이후에 옮겨온 것이다. 1947년 우리나라는 해방공간의 혼란한 시대였는데 이승만은 중국을 방문하여 남경 중산릉을 참배하고 손문을 추모했다. 대한민국 정부는 1962년과 1968년, 2차례에 걸쳐 손문의 영전에 '건국훈장중장'을 수여했다.

이 산의 높이가 해발 488미터 밖에 안 된다는 사실을 알고나면 조금은 놀라게 된다. 인상 자체가 거대한 풍모이기 때문이다. 웅장한 산세, 너그러운 능선, 넓은 품, 흙 속에 몸을 숨기고 보이지 않는 바위, 산의 맨살을 호위하여 감춘 무성한 숲… 무조건 편안하다. 이 편안함 이상으로 갖춰야 할 명산의 조건이 있을까. 점잖다. 기이하거나 요사하지 않고 무조건 점잖다. 이 점잖음 이상으로 갖춰야 할 명산의 조건이 있을까. 카리스마는 편안하고 점잖은 데서 나와야 그 힘이 작렬하는 것이다. 남경 자금산(종산), 이 산이 바로 그러한 산이다. 무겁고 믿음직스럽고 스스로 과묵한 이 산에 천하영웅들이 누워 있다.

천태산

지금으로부터 1380년 쯤 전 당나라 현종 시절, 한 괴짜스님이 천태산에 들어와 한암굴(寒岩窟)에 터를 잡고 도를 닦았다. 먼저 상명대 박석 교수가 번역한 한암굴 괴짜스님의 시를 본다.

등보한산도 登陟寒山道

한산로불궁 寒山路不窮

계장석뢰뢰 谿長石磊磊

윤활초몽몽 潤闊草蒙蒙

태활비관우 苔滑非關雨

송명불가풍 松鳴不假風

수능초세루 誰能超世累

공좌백운중 共坐白雲中

한산의 길 오르는데

한산의 길은 끝이 없구나

계곡은 길어서 돌무더기 가득하고

시내는 넓어서 풀들 무성하구나

이끼가 미끄러운 것은 비와 상관이 없고

솔바람이 부는 것은 바람 때문이 아니로다

누가 세상의 근심 뛰어넘어

더불어 흰구름 가운데 앉으리오

　시인으로 유명한 한산(寒山)스님이었다. 천태산 국청사에 순박한 젊은
스님 한 사람이 있었는데, 그는 날마다 바가지에 식은밥을 담아 한암굴
로 가서 한산스님이 배를 곯지 않게 먹였다. 그의 이름은 습득(拾得)이었
다. 천태산 국청사에 풍간(豐干)이라는 시 쓰는 스님이 있었다. 천태산 계
곡 국청사 앞의 풍간교는 풍간의 이름을 딴 것이다. 풍간스님은 길에서
한 고아소년을 데려와 키웠다. 풍간스님이 키운 스님이 습득이었는데,
길에서 주워 와서 키웠다고 법명까지도 습득이라 지어주었다. 풍간과 한
산과 습득. 이들은 모두 당나라의 유명한 시인인데, 이들 중 한산은 소주
한산사의 이름이 되었다. 한산사에는 한산과 습득을 모신 한습당(寒拾堂)

이 있다. 소주 한산사에 한습당이 있게 된 데에는 그럴만한 내력이 있다. 한산스님이 습득스님에게는 한마디 말도 없이 어느 날 문득 천태산을 떠나버리는 사건이 발생했다. 습득스님은 백방으로 수소문한 끝에 한산스님이 멀고먼 소주 한산사로 가버린 것을 알게 되었다. 습득스님은 괘씸했다. '내가 그토록 아침저녁 배 곯지 않게 챙겨먹였거늘 나한테는 한마디 귀띔도 없이!' 습득스님은 한산스님을 찾아나섰다. 천태산에서 소주까지 멀고 험난한 2천리 길이었다. 거지 중에서도 상거지 꼴이 되어 소주 한산사에 당도하니 과연 한산스님이 있었다. 2천리를 걸어오는동안에는 만나자마자 욕부터 한 바가지 퍼부을 생각이었는데 막상 만나고보니 절로 무릎을 꿇게 되었다. "아이고 스님, 이게 얼마만이오!" "오냐, 왔느냐." 그걸로 끝이었다. 습득스님은 한산스님의 제자가 되어 한산사에 머물게 되었다. 뒷날 습득스님까지도 시인으로 유명해지자 한산사에서는 한습당을 지어 그 스승과 제자를 기리게 되었다. 천태산 국청사에도 풍간 한산 습득을 모신 삼현당(三賢堂)이 있다.

천태산 국청사 삼현당 벽에 이런 법문이 새겨져 있다.

한산문습득   寒山問拾得

세간유인방아기아   世間有人謗我欺我

욕아소아경아천아   辱我笑我輕我賤我

편아여하처치호?   騙我如何處治乎?

한산이 습득에게 물었다.

세간의 어떤 이가 나를 비방하고 나를 속이고

나를 욕되게 하고 비웃고 가볍게 보고 천하게 보면

어떻게 대처할 것인가?

습득왈	拾得曰
지요인타	只要忍他
양타불요리타재우	讓他不要理他再遇
기년니차간타	幾年你且看他

습득이 말했다.

그것을 참아내고

너그러이 접어두면

뒷날 다시 우연히 만날 때 모두 좋은 낯으로 볼 수 있습니다.

천태산 한암굴 수도승 한산과 국청사 불목하니 습득의 문답이다. 한산이 제자의 실력을 시험하기 위해 물었고 제자가 스승의 질문을 거뜬히 받아넘겨 답한 것이다.

1085년 봄, 고려 문종의 넷째 왕자 의천이 바다 건너 절강성 천태산 국청사를 찾아와 머리 깎고 불법 수행을 했다. 그리고 1086년 여름, 3천여 권의 불경을 구해서 고려로 돌아가 천태종을 열었다.

지금 절강성 천태산 국청사의 맨 위쪽, 전망이 가장 좋은 자리에 '중한 천태종 조사 기념당(中韓天台宗祖師記念堂)'이 있다. 거기에 중국의 천태 지자대사, 고려의 의천 대각국사, 그리고 대한민국의 상월 원각대조사가 삼존불로 모셔져 있다. 상월 원각대조사는 충북 단양군 소백산 구인사에서 한국 천태종을 중창한 분이다. 1백만 명에 이르는 천태산 국청사의 신도들은 이곳 중한 천태종 조사 기념당의 한국 스님들에게도 깎듯이 예

불을 올린다. 중국 사람들이 한국 스님의 상 앞에 향을 사르면서 뭘 비는 것인지, 묘한 호기심도 생긴다.

천태산 국청사는 15번 상태고속도로(강소성 상주~절강성 태주 고속도로)의 전당강 하류 구간에 가소대교(가흥~소흥)가 개통되면서 상해 소주 방면에서 가는 시간이 100분 이상 단축되었다. 천태산은 오대산 아미산과 더불어 중국 3대 영산에 드는 명산이다. 그럼에도 고속도로에서 접근하기가 이보다 수월한 산은 드물다. 이정표를 따라 어렵지 않게 천태산 국청사 풍경구 공용주차장에 도착하게 된다. 거기서 계곡을 따라 조금 올라가면 7백년 8백년, 그 이상된 고목들이 줄지어 서서 여행객을 맞이한다. 노을나그네(霞客) 서굉조(쉬샤커), 고려 왕자 의천 등이 찾아왔을 때도 그늘을 드리웠을 나무들이다. 외로운 노을나그네와 총기 넘치는 고려 왕자의 체취를 느끼듯이 고목을 쓰다듬어 보게 된다.

국청사 경내에는 수령이 1300년이 넘는 매화 고목 한 그루가 있다. 수나라 시대에 심은 매화나무라고 하는데, 아니나 다르랴, 전설이 있다. 매화라는 이름의 아름다운 처녀가 못된 부잣집 도령을 피해 국청사로 도망을 온다. 진실한 사랑도 없이 몸만 탐내는 못된 도령이어서 도피하지 않을 수 없었다. 매화낭자는 국청사에서 법화경(法華經) 69,777자를 수 놓으면서 도령이 나쁜 마음을 거두게 되기를 바랐다. 매화낭자의 지극한 기원이 통했는지 도령은 그녀에 대한 마음을 거두었고, 집으로 돌아가게 된 매화낭자는 국청사에 매화씨 한 톨을 보답의 마음으로 내놓는다. 바칠 거라고는 뜰에서 주운 매화씨 한 톨 뿐이었던 것이다. 매화낭자가 바친 매화씨는 경내 담장 옆에 심어졌고 건강한 매화나무로 자라났다. 그리고 1300년이었다. 이 나무는 지금도 1월이면 꽃을 피운다.

국청사 쪽 천태산에서는 어디서나 보이는 탑이 있다. 수나라 시대에 쌓

앉다는 1300년이 넘는 나이의 수탑(隋塔)이 그것이다. 이 탑의 높이는 80미터. 수나라 시대가 아니라 송나라 시대에 다시 세운 탑이라는 설도 있지만 그렇다 하더라도 이 높이는 요즘의 100층 120층 빌딩에 비할 바가 아니다. 비바람 북풍한설을 이겨냈을 것이고 진도가 높지 않은 지진도 여러 차례 이겨냈을 것이다. 편한 세월이었다 하더라도 세월 앞에 진정으로 편안한 것은 없는 법이다. 세월 자체가 고난일 수 밖에 없다.

푸른 숲 울창한 산간 계곡을 우렁찬 소리로 울리는 시원한 폭포수! 무더운 여름날에 그려볼 수 있는 풍경 중의 하나인데, 천태산 석량(石梁)에서 그런 풍경을 만날 수 있다.

석량이란 '돌대들보'라는 뜻이다. 폭포 위의 허공을 길고 두꺼운 대들보 모양의 바위가 지나가는 풍경이다. 대들보 모양으로 계곡의 허공에 걸려있는 이 거대한 자연석의 이름이 돌대들보, 석량이다. 천태산은 석량 이외에도 국청사풍경구·적성산풍경구·화정풍경구·동백궁풍경구·양태선곡·용아협·한산호·천호풍경구 등 절경이 많은 곳이다. 중국 명나라 시대의, 세계적인 지리학자 서하객(쉬샤커)이 3번이나 답사한 곳으로 유명하다.

상태고속도로를 타고 상해, 소주 방향으로 돌아오다 보면 신창(新昌) 인터체인지가 나온다. 천태에서는 자동차로 약 30분 거리이다. 이곳 신창 시내에 석성(石城)이라는 이름의 유적공원이 있다. 천태 지자대사의 적멸지로 알려진 이곳 신창 석성 대불사에서는 실로 놀라운 경험을 하게 된다. 우리나라의 마이산에 비유할만한 대형 바위산이 평지의 담장 하나에 완전히 가려 있는 경이로운 경관이다. 노을나그네 서하객이나 고려 왕자 의천은 평지에 난데없이 우뚝 솟은 바위산을 보았을 터이지만 오늘날의 관광객은 평범한 담장만 눈 앞에 있는 것을 보게 된다. 그런데 몇 구비

담장을 돌아 작은 문을 들어서면 느닷없이 시야를 막고 다가서는 엄청난 높이의 바위산인 것이다. 인간의 시야를 공간 디자인 기술이 우롱했다고나 할까. 감쪽같이 속은 기분이면서도 한편으론 속아서 유쾌한 기분이 들기도 하는 신창 석성의 천태 지자대사 적멸지 바위산이다.

황산과 구화산

황산의 격은 그 이름에서부터 여느 산과 다르다. 우리나라의 단군에 해당하는 황제(黃帝)의 '황'을 이름으로 가진 산인 것이다. 중국인이 시조 할아버지의 이름을 이 산에다 붙였다는 얘기이다. 그러나 황산은 '중국의 5악(中國五嶽)'에 들지 않는다. 중국의 5악이라면 동악 태산(泰山), 서악 형산(衡山), 남악 화산(華山), 북악 항산(恒山), 중악 숭산(嵩山)을 말함이다. 5악은 중국인이 가장 신성시하는 산들이다. "5악을 보았다면 다른 산은 볼 필요가 없다" 이 말은 명나라 여행가 서하객(쉬샤커)이 한 말이다. 그는 한마디 덧붙였다. "황산을 보았다면 5악도 볼 필요가 없다."

황산4절(黃山四絶). 황산을 설명할 때 어김없이 꼽는 4가지가 있다. 황산4색(黃山四色)이라고도 하는데, 기이한 모양의 바위봉우리(奇峰), 기이한 형상의 소나무(奇松), 수질 좋은 온천(溫泉), 산골짜기에 바다처럼 넘쳐 출렁이는 구름(雲海). 이 황산4절 혹은 황산4색이 가장 아름다울 때는 언제일까. '1절 기봉'과 '2절 기송'과 '3절 온천'이 '4절 구름' 속에 있을 때라고 한다. 옛날부터 황산에는 다른 이름이 있었다. 구름산(雲山)이다. 필자는 안개 자욱한 날 황산에 올라 구름 속을 헤매었다.

황산은 1,864미터의 연화봉이 최고봉이다. 해발 1천미터가 넘는 77개의 큰 봉우리와 24개의 골짜기를 거느리고 있다. 한국에서는 주로 상해나 항주를 거쳐서 온다. 황산시에도 공항이 있다. 이름만 듣고 황산이 황산시

안휘성 동남부에 2개의 최고 명산 황산과 구화산이 있다. 비교적 가까운 거리에 있으면서도 황산은 우람한 인상이고 구화산은 화려한 느낌이다.

에 있다고 간단히 생각해버리면 고생을 한다. 황산시내와 황산은 고속도로로 1시간 반 이상의 거리이다. 황산은 안휘성 남부에 위치해 있다. 항주를 거쳐 임안(臨安)을 지나 절강성 경계를 넘어 안휘성으로 접어들면 주변 경관이 벌써 청정한 느낌이다. 명대에 재상을 지낸 이의 옛 집이 황산 가는 길 가에 있고, 잠시 들어가 쉬었다 가고 싶은 풍경들이 끊임없이 펼쳐진다. 임안에서 황산에 이르는 동안에 천목산 천도호 등의 명승지가 있다.

황산에 당도하여 황산4절 혹은 황산4색에 드는 온천에 몸을 담궜다. 노천온천이다. 황산4절의 기암거봉과 기이한 소나무들이 노천온천을 둘러쳤다. 기송 사이로 김을 피워올리는 온천물에 잠겨서 기암거봉들을 보고 있는데, 어디서 일어난 것일까, 안개인지 구름인지 바람결같은 것들이 불려와서 필자를 에워싼다. 발거벗고 황산4절에 묻혀 있는 필자를 필자가 발견한다. 어느새 자욱해진 구름 속에서 기암거봉도 기송도 보이지 않는다. 있는 것은 오로지 구름 속에서 온천물을 희롱하는 필자.

황산 소재와 황산 주제의 그림을 주로 그리는 화가그룹을 황산화파(黃山畵派)라고 한다. 한 화파를 탄생시켰을 정도로 황산은 대단히 회화적인 산이다. 유명화가 오관중은 "중국 산의 아름다움은 황산에 다 모였다"고 했다. 황산화파가 형성될만한 이유이다. 거대한 화강암 덩어리로 이루어진 산과 그 화강암을 뚫고 자란 소나무, 그 풍경을 휩싸고 도는 구름. 그 자체만으로도 황산은 거대한 한 폭의 중국화라 할 수 있다.

황산에는 정상 가까운 곳까지 승객을 실어나르는 3개 코스의 케이블카가 있다. 남쪽의 옥병삭도(위핑쑤어따오), 북쪽의 태평삭도(타이핑쑤어따오), 그리고 운곡삭도(윈구쑤어따오). 이 중에서 황산을 처음 찾는 사람이면 주로 황산 초입의 탕구를 지나 남쪽의 황산대문를 지나 황산교통반점 도원빈관 황산빈관 등이 있는 산중 호텔촌으로 길을 잡게 되고, 거기서 자광각(츠꽝꺼)까지 올라가서 옥병삭도를 타게 된다.

황산의 소나무는 특별한 학명을 가지고 있다. 황산송이라 부른다. 이 이름은 1930년대에 관련 학계의 인정을 받고 특별히 붙여졌다. 황산송은 바위의 좁은 틈에 뿌리를 내려 바위의 양분과 수분을 먹고 자라는 특이 품종이다. 황산송 중에서도 특별히 지명도가 높은 스타 소나무가 있다. 반갑다고 인사하는 듯한 형상의 잉커쏭(迎客松)과 누워있는 용의 형상인 워룽쏭(臥龍松), 검은 호랑이 형상의 헤이후쏭(黑虎松)이 유명한 스타 소나무이다.

필자는 원래 사진을 남기지 않는 여행을 즐겨왔다. 백두산도 두 번 다녀왔지만 백두산 사진은 천지에서 기념으로 찍은 것 한두 장 뿐이다. 몇 년 전부터 가는 곳의 좋은 경치마다 사진을 찍기 시작했는데 황산에서는 도

무지 안개와 구름 말고는 찍은 것이 없다. 이 날의 안개와 구름은 여느 때보다도 지독했던 듯하다. 사진도 남김 없이, 기억도 남김 없이. 그러다 어느 날 문득 떠오르는 풍경이랄까 느낌이랄까, 아 내가 거길 다녀왔었구나, 기억을 하면 하고 말면 말고, 그런 여행도 크게 나쁘진 않을 것 같다.

구화산을 황산과 한 묶음으로 묶는 이유는 첫째 지리적으로 멀지 않다는 점이고 둘째 황산의 웅장함과 구화산의 화려함을 하나의 띠로 엮어보고 싶은 것이다. 그리고 황산 가까이 구화산이 있다는 것을 모르고 떠나가는 한국 관광객을 부르기 위해서다.

중국인이 간절한 소원이 있을 때 찾는 곳 몇 군데가 있는데 그 중의 하나가 안휘성 구화산이다. 기돗발이 잘 받아서 이곳을 찾는다는 것이다. 구화산은 중국 불교 4대 성지 중의 하나이다. 사후세계를 관장하는 지장보살이 상주하는 지장성지이다. 김동리 소설 〈등신불〉의 모델이기도 한 김교각(697~794)스님이 이곳 지장성지의 주인공이다. 신라 33대 성덕왕의 왕자로서 화랑이던 김중경은 24세 때 중국으로 왔고, 이곳 구화산에서 70여년을 수도했다. 그리고 99세에 적멸하면서 등신불이 되었다. 등신불은 월신보전(月身寶殿)에 보존되어 있다.

한국의 영암 월출산을 좀 확대해서 옮겨놓은 것 같은 모습의 구화산 그 초입에 거대한 금동상이 관광객을 압도한다. 99미터 높이의 김교각스님 상이다. 99세를 살았으므로 99미터라고 한다. 성역화한 공원의 김교각스님 상 앞에 경주 불국사의 석가탑과 다보탑이 실물 크기 모조품으로 조성되어 있다.

70여년 수도한 곳이니 구화산 전역에 김교각스님의 자취가 서려 있다. 인적이 없고 맹수가 우글거리는 심산에서의 70여년 수도였다. 20대 젊은 왕자님은 해발 1306미터 그야말로 깎아지른 듯한 천태(天台) 암봉 위에서 수도를 했다. 그곳에서 내려다보는 풍경은 수백수천겹의 꽃잎 속이거나, 아니면 안개밭, 또는 구름밭이다. 1400년 전의 신라왕자는 그 풍경 위에 오로지 홀로 있었다.

구름과 안개는 구화산의 오전 풍경화에 속한다. 1년 4계절 하루도 빠짐없이 오전시간이면 내내 구름과 안개 속이다. 신라왕자가 멀고먼 경주에서 하필이면 이곳까지 와서 70여년을 수도하고 홀로 등신불이 된 그 인연에 대해 생각하게 된다. 골짜기에 자욱한 구름을 딛고 가면 그에겐 서라벌도 한나절 길이었겠지만.

구화산에서는 시선 이백을 만날 수 있어 반갑다. 그가 살던 집의 터와 그 물로 술을 빚던 우물이 남아 있다. 구화산 산정마을인 구화거리는 그것만으로도 운치 있고 정감 있는 관광지의 자격을 충분히 갖추고 있다. 천태사에서 내려다보면 해발 1100미터 높이에 올라앉은 구화거리가 꼭 벌어진 연꽃잎 속에 드러난 연밥 같은 모습이다. 지금 문득 그 마을에 가고 싶어진다.

천문산과 장가계

장가계는 한국인 관광객이 하도 많아서 중국인 반, 한국인 반이라는 농담도 있는 곳이다. 호남성 장가계시의 장가계는 크게 장가계 국가삼림공원·삭계욕풍경구·천자산풍경구 등으로 나눌 수 있는데 이를 통틀어 붙인 이름이 무릉원이다. 그리고 장가계 시내에서 가장 가까운 천문산 국가삼림공원이 장가계 관광권에 속한다.

장가계는 1982년 중국 최초 국가삼림공원으로 지정되었고, 1988년 무릉원 국가 중요자연풍경구로 지정되었다. 이어서 1992년 무릉원(장가계

삭계욕 천자산)은 세계자연유산으로 등록이 되었다.

장가계에서 원가계를 찾거나 원가계에서 장가계를 묻는 일은 참으로 쉽고도 어려워서 난감하다. 호남성 장가계시 안에 무릉원이 있고 무릉원 안에 장가계가 있고 장가계 안에 원가계가 있다고 생각하면 무난하다. 한국인 관광객이 흔히들 장가계 절경을 보고 왔다고 말하는 것은 대체로 원가계 풍경이기 마련이다. 원가계는 스티븐 스필버그 감독의 미국영화 〈아바타〉의 촬영지로도 유명하다.

장가계의 절경 중에는 천자산 풍경구가 있다. 황제의 붓을 거꾸로 세워놓은 것 같이 생긴 어필봉을 비롯하여 기기묘묘한 생김새의 암봉들이 만년림과 어우러져 있다. 인공호수 보봉호는 가장 깊은 곳의 수심이 70미터나 되는데 유람선이 지나가는 물목의 산기슭 초막에서 원주민 토가족 남녀가 이곳 민요를 불러 여행자의 심사를 흔들어놓는다. 황룡동굴은 중국 최대 종유석동굴로서 지하세계의 비경을 유감없이 보여준다. 세상에서 가장 높이 오르고 가장 빨리 오르내린다는 백룡엘리베이터는 원가계의 수백 미터 높이 암벽을 파고 3백수십 미터 하늘로 뻗쳐 있어서 여행자의 심사를 아연하게 만든다. 그 계곡에 늙은 원숭이 어린 원숭이 암컷 원숭이 수컷 원숭이… 수없이 많은 원숭이가 살면서 여행자를 구경한다.

해발 1,518 미터의 천문산은 장가계 시내에서 길이 7,455 미터의 세계에서 가장 길게 가는 케이블카를 타고 오르게 되어 있다. 케이블카를 40분이나 타고 가야 천문산 중턱에 닿게 된다. 산중턱의 케이블카 터미널에서 귀곡잔도가 있는 해발 1,400 미터까지 오르려면 아흔아홉 구비 통천대도 셔틀버스를 타야 되는데, 이 통천대도는 세상에서 가장 위험한 도로로 손 꼽히는 길이다. 급경사의 180도 커브길을 99번 돌동안 마주

오는 셔틀버스와 수십 번도 더 마주치게 되는데 도로의 넓이는 셔틀버스 2대가 스쳐 지나기에는 너무나 좁고도 좁다. '한번도 사고가 난 적이 없다'는 말을 신앙처럼 붙잡지 않고는 도저히 맨정신으로 타기 어려운 통천대도 셔틀버스이다.

천문산 귀곡잔도의 길이는 1,600미터이다. 이 귀신의 길은 발 아래 아찔한 1,400미터의 허공을 밟고 지나가게 되어 있다. 이 길 역시 통천대도와 마찬가지로 속세에 핏덩이 자식을 두고 여행 온 몸이거나, 남겨놓고는 혼자 죽지 못할 연인을 속세에 두고 여행 온 몸이거나, 아무튼 속세에 소중한 것을 두고 온 사람이라면 맨정신으로 가기 힘든 곳이다. 그만큼 스릴도 만점인 귀곡잔도이다.

귀곡잔도를 지나면 별천지가 나타난다. 비경도 비경이지만 꽃등짐을 진 토가족 아가씨를 만나는 것도 별미이다. 꽃과 함께 생활하는 원주민 아가씨라니, 아름다운 동화 속에 들어왔다는 착각을 하게 된다.

해발 1500 미터 고지에서 엄청나게 크고 오래 된 사찰을 만나게 된다. 당나라 때 지어진 절인 천문산사이다. 이 높은 곳까지 올라오는 불심(佛心)이 놀랍고, 역사와 규모가 놀랍다. 이 절에 아주 특별한 스님 한 분이 있다. 1990년대 초 중국의 국민 여가수이던 이나(李娜)가 바로 그 사람이다. 우리의 〈아리랑〉을 아주 활기찬 고음의 북방아리랑으로 부르기도 했던 중국 한족 여가수 이나는 절정의 인기를 구가하던 1997년 5월23일 아무도 몰래 잠적을 해버렸고, 당시만 해도 길도 없고 차도 없고 험하기 짝이 없던 이곳 천문산의 한 휴게소에 올라왔다. 그리고 한 달 뒤 스스로 머리 깎고 천문산사에 입산을 했다. 이유를 아는 사람은 그 자신 뿐이었고, 입산한 사실이 알려진 것도 오랜 시간이 흐른 뒤의 일이었다.

천문산과 장가계는 같은 장가계 시내에 있지만 그 분위기가 완전히 다르다. 천문산에서는 엄청난 기의 압력을 느끼게 된다. 천문산의 기가 서로 다른 세상과 쌍방향으로 소통하는 큰 구멍이 있다. 이 구멍은 비행기쇼 생방송으로 세계인에게 유명해진 천문이다. 유명한 비행기 조종사가 이 구멍 천문으로 비행기를 몰아 통과했고, 그 장면이 전세계에 생방송되었다. 천문이 있는 곳을 천문동이라고 한다.

밤이 되고 천문산 깊은 골짜기에 만년의 적막이 흐르면 두 남녀의 애절한 대화가 들려온다. 서로 만날 수도 마주 볼 수도 없는 운명의 두 남녀이다. 그들의 대화는 애절한 절규의 노래이다.

(여자) 워쯔리 장 하이거我 這里 將 海哥(나는 해 오라버니 당신을 원한다)

(남자) 아이哎(감탄사)!

(여자) 하오 요 비야好 有比呀(당신을 오래 기다렸다)

(남자) 후따졔胡 大姐(호누이)

(여자) 아이哎(감탄사)!

(남자) 워디 치야我的 妻呀(나의 아내야)

(여자) 아이哎!(감탄사)

남녀는 백년이 지나도 천년이 지나도 만날 수 없고 백번을 고쳐 태어나고 천번을 고쳐 태어나도 맺어질 수 없는 인연이다. 인간과 여우의 사랑이기 때문이다. 구미호가 인간세상의 총각을 사랑한 것이다.

호남민요 〈나무꾼 유해(劉海)〉를 주제곡으로 깔고 천문산 깊은 어둠 속에서 개막되는 공연의 제목은 〈천문호선(天門狐仙)〉이다.

천문산 여우골 여우왕가의 꼬리가 아홉 개 달린 백여우가 어느 날 인간

세상이 궁금해서 나무꾼 마을로 내려왔다가 마을사람들한테 붙잡히고 만다. 이때 총각 나무꾼 유해가 나타나서 여우왕가의 구미호 백여우를 구해준다. 인간 총각을 향한 구미호의 사랑은 여기서 시작된다. 천번을 거듭 나고 거듭 죽어도 이룰 수 없는 사랑이…

천문산 노천무대에서 〈천문호선〉 공연을 관람하고 곧바로 장가계공항으로 이동하면 장가계 발 상해 행 항공기를 탈 수 있다. 구미호의 전설에 흠뻑 젖어서 인간의 도시로 돌아오는 밤이다.

강남에 오신 성인들

문묘 공묘 부자묘

　공자는 서력기원 전 551년, 지금으로부터 2563년 전에 중국 산동성 곡부(취푸)에서 태어났다. 아주 나이 많은 아버지와 아주 젊은 어머니 사이의 아들이었는데 머리가 짱구인지라 그 아버지가 지어준 이름이 구(丘)였다. 오늘날 한국 대구(大邱)의 '구'는 원래 '丘'였는데 공자의 이름이 丘라 하여 邱로 바꾸었다. 임금의 이름자를 백성이 함부로 쓸 수 없고 부조(父祖)의 이름자를 자손이 함부로 쓸 수 없다는 이치를 적용한 개명이었다. 그런데 정작 중국에서는 소주의 호구(虎丘)에서 보는 바와 같이 성스러운 글짜에 대한 대접과 기피의 강도가 우리와는 달랐다.

　2000년대 들머리에 동양 3국, 즉 한국 중국 일본의 청소년 의식을 설문조사한 내용이 보도된 적이 있다. 이때 동양 3국 청소년이 제각기 저들 의식의 최고 덕목으로 꼽은 것이 예(禮)였다. 다들 자기 나라 사람들은

'예의 바르다'는 것이고, '예의 바른 것이 자랑스럽다'는 것이었다. 예는 바로 공자의 가르침이었다.

문화대혁명이 상해에서 구상되고 상해에서 시작되었듯이 공자 격하운동도 상해에서 시작되었다. 1969년 공자는 상해에서 배척당했다. 남송(南宋)시대 당씨 형제에 의해 상해읍의 한 낡은 집 사랑방에 상(像)으로 모셔졌던 때로부터 약 8백년이 지난 때의 일이었다. 남송을 거쳐 원(元)을 지나 명(明)에 이르는 과정에서 상해문묘(上海文廟)는 꾸준히 확장되고 인재도 많이 배출했지만 지금의 자리와 건물은 그 옛날의 것이 아니다. 현재의 자리는 1855년, 서태후의 남편인 청 함풍제 재위 5년에 옮겨온 것이고 건물도 거의 옛날 것이 아니다. 아편전쟁 이후 수많은 외침과 문화대혁명 등의 우여곡절을 거치면서 대부분 원형에서 크게 훼손되었다. 대성전 등 현재의 주요 건물은 1998년에 복원된 것이다. 그러나 상해문묘의 아름다운 정원을 거닐거나 문묘 주변의 옛 골목을 돌아보면 자신과 가문을 위해, 그리고 국가를 위해 유학(儒學)을 공부하던 옛날 상해 젊은이들의 자취를 느껴볼 수가 있다.

상해문묘에서는 해마다 12월31일 밤에 제야의 종 타종식이 거행된다. 상해에서 제야의 종이라면 용화사 제야의 종이지만 문묘에서도 거행이 되고 있다. 한편 상해문묘에서는 매주 주말 책시장이 개장된다. 원래 내가 다 읽은 책을 남이 가진 다른 책과 바꿔 읽기 위해서 개장되던 책 교환시장이었는데 헌책 매매장터로 바뀌어서 대성황을 이루고 있다.

상해 가정구에 있는 공자묘, 즉 가정공묘(嘉定孔廟)는 '강소성 제일 공자사당'으로 평가되고 있다. 우선 역사부터 1300년을 훌쩍 넘어서고, 이곳의 대성전은 중국 전역에 원형 그대로 남은 30여 곳 대성전 중의 하나이다. 규모 또한 크고 볼거리도 많다.

가정공묘는 주변 환경이 아주 좋다. 다섯 마리 용이 이곳에 모여 놀다 승천했다는 회룡담, 명대의 대단히 아름다운 정원 추하포, 멋진 법화탑과 주변 수로를 모두 도보로 둘러볼 수 있는데 가정공묘가 그 중심지점에 해당한다. 그리고 박물관을 빼놓을 수 없다. 가정의 역사와 문화를 첨단 시청각자료와 함께 살펴볼 수 있다.

상해문묘가 책시장 구경삼아 가볼만한 곳이라면 가정공묘는 유학의 목표 중 하나였던 과거시험의 현장을 재현해놓은 것이 볼만 하다. 가정공묘의 분위기는 그 입구에 있는 회룡담, 용이 모여드는 못에서부터 심상치 않다고 할 수 있다. 등룡문이라는 단어에서도 읽을 수 있듯이 과거에 급제하여 관리가 되는 길에는 거의 반드시 용의 도움이 있기 마련인데, 가정공묘는 그 들머리가 바로 회룡담이다.

중국에서 원형이 유지된 몇 안 되는 공자묘 중의 하나인 이곳 가정공묘는 최근에 와서 장원급제 컨셉으로 재조성된 듯하다. 과거시험 특화 공자사당이라는 느낌이 든다는 것이다. 역대 장원급제자들의 명단이 관람자의 시야 정중앙에 들어오고 그 좌우로는 한 가문의 명예라는 짐을 지고 과거시험에 응시하는 선비의 조형물이 서 있다. 북경과 남경의 과거시험장 모형도를 볼 수 있는 것도 가정공묘의 특장점이다. 그리고 아연 할만한 광경도 목격하게 되는데, 바로 칸막이 과거시험장이다. 우리의 상식으로 옛날의 과거시험장이라면 큰 천막 아래 앉은 시험관리관과, 천막 앞의 넓은 마당에 엎드려 답안지를 작성하는 선비들의 모습이다. 〈춘향전〉의 이몽룡이 장원급제한 장소인 창덕궁 춘당대 뜰도 그와같이 숲이 저만큼 물러앉은 흙마당이다. 그런데 이곳은 옆 사람이 컨닝하지 못하도

공자 사당인 상해문묘 대성전. 주말이면 이곳 마당에 대규모 헌책시장이 선다.

록 한 것인지 수험생의 집중도를 높이기 위한 것인지 수험생 한 사람이 들어가 앉으면 꽉 차게, 아주 비좁은 칸막이 시험장이다.

유교 사원을 중국에서는 공자묘, 혹은 공묘, 또는 문묘라고 부른다. 남경의 공자 사당은 그 이름이 부자묘(夫子廟)이다. 부자란 공부자(孔夫子)의 준말로서 공자를 공대해서 부르는 이름이다.

중국에서 공자를 모시는 공자 사당, 즉 공자묘가 최초로 설립된 것은 서력기원 전 478년, 공자가 사망한지 2년이 되는 해였다. 오늘날의 산동성 곡부(취푸) 공자의 3칸짜리 생가에 사당을 차려서 신위를 모시고 해마다 제사를 지냈다. 이곳에 공자의 제자들과 공자를 기리는 이들이 찾아와 그의 가르침을 깨우치고 되새겼다.

수(隋)대에 개설한 국자감은 중국 최초의 국립대학이라 할 수 있다. 국자감에 공자 사당을 처음으로 설치한 것은 서기 619년, 당(唐) 고조 2년이었고, 이때 당 고조는 중국의 크고 작은 모든 거점도시에 공자 사당을 세우라고 분부한다. 국가 공교육의 중심에 공자의 사상을 앉힌 것이다. 국립학교에는 공자의 사당을 모시게 했고 공자의 사당에는 공립학교를 개설하게 했으니 공자의 사당과 학교가 한 울타리 안에 앉게 되었다. 건물의 배치는 좌묘우학(左廟右學), 왼쪽에는 공자 사당을, 오른쪽에는 학교를 앉혔다.,

수나라 이후의 중국 역대 황조는 수도에 국자감을 설치했다. 장안, 낙양, 개봉에 국자감이 설치되었고, 명대에 이르러 남경에 국자감이 설치되었다. 그리고 그곳에는 당연히 공자 사당이 자리잡았다. 남경이 명의 수도이던 시절 명의 국자감은 오늘날 남경시 중심부 부자묘 경내에 있었다. 명의 수도가 북경으로 옮겨가고 북경에 국자감이 생기면서 남경에는 국자감이 없어지고 부자묘만 남게 되었다.

어디든 공자묘의 주변에는 상당히 번성한 상가의 흔적이 있다. 오늘날 서울의 대학로나 서울 신촌의 대학가처럼 옛날 중국의 대학가인 국자감과 공자묘 주변도 번성한 소비지대였던 것일까. 그때도 오렌지족과 비슷한 부류가 있었을 것이다. 밥집과 술집의 자취가 완연한 상가 골목이 국자감과 공자묘의 주변을 둘러싸고 있다. 남경 부자묘는 예나지금이나 남경의 최고 번화가에 앉아 있다. 학문의 전당이 있던 곳에 어울리게 천하명필 왕희지의 본가가 있는가 하면, 명대 진회팔염(秦淮八艶), 8명의 유명 남경 기생 스토리도 이곳에 있다. 명대 명기 이향군(李香君)의 기방은 입장료를 따로 내고 들어가는 관광코스이다. 국자감과 부자묘의 학생들이 노닐던 이곳, 남경 부자묘 일대는 젊은이의 거리가 되어 있다. 밤이면 야시장이 성시를 이룬다.

남경 조천궁(朝天宮)은 명문 남경대학에서 택시 기본요금 거리에 있다.

조천궁도 그 중심에는 공자 사당이 있다. 역대 황제의 위패를 모신 조천궁은 과거시험장으로 유명한데, 오늘날의 공무원 교육에 해당하는 문무관원 교육이 이곳에서 실시되었다. 조천궁에는 주말이면 골동품시장이 개설된다.

소주문묘(蘇州文廟)에는 찾아오는 사람에게만 그 귀한 얼굴을 드러내는 보물 4점이 있다. 4대 송비(四大宋碑), 즉 남송(1127~1279)시대에 제작된 4대 비석이 그것이다. 〈천문도(天文圖)〉와 〈평강도(平江圖)〉와 〈지리도(地理圖)〉와 〈제왕소운도(帝王紹運圖)〉. 평강도는 '소주지도'라는 뜻이다. 소주의 옛 이름이 평강이었고 평강도는 옛날 소주 시가지의 평면도이다. 지리도는 송대 정치지리를 비석에 새긴 것이고, 제왕소운도는 역대 제왕의 계보를 비석에 새긴 것이다. 그리고 천문도, 이것은 서양식 별자리가 아닌 중국식 별자리를 비석에 새긴 것이다. 이러한 중국의 4대 국보를 소주문묘의 한 자리에서 볼 수 있는데 대다수의 관광객은 이 귀한 것을 놓치고 그냥 떠나간다.

소주문묘의 천문도는 세계에서 가장 오래 된 석각 천문도이자 "세계 3대"로 꼽히는 천문도이다. 별자리를 관측하는 천문기관은 아무 나라에서나 가질 수 있는 것이 아니었다. 천문기관은 우주의 비밀을 캐는 작업을 하게 되므로 강대국만이 가질 수 있는 것이었다. 동아시아에서는 중국만이 천문기관을 가질 수 있었다. 약소국은 제작기술이 있다 해도 함부로 제작할 수 없는 것이 천문도였다. 그런데 우리나라는 그것을 가지고 있었다. 우리나라 국보 제228호 천상열차분야지도(天象列次分野之圖)는 평양의 고구려 천문도를 조선 태조 4년, 즉 서기 1395년에 각석한 것이다. 이 천문도 각석은 세종 15년에 새롭게 재구성되었다. 천문도를 가졌다는 것은 세계 초일류 국가라는 증거가 되는데, 아무튼 우리는 그렇다 치고, 소주문묘의 천문도는 세계에서 가장 오래 된 석각 천문도라는 높은 가치를 가지고 있다.

강남의 성당

상해 지하철 9호선은 포동 양고중로(양까오중루)에서 서가회(쉬쟈후이)를 거쳐 송강신성(쑹장신청)까지의 노선이다. 송강신성-서가회-양고중로 노선이라는 말도 된다. 9호선의 송강 쪽 시발점이자 종점인 송강신성 역에서 상해 시내 쪽으로 3~4번째 쯤 되는 역이 지상구간의 서산(she-shan·佘山)역이다. 9호선의 포동 쪽 시발점이자 종점인 양고중로는 포동의 대단위 아파트단지 롄양(聯洋)의 뒷길이다. 롄양의 중심상가지역인 따무즈(엄지손가락)광장의 뒤편에 2000년대 초에 세운 새 성당이 있다. 이름표가 그냥 '천주당'인 현대적 외모의 이 성당은 한국 천주교 역사와 깊은 연관이 있다.

따무즈광장 옆의 천주당은 2000년대 초 1~2킬로미터 떨어진 진챠오의 김가향성당을 옮겨온 것이다. 건물이 아닌 정신을 옮겨왔다는 것이 옳은 표현이겠다. 350년 이상 진챠오 김씨마을에 있던 김가향성당은 아주 소박한 외양의 시골성당이었는데, 도시개발계획에 의해 철거되어 없어졌다. 마침 이 무렵 상해 포동신구 정부는 외국인과 상해인 중상류층을 위한 대규모 아파트단지 롄양을 조성하고 있었다. 신개발지 롄양에 외국인이 많이 거주할 것이므로 새 건물을 짓고 '이곳이 옛날의 김가향성당'이라고 홍보하기로 했다. 그러는 과정에서 밝혀진 것이 한국 최초의 신부 김대건 안드레아가 사제 서품을 받은 곳이 바로 이 김가향성당이라는 것이었다.

마카오에서 신학교를 졸업한 순교자 집안의 김대건 청년이 상해에 온 것은 1845년이었다. 조선의 김씨인 김대건 청년이 중국의 상해에서 김씨 집성촌에 있는 김가향성당을 찾아왔을 때 그 감회는 어떤 것이었을까. 김대건 청년은 이곳에서 약 2개월 머물면서 페레올FerrEol 주교로부터 사제 서품을 받았다. 그리고 이곳에서 약 30리 떨어진 형당(橫塘)성당에서 첫 미사를 올렸다. 우리나라 최초의 신부 김대건 안드레아는 1845년 8월31일 상해를 떠나 충청도의 해안을 통해 한국으로 돌아갔고, 조국에서 선교활동을 하다가 체포되어 1846년 9월16일 증조부와 조부의 뒤를 이어 장렬히 순교했다. 현재 롄양 따무즈광장 옆의 천주당 내부에 김대건 신부 기념경당이 있고, 정원에는 김대건 신부의 상이 서 있다.

서가회대성당은 쉬쟈후이역 3번 출구로 나와서 뒤를 돌아보면 거기 장엄하게 서 있다. 그런데 9호선 쉬쟈후이역에는 3번 출구가 없다. 9호선 플랫폼에서 1호선 쉬쟈후이역으로 이동하여 3번 출구를 찾아야 한다.

서가회는 명나라 한림학사 서광계의 고향이다. 명나라 조정에서 예부상서를 역임한 서광계는 로마가톨릭에서 파견한 선교사 마테오 리치를 통해 천주교 신자가 되었다. 명나라 지식인 대상 선교를 위해 파견된 마테오 리치는 서광계에게 서양의 천문학과 수학을 가르쳤다. 서광계는 은퇴 후 고향 상해로 내려왔고, 그의 부인은 집안 여성들을 동원하여 가내 수공업을 일으켰다. 지금의 상해 서가회는 서광계 일가의 영지라 하여 붙여진 지명이다. 한편 서광계는 집에 부리던 하인 김가를 천주교에 입문시켰고, 김가는 그의 고향 진챠오(김교:김가향)로 돌아가 일족을 모두 천주교에 입문시키고 작은 성당을 지었다. 그것이 김가향성당이었다.

서가회대성당은 그 본명이 성(聖)아그나시우스대성당으로서 상해에 천

김대건 신부 기념경당과 전신상이 있는 상해 연양(롄양) 천주당이다. 김대건 안드레아가 신부 서품을 받은 상해 금교 김가항성당의 정신을 옮겨왔다고 할 수 있다. 3백년 전통의 시골성당이던 김가항성당이 도시개발로 헐린 뒤에 그 정신을 살려서 이곳에 천주당을 세웠다.

주교를 전파한 서광계의 마을에 세워진 것이다.

마테오 리치가 명나라 선교의 도구로 쓰기 위해 가지고 온 것이 천문학이었다. 천문학이라면 중국도 일찍이 발전시킨 학문이었지만 서양에서 온 천문학에 대한 관심도 중국 지식인 사이에서 높았다. 명나라 황제까지도 관심을 가지게 되면서 로마가톨릭은 학문을 앞세운 선교에 성공했다. 강남의 천주교 성지인 송강(쑹장) 서산(余山)에 희고 둥근 돔의 천문대가 있다. 송강 평원의 9개 꽃봉오리인 양 예쁘게 오똑오똑 솟은 9개 산봉우리 중 서(西)서산의 정상에 성모마리아대성당과 함께 천문대가 우뚝서 있다.

서서산의 예수회 기상대, 즉 서산천문대는 1900년에 세워진 것이고, 오늘날의 서산대성당 자리에 성모마리아 대성당이 처음 세워진 것은

1866년의 일이다. 1863년에 시작하여 4년만에 완공된 이 성당은 그러나 1935년에 오늘날의 모습으로 다시 지어졌다.

한국의 기독교는 이곳을 거쳐서 왔다

중국의 왕조 중에 기독교 왕국이 있었다는 사실을 아는 이가 많지 않은 것 같다. 19세기 중반의 13년동안 중국 강남을 지배한 태평천국 (1851~1864)은 국교가 기독교였다. 청나라 말기에 홍수전이 세운 태평천국의 수도는 남경이었지만 소주에도 왕궁이 있었다. 소주의 유명 정원 졸정원과 소주박물관 사이에 있는 태평천국 기념관이 태평천국의 소주 왕궁이었다. 입장료가 무료인 이곳을 방문한 관광객은 이 왕궁에 대형 십자가가 있는 것을 보고 의아했겠지만 당시 천왕의 종교가 기독교였다. 따라서 이 십자가의 역사도 150년이 넘는다.

중국에 기독교 국가인 태평천국 정부가 수립되었다는 소식을 듣고 서양의 국가들은 반색을 했다. 그러나 태평천국 천왕 홍수전이 자신을 하나님의 둘째아들이자 예수님의 동생이라고 말한다는 사실을 알고는 이단자로 치부했고, '반봉건 반외세'를 외치는 태평천국 자체를 정벌 대상으로 삼았다. 불과 13년, 그동안에 중국 강남 하늘 아래 "할렐루야" 찬송이 일었다.

한국 기독교와 중국 강남은 인연이 깊다. 우리나라의 기독교는 1884년 상해에서 인천으로 간 미국인 의료선교사 호레이스 알렌의 의해 무혈입성했다. 그가 갑신정변 때 개화당의 칼을 맞은 민영익을 서양의술로 치료하여 살려놓았고, 그가 살린 민영익은 고종 왕후 민씨의 친정 양조카였던 덕분이었다. 자신의 아들(순종)과 친정에 대한 집착이 대단했던 민비는 호레이스 알렌을 은인으로 대접했다. 한국인 기독교 신자 제1호 인사도 상해에서 세례를 받았다. 윤치호(1865~1945)가 바로 한국인 첫 번째 공식 기독교 신자인데, 그가 세례를 받은 곳은 상해 중서서원(中西書院), 오늘날의 상해 홍구 곤산로 135호 경령당(景靈堂)이었다. 윤치호 나이 24세 때인 1887년 4월3일의 일이었고, 당시 그는 중서서원에 유학 온 학생이었다.

1882년에 설립된 중서서원은 현존하는 상해 최고(最古)의 기독교회로서 1924년 경림당(景林堂), 그리고 다시 경령당으로 이름을 바꾸게 된다. 이 교회는 1927년 장개석과 송미령이 결혼식을 올린 장소로도 유명하다. 당시 이 교회의 담임목사가 송미령의 아버지인 송사리였다. 중국에서 가장 유명한 처녀이던 송미령은 2번 이혼에 3명의 소실에 2남2녀의 자녀가 있는 장개석의 청혼을 받고 수락 조건을 제시했다. 그 조건은 "기독교로 개종하세요"였다. 5명의 여인을 버리고 4명의 자녀를 내친 남자에게 개종은 어려운 것이 아니었다. 그는 기독교로 개종을 하고 중국 최고 처녀 송미령을 여섯 번째 여인이자 세 번째의 정식부인으로 맞이했다.

퍼스트레이디가 된 송미령은 미국과의 외교 일선에서 그녀 특유의 외교 능력을 유감 없이 발휘했다. 중일전쟁 중의 중국을 도와달라고 세계에 호소를 할 때 그녀가 구사한 유명한 연설 문구가 있다. "중국을 도와주세요"가 아니라 "기독교인을 도와주세요"였다. 기독교인은 송미령, 바로 그녀 자신이었다.

남양로(난양루) 송사리의 옛집 옆에 오래 된 교회 하나가 있다. 송사리가 세운 교회이다. 송사리의 집과 교회는 원래 쪽문 하나로 연결되어 있었다.

상해의 한복판 인민광장 건너편인 황포구 서장중로 316호에 오래 된 교회 목은당(무언당)이 있다. 1887년 영국조계에 건립된 이 교회는 상해의 명함과도 같은 장소에 자리잡고 있는 오래 된 건물이어서 관광객에게도 깊은 인상을 남기고 있다. 남경동로 번화가에서 인민광장 쪽으로 걸어나와 서장중로(시짱중루)를 남쪽으로 조금만 내려가면 목은당 교회가 백년 넘은 모습을 보여준다.

형산로(형산루) 53호에 있는 국제예배당은 1925년 영국식 커뮤니티교회로 설립되었다. 상해지하철 1호선 형산로역에서 내려 상숙로역(창쑤루짠) 쪽으로 형산로를 따라 내려오면 우루무치로와 만나는 지점에 국제교회라는 표지가 걸린 이 교회가 있다. 그전엔 길 건너편에 미국학교가 있었고 미국영사관도 가까이 있어서 미국인 신자들이 많았던 까닭에 미국교회로 불리기도 했다. 문화대혁명 시기에는 체육관으로 사용되기도 했던 이 교회는 상해에서 가장 크고 정원도 넓다. 카터 미국대통령 등 유명인사들이 이곳을 방문했다.

상해 대한민국임시정부 청사 유지 인근인 복흥중로(푸싱중루)에 1925년에 지어진 교회 제성당(주성당)이 있다. 복흥중로(부흥중로)와 담수로(단수이루)가 만나는 지점에 있어, 과거 임시정부 그늘에 와 있던 우리 한인들이 다녔을 법한 교회이다. 여기서 멀지 않은 서가회로(쉬쟈후이루) 1농에 혜중당교회가 있는데, 1920년대 후반에 제성당의 분관으로 건립된 곳이다.

홍구 다륜로(뚜오룬루) 59호 문화명인의 거리에 아주 특이한 모습의 교회가 있다. 1928년에 건축된 홍덕당(홍더당)이다. 미국인 전도사 조지 피치, 비계홍(費啓鴻)을 기리기 위해 세운 교회이다. 서양의 건축양식과 중국의 전통건축양식이 혼합된 건물이다.

중국 강남 상해·남경·항주·소주·영파·양주·소흥
그리고 중국 속 한국 이야기

제13장

한류에
대하여

이야기가 있는 강남의 삶

2004년 겨울 한국 신사 한 사람이 상해 외탄 거리에 서 있었다. 옆에 서 있던 한 중국인이 물었다. 일본인이냐고. 중국인들은 좀 있어 보이는 동양인을 보면 열 명 중 여덟아홉 명이 '일본인이냐'고 물었다.

2005년 여름 한국 신사 한 사람이 회해로의 스타벅스에 앉아 있었다. 옆자리에 앉아있던 중국인이 물었다. 한국인이냐고. 이때쯤부터 중국인들은 좀 있어 보이는 동양인을 보면 열 명 중 여덟아홉 명이 '한국인이냐'고 물었다. 한국의 텔레비전 드라마 〈대장금〉이 중국 전역에 방영되었기 때문이었다. 2004년 겨울과 2005년 여름 사이의 중국에서 한국이 달라진 것은 없었다. 다만 한류 드라마가 있었다.

일류, 미류, 대류, 그리고 한류

중국 텔레비전 프로그램의 3분의 1은 20세기 전반 항일전쟁시기 필름을 포함한 다큐멘터리, 3분의 1은 사극 및 항일전쟁 드라마, 나머지 3분의 1은 현재의 각종 일(현대물 드라마, 뉴스, 오락 등)이라고 봐도 큰 무리가 없다. 춘추 제자백가를 비롯하여 인류의 스승을 다수 배출한 나라에서 그들의 맥이 오늘에까지 이어지도록 조명하는 프로그램이 드물다는 점은 뜻 밖이라 할 수 있다. 사극도 정극이기보다는 퓨전스타일의 사극이 대부분이다. 따라서 일반인은 유구한 역사와 문화의 관점에서 현재를 보는 안목이 다소, 비교적 낮다고 볼 수 있다. 역사와 문화 쪽에는 전공자 이외에는 거의 관심이 없는 듯하다. 그러나 노년층에서는 텔레비전에 자주 나오는 내용의 역사에 상당히 관심도 깊고 나름대로의 안목도 있다.

중국 텔레비전에 정을 붙이고 보다보면 얻는 것이 상당히 많다. 내용도 다양하고 표현도 다채로워서 배울 점이 많은데, 무엇보다도 중국어를 빨리 익힐 수 있다는 장점이 있다. 중국어 공부는 중국 텔레비전 시청보다 더 좋은 교육방법이 없다고 봐도 된다. 모든 대사와 모든 나레이션에 중국어 자막이 나오기 때문에 확실하게 공부가 된다. 그런데도 한국인은 거의 중국 텔레비전을 보지 않는다. 위성안테나를 달거나 인터넷 시청장비를 동원하여 한국 텔레비전을 본다. 한국음식점도 영업시간 내내 한국 텔레비전을 틀어놓는다. 일본음식점 프랑스음식점 태국음식점 그 어떤 나라 음식점에서도 자국의 텔레비전을 중국땅에서 틀어놓는 일이 없다. 한국음식점만 한국 텔레비전을 틀어놓는다. 밥을 먹거나 술을 마시러 온 사람들이 그 한국 텔레비전을 보건말건 무조건 틀어놓는다. 한국음식점에는 중국손님도 많이 오는데, 그들이 한국 텔레비전 틀어놓은 데 대해 뭐라고 했다는 얘기를 들은 적이 없다. 그만하면 중국인이 너그럽다고 할만 하다.

중국은 한류에 너그럽다. 너그럽지 않은 데서는 한류가 나올 수 없다. 만일 우리였다면 하고 역지사지해보면 한류에 너그러운 중국을 알게 된다. 중국은 우리보다 덜 배타적이다. 다민족국가여서 그런지 외부문화의 수용에 까다롭지 않다. 세계 어디에 가도 한국인이 중국만큼 마음 편하게 대접받으며 시작하는 데가 없다.

한류 이전에도 중국에서는 몇 개의 '류(流)'가 있었다. 일본유행 '일류(日流)'가 있었고 미국유행 '미류(美流)'가 있었고 대만유행 '대류(臺流)'가 있었다. 그러나 일류 미류 대류는 한류만큼 오래 세차게 불지 않았다. 한류를 보면서 1970년 무렵부터 1980년대까지 20년 가까이 그토록 휘몰아쳐 오던 홍콩영화 바람을 떠올리게 된다. '외팔이' 시리즈 왕우, '스잔나'의 리칭(李菁), '용쟁호투' 이소룡, 성룡, 장국영, 주윤발, 왕조현… 아시아영화계를 쥐락펴락하던 란란브라더스의 란란쇼… 그 홍콩사람들은 다 어디로 가고 없는 것일까.

한류가 있을 동안에 한류 다음의 것을 만들어내야 한다. 한류가 가고나면 모든 것이 어려워진다. 있을 때 해야 다음이 있지 가고난 다음에 새 것을 시작하려면 힘이 들고 어렵다. 한류, 있을 때 한류 다음의 것을 마련해야 한다.

이야기와 드라마

필자는 지금까지 필체 나쁜 중국인을 보지 못 했다. 세탁물 단자의 세탁소 아주머니 글씨, 필자와 말이 안 통할 때 써서 보여준 파출부 아주머니의 글씨, 아파트 경비원 아저씨의 주차 관련 통지문 글씨, 정원의 화초 이름을 물었을 때 친절하게 써준 아파트 청소부 아저씨의 글씨… 이들의 글씨를 보면서 필자는 과거 우리나라의 20~30년 경력 면서기의 글씨와

도시 거리에서 흔히 볼 수 있는 글거리 글씨. 시간이 남아도는 지식인이 지식 자랑삼아 옛 문장을 많은 사람이 보는 데서 쓰는 경우도 있고, 구걸하는 사람이 동정을 구하기 위해 자신의 일대기를 행인들에게 써 보이는 경우도 있다.

같다는 생각을 하곤 했다. 그 매끄럽고 활달하고 정교하고 반듯함이라니. 일자무식이 아니고 문자를 아는 사람이면 다들 필체가 좋다는 느낌이었다. 소학교에서부터 글씨 수업을 철저히 받았던 것인지.

중국에서 간혹 보게 되는 것 중에 길바닥 글씨가 있다. 주로 구걸하는 거지의 자기 신세타령, 그리고 자기 학문의 경지를 자랑하는 장년층 유한족이 펼쳐놓는 옛 성현의 문장들이 길바닥 글씨의 주종을 이룬다. 왕래하는 행인이 많은 도심 거리에 나앉은 거지의 길바닥 글씨는 대체로 백지에 펜으로 쓴 것이다. 그러나 학문 자랑하러 나온 장년층 유한족의 길바닥 글씨는 공원 등지 넓은 공간에 큰 붓으로 쓴 것인데 먹물이 아닌 맹물을 찍어서 쓰는 것이다. 그 내용이 옛 시조라면 종장의 첫머리를 쓰기 전에 초장의 마지막 글이 증발해버리는 경우도 있는데 대체로 몇십 분은 마르지 않고 길바닥에 문장으로 살아있는 것 같았다. 아마도 잘 지워지는 먹물이 붓에 묻어있겠다는 생각이었다. 짧은 시가 아니고 긴 사설일 경우에는 맹물에 약간의 먹물을 가미하는 것 같았다. 일어날 때 물을 적신 빗자루로 쓸고 가는 양이 그러했다.

거지의 길바닥 글에는 구걸을 해야만 하는 신세의 절절한 심정이 담겨 있다. 유족한 가문에서 태어나 유복하게 자랐으나 야속한 운명의 회오리바람에 휩쓸려 오늘날 이렇게 길에 나앉아 구걸하는 신세가 되었다는, 평탄치 않은 생애의 일대기가 간절한 문장 안에 잠겨 있었다. 학식 있는 유한족의 길바닥 글에도 글씨 쓰는 사람의 심정이 묻어나기 마련이다. 소식(蘇軾)의 〈적벽부(赤壁賦)〉도 쓰고 도연명의 〈귀거래사〉도 쓰고 공자의 〈논어〉도 쓰는데 그 날의 주제에서 그 전날 그의 집에 무슨 일이 있었을까 상상하는 재미를 가지게 된다.

필자는 말로 풀어놓는 일대기도 두어 명의 중국인으로부터 들었다. 설 연휴에 지인(중국인)의 초대를 받아 2시간 비행기 거리의 도시에 가서 5일을 묵고 온 적이 있다. 외지에 나와서 사업하는 지인의 본가가 있는 도시였다. 아파트 2채에 한 채는 지인의 처자, 다른 한 채에는 지인의 장인 장모가 살고 있었는데 필자 가족은 장인 장모가 사는 집에 묵게 되었다. 하루이틀만 있다가 가면 정이 없다고 화를 내기 때문에 5일씩이나 있은 것이다. 그쪽 사람들보다도 우리가 불편해서 견디기 어려웠지만 어쩔 수 없었다. 매끼 식사는 지인의 가족이 사는 집으로 건너가서 했는데 3일째 되는 날의 아침이었다. 지인의 장모가 아침밥 먹으러 가자며 우리 가족을 불러 깨웠다. 참고로, 우리가 지인의 장인 장모 집에 묵으면서도 그 얼굴은 지인의 집에서나 보고 있었다. 우리 가족이 일어나기 전에 사위의 집으로 가서 우리 가족이 잠든 뒤에 본인의 집으로 돌아오기 때문이었다. 그러니 잘 잤냐 잘 먹었냐 이상의 대화를 나눈 적이 없었다. 그런데 이 날은 이 장모가 작심을 한 게 있었던 것 같았다. 방문을 노크하길래 문을 열었더니 밥 먹으러 가자 해놓고는 들어와 침대 옆 의자에 앉아서 무언가 쌓인 얘기를 털어놓기 시작했다. 의자에 앉은지 10초도 안 돼서 풀어놓는 자신의 일대기였다. 아무 해 아무 철 아무 때에 양친부모 구족한 집에서 태어나 세상에 남부러운 것 없이 살다가 저놈의 '라오토얼(老頭·늙은대가리:영감탕구:남편)' 만나서 저 딸 하나 낳고 평생을 시외버스터미널 매표소 직원으로 돈을 벌었으며 친정올케가 어땠고 시누이가 어땠고 '라오토얼'이 어떠했는지를 숨도 돌리지 않고 한 호흡으로 약 15분 풀어놓더니 우리의 반응도 살피지 않고 벌떡 일어나면서 먼저 갈테니 밥 먹으러 건너오라는 것이었다. 사위 흉도 없었고 사돈댁 흉도 없었다. '라오토얼'의 흉만 있었지 그 어떤 남의 흉도 없었다. 단지 오랜 세월 정리해서 가슴 속에 차곡차곡 재어놓았던 자신의 일대기를 단숨에 풀어놓았을 따름이었다. 약 15분이었지만 사연의 분량은 2시간짜리가 충분히 되는 것이었다. 필자 가족은 황당하기 짝이 없었다. 세상에 이런 당황스러운 드라마는 보도듣도 못한 것이었다. 그 장모는 이 날 이렇게 털어놓은 데 대한 내색을 그 이후로 전혀 하지 않았다. 나를 털어내 보였으니 친해지자거나 내가 어떤 사람인지 잘 알았지? 하는 따위의 아무런 내색도 하지 않았다. 그날의 얘기는 그냥 그날의 얘기였을 따름이라는 식이었다.

또 한 사람의 구술 일대기를 들은 적이 있다. 우리 가족과 가까이 지내고 싶어하는 이웃 한족 부인이었다. 그 부인은 어느 날 손녀를 업고 필자의 집을 방문했다. 자신의 손녀를 한참 쪽쪽쪽쪽 물고빤 뒤 숨도 돌리지 않고 자기 일대기를 풀어놓았다. 부인은 자신이 남의 집 양녀 출신이라는 것으로 이야기를 시작했다. 조실부모하고 어린 7남매가 뿔뿔이 흩어져 제각기 남의 집 양자 혹은 양녀로 갔다고 했다. 자신이 너무너무 정직하고 성실해서 양부모의 귀여움도 받았고 그 집에서 신랑감까지 구해줬는데 지금의 남편이라는 것이다. 남편은 고아원 출신으로서 그 역시 헤어진 4남매의 소식을 모르고 사는 처지였다. 이 남편이 얼마나 착한지 부인 양부모의 낡은 집을 헐어서 새로 다 지어주고 친아들처럼 효도하며 살았다고 했다. 그러다가 돈벌이하러 한국으로 갔다가 뭐가 잘못 됐는지 한국 교도소 살이를 하고 중국에 돌아와서는 중국 교도소 살이도 했다고 했다. 그런데 착한 뒤끝은 있더라고 남편은 헤어졌던 4남매를 하나 빼놓지 않고 다 만났고 그중에서 누나는 싱가폴의 부잣집 마나님이 되어 있더라고 했다. 그리고 부인 자신도 흩어진 7남매를 하나하나 다 만나서 작년에는 합동잔치까지 벌였다고 했다. 거기까지 얘기한 부인은 여기저기 기어다니며 이것저것 만져대는 손녀를 불러 둥쳐 업고 일어나 집으로 돌아갔다. 이튿날 엘리베이터에서 만났을 때는 어제의 일을 까맣게 잊은 듯이 아무런 내색도 하지 않았다.

청 황조를 시대 배경으로 한 중국영화를 보면 신하가 황제를 배알할 때 소매자락을 털고 옷자락을 털고 별 오도방정을 다 떨며 절하는 모습을 보게 된다. 몸에 단검 등 흉기를 지니고 있지 않으니 경계심을 풀라는 몸짓이라고 한다. 필자는 친해지고 싶은 상대 앞에서 자신의 부끄러운 과거까지도 숨김없이 다 털어놓는 이들 한족 여인들을 보면서 청 황조의 신하가 황제를 배알할 때 보인 몸짓을 떠올렸다. 나를 다 드러내보였으니 경계심

풀고 서로 만만하게 교제하자는 의사 표시라는 생각이 들었다.

길바닥에다 붓을 물에 찍어서 적어내려가는 갑남을녀들의 노상 일대기를 보면서 느끼는 점도 마찬가지였다. 소통하고 교류하자는 몸짓들은 중국천지 어디에서나 보인다. 한류에서도 보인다. 좋기만 해서 형성된 한류가 아니다. 좋게 봐주기 때문에 형성되는 측면도 있다. '반만년 역사에서 한번도 중국을 해코지한 적이 없는 한국'에 대한 배려가 분명히 있다. 남을 해코지할 줄 모르는 착한 나라, 편하고 만만하고 부담 없는 나라의 문화를 경계할 이유가 없는 것이다. 잘난 척하지 않을 것 같아서 좋아해줬는데 알고보니 이만저만 잘난 척하는 게 아니더라, 이렇게 되면 한류고 뭐고 없다. 불편하고 만만하지 않고 부담감이 생기는데 좋아해줄 이유가 없다.

길바닥에 물로 새기는 하소연이나, 말로 풀어놓는 하소연이나 다같이 드라마가 있는 삶이다. 길바닥에 물로 새기면서, 말로 풀어놓으면서 스스로 자기 생애를 드라마로 각색하는 사람들이라고 할 수 있다. 이런 사람들을 어디서나 쉽게 볼 수 있는 중국이라면 스스로 중화류(中華流)를 창조할 바탕이 되어 있다고 봐야 한다. 더구나 이야기산업의 역사가 3천년에 이르는 중국이 아닌가. 그런데 중국은 지금 그걸 못 하고 있다.

필자는 앞에서 서하객과 그 어머니, 그리고 성역으로 조성된 서하객의 집 이야기를 했다. 무결점의 인간 서하객과 성모 반열의 어머니, 그리고 성역인 그의 집에서는 드라마가 나올 여지가 없다고 말했다. 드라마 그 자체라 할 수 있는 서하객의 생애가 있음에도 불구하고 말이다. 남송의 영웅 악비(1103~1142)의 사당에서 느낀 점도 그와 같았다.

항주 서호 〈인상서호(印象西湖)〉 공연장 길 건너편의 악비묘(岳飛廟)에는 악비의 발치에 꿇어앉은 진회(秦檜) 부부의 상이 조성되어 있다. 포박

하고 무릎 꿇린 진회 부부의 상이다. 악비는 "평화는 싸워서 지키는 것"이라며 금나라 군대와 계속 싸워야 한다고 주장하는 의용군 장군이고 진회는 "평화는 상대의 기분을 살살 맞춰주면서 지키는 것"이라며 전쟁을 반대한 정부 관료였다. 결과는 악비의 주장이 옳고 진회의 주장은 그른 것으로 나타났다. 진회의 말대로 금나라에 유화정책을 폈더니 금나라 뿐만 아니라 원나라까지 남송을 업신여기며 집어삼켜버리던 것이었다. 나라가 망한 뒤에야 남송의 유민들은 악비의 애국충정을 기리게 되었고 진회를 미워하게 되었다. 두 사람에 대한 사랑과 미움은 악비묘를 건립할때 노골적으로 드러났다. 진회 부부를 악비의 발치에 포박하여 꿇어앉히는, 적나라한 감정의 표출을 해보인 것이었다.

이들이 수많은 드라마를 깔고앉아 있으면서도 상품으로서의 드라마로 표출시키지 못하는 이유는 감정을 적나라하게 드러내고 의도한 바를 노골적으로 드러내기 때문이 아닐까 싶다.

한류와 한인의 삶

떠나도 아주 떠나지는 못하는 것이 한인의 삶이라고들 한다. 강남이든 화북이든 산동이든 중국으로 떠나와 있는 한국인이나, 미주든 유럽이든 서양국가로 떠나가 있는 한국인이나 거의 모두 마찬가지로 한국 아닌 딴 나라에서도 한국인으로서의 생활을 하고 있다고 한다. 한국에서 찬 바람이 불면 외국에 사는 한국인이 감기에 걸린다는 것이다. 한국의 뉴스는 곧바로 재외 한국인의 현실이 된다.

서울에서 월드컵축구 예선 한국 대 중국 경기가 열렸을 때 중국 강남 도시의 한인촌 상가 광장에 대형 텔레비전이 가설되고 한인과 조선족 동포들이 모였다. 한 중 축구경기 중개방송을 다같이 보기 위해서였다. 그 자리에서 한인들은 다들 놀랐다. 조선족 동포들이 중국축구를 응원하고 있기 때문이었다. 그리고 분개하기 시작했다. 왜 한국축구 아닌 중국축구를 응원하느냐는 것이었다. 한인들이 일제히 흘겨보자 그제서야 조선족 동포들은 사태를 짐작하고 미안한 표정을 지었다. 사실, 한인들이 흘겨 볼 일도 조선족 동포들이 미안할 일도 아니었다. 어쩌면 당연한 일을 한 인들이 과잉반응한 것이었다. 김연아가 빙상여왕으로 세계 뉴스에 오르 내리고 박태환이 수영스타로 아시아 뉴스에 오르내릴 때도 조선족 동포 들은 김연아 박태환에 관심이 없었다. 다만 탤레비전에서 웃기는 강호 동만 좋아했다. 박찬호 박세리 이승엽에 대해서는 알고 싶어하지도 않 았다. 다만 한국 탤레비전 연예오락프로그램의 연예인만 보고 깔깔 웃 었다. 당연한 일이었다. 그런데도 한인들은 그 꼴을 봐주기 어려워 했다. 떠나와서도 한국을 놓지 못하고 자신 뿐만 아니라 '중국인'에게까지 한 국인의 자세를 강요하고 있는 까닭이었다. 그러니 한류라는 것에 대해서 도 한국인의 것이라는 착각을 하게 되는 것이다. 한류는 한국인의 것이 아니라 그것을 즐기고 애호하는 불특정 모든 사람의 기호사항이라는 사 실을 모르는 까닭이다. 한류에 대한 아집과 아망은 거기에서 비롯된다. 아집과 아망은 녹(綠)이다. 쇠붙이도 부식(腐蝕)시키는, 치명적인 녹.

한류는 중국에게도 이용가치가 있는 상품이다

중국에는 의외로 일본영화 일본드라마 일본애니메이션 마니아가 많다. 한국의 관련학자 논문에서도 나왔다시피 '중국에서 한국드라마는 저소 득 저학력의 서민층에서 좋아하고 일본드라마는 소득과 학력이 상대적 으로 높은 계층에서 좋아한다' 는 지적도 있었다.

중국의 영화산업은 어마어마하게도 헐리우드 영화산업의 경쟁자가 되 기를 원한다. 시장 규모 자체나 시장의 성장 가능성으로 보면 충분히 경 쟁자의 지위를 상상해볼만 하다. 문제는 헐리우드에 명함을 낼만한 실력 이 있느냐는 것이다. 실력이 있어야 되는데 우선 기술과 인재가 없다. 시

중국의 대표적인 한류스타 김수현.

장 규모나 자금력으로 보면 헐리우드의 기술과 헐리우드의 인재를 사와서 실력을 쌓을 수 있다. 그렇게 하면 헐리우드에 예속되는 것이지 경쟁력을 키우는 것이 아니다. 헐리우드 말고 다른 데서 기술과 인재를 사온다고 한다면 먼저 일본 영화계를 생각해볼 수 있다. 그러나 일본은 그냥 뒤로 남몰래 좋아할 상대이지 앞으로 드러내놓고 좋아할 상대는 아니다. 여러모로 일본을 무시할 수 없지만 가까운 과거의 역사가 중화의 자존심을 일깨우게 되므로, 일본은 아닌 것이다. 이것저것 젖혀두다 보면 한국이 남는다. 아직은 모자라지만 그래도 한국의 기술과 인재이면 헐리우드 수준으로 나아가기 위한 발판으로 삼기에는 충분하다. 그래서 중국에게 한국이 필요한 것이다. 일단 중국에게 있어 한류는 비싸지 않아서 좋다. 최고의 한류스타라 해도 중국 일류배우보다 훨씬 싼 값으로 데려와서 쓸 수 있고, 기획력과 기술력도 상대적으로 싼 값에 유치해서 사용할 수 있다. 투자 대비 실속이 있는 한류를 사용하다보면 중국의 영화산업도 안과 밖이 모두 튼실해져서 헐리우드와 경쟁할 수 있게 될 것이다. 그러면 그동안 돈을 주고 사용했던 한국의 기술과 인재는 내쳐버려도 된다. 이래저래 한국은 부담이 없어 좋다.

이처럼 상대가 주는 돈으로 주머니를 채우지만 상대에게 그 가치를 충분히 제공하는 한류의 입장에서 깨달아야 할 것이 있다. 중국은 자기가 가지고 있는 것이 아니라 가지지 못한 것을 취한다는 사실을. 대표적인 한류스타 이영애와 김수현에게서 그 예를 찾아볼 수 있다. 중국인이 이영애를 좋아하는 이유는 그녀가 순하고 연하고 착한 이미지이기 때문이다. 목소리까지도 강하지 않고 여려서 더욱 좋아하는 것이다. 중국에는 그런 여배우가 없다. 강하고 사납고 똑똑하기만 한 중국 여배우들 사이에 이영애를 놓고보면 그녀의 순하고 연하고 여린 개성이 두드러진다. 김수현의 경우에도 중국의 남자 청춘스타들과 다르다는 특징이 있다. 김수현은 우선 상큼함과 빈틈의 매력을 겸비하고 있다. 중국의 남자 청춘스타 중에 그런 빈틈과 상큼함의 매력을 겸비한 이가 없다. 중국 청춘스타는 대체로 완벽한 미남이거나 정형의 매력 연기를 하고 있어서 날다람쥐 같은 순발력을 발휘하지 못한다. 날다람쥐 같은 매력을 김수현 말고 중국에서는 발견하기 어렵다. 한류는 중국의 시장에 맞출 생각을 말아야 한다. 이영애와 김수현의 예에서도 그 점은 확연해진다.

한류가 중국의 이용가치를 계속 유지하려면 중국의 시장에 수용될 생각을 말아야 한다. 중국의 시장에는 없는 것을 가지고 있어야, 자꾸 개발을 해야 한류의 이용가치가 높아진다. 중국은 힐리우드의 영화산업이나 세계의 연예산업에 필적하는 존재가 되기 위해 한류를 이용하는 것이다. 한류는 어쩌면 승천하는 용의 등줄기에 올라타고 있다. 사나운 용틀임에 중심을 잃고 천길만길 허공중에 떨어지는 사고만 일어나지 않는다면 용을 부려 스스로 승천을 할 수도 있다. 그러려면 중국의 입맛에 맞추려 들지 말고 우리 것을 계속 개발 특화 발전시켜야 한다.

서점에서 한류 찾기

조선왕조시대에도 중국과 일본에서 선풍을 일으킨 '한류스타'가 있었다. 중국으로 갔던 연행사(燕行使)라는 이름의 사신, 일본으로 갔던 조선통신사라는 이름의 사신, 그들이 곧 한류스타 '조선 선비'였다. 오늘날의 한류스타에 비해서 아주 지적인 존재인 셈이다. 이들이 가는 길목을 중국인, 혹은 일본인들이 지키고 있다가 종이를 펼쳐들고 앞다투어 달려들었다. 낙서라도 좋으니 글 한 줄 써 달라는 것이었다.

연행사는 한양을 떠나 평양을 거쳐 의주에서 압록강을 건너 중국으로 갔다. 안동(단동)-천산-심양-산해관-북경 자금성 코스의 연행사 길이었다. 연행사는 1년에 4회 정기적으로 중국에 갔고, 비정기적인 연행사도 수시로 있었다. 정기적인 연행사는 연간 4회, 동지(冬至)의 동지사를 비롯하여 정조사 성절사 세폐사(연공사)가 파견 되었다. 그리고 황제의 은혜에 감사하기 위해, 황태자나 황태후의 생일을 축하하기 위해, 그밖에 정치적 현안이 생기거나 부탁할 일이 생겨서 파견되는 비정기 연행사가 있었다. 중국의 조선 선비 팬클럽은 '조선의 연행사가 아무 날(某日) 아무 시(某時)쯤 아무 데(某處)를 지나간다'는 입소문에 따라 비상소집이 되었다. 압록강 건너 안동(단동)땅에 발을 딛는 순간부터 북경 자금성으로 들어가는 순간까지 조선 사신 연행사가 가는 길목이면 어김없이 몰려드는 중국인들, 그들은 연행사 사신들에게 '글 구걸'을 했다. 아들 교육을 위해, 가훈을 위해, 가보로 삼기 위해 조선 선비의 글 한 줄이 필요했던 것이다.

당시의 조선은 중국인이나 일본인이 보기에 '지식 수준이 높은 선비의 나라'였다. '연예한류' 이전에 선풍적으로 불었던 '선비한류'였다.

요즘 중국의 거리에서 한국 청소년이 함부로 내뱉는 욕설을 가끔 듣게 된다. 착실한 모범생이 훨씬 더 많은데도 남의 눈에 띄는 것은 겨우 한두 명의 모범적이지 못한 청소년이기 마련이다. 중국인 중에는 연예인이나 야간 퇴폐업소 종업원이 아닌 이상 진한 화장을 한 여성을 보기 어렵다. 일반여성이 색조화장을 하고 빨간 립스틱을 바르는 경우는 참으로 보기 어렵다. 그런 중국에서 어린 한국 여학생이 립스틱을 바르고 얼굴에 색조화장을 한 모습이 가끔 눈에 띈다. 안 하면 더 예쁠 어린 얼굴에 화장을 한다. 품행과 학업에 모범적인 학생도 한번쯤 화장에 관심을 가져보는 듯하다. 중국에는 분명 '화장품 한류'라는 것이 있는데 중국인에게는 '한국인은 누구나 진한 화장을 한다'는 것으로 인식되어지는 경향도 있다. 화장품 한류에 휩쓸려 있으면서도 '한국인 같은 진한 화장'은 피하는 것 같다.

화장품 말고도 소리소문 없이 실속 있게 한류를 일으킨 기업들이 있다. 〈파리바케트〉는 집에서 밥을 잘 지어먹지 않고 하루한끼는 빵으로 떼우는 중국인의 생활 속에서 제대로 자리잡은 한류업체라 할 수 있다. 프랑스 독일 영국 일본의 유명 제빵업체들이 치열하게 경쟁하는 중국에서 파리바케트의 성공은 괄목할만 하다. 의류업체 〈이랜드〉와 주방생활용기 〈락앤락〉도 중국인 생활 속의 한류에 상당한 기여를 하고 있다.

눈을 씻고 봐도 한류가 발견되지 않는 곳이 있다. 서점이다. 중국의 서점에서는 한류를 찾아볼 수가 없다. 중국천지가 한류의 바람에 휩쓸려 다 날아갈 지경이라 해도 서점에 한류가 없으면 그 한류는 모래성보다도 부실한 한류이다. 서점에 없는 한류는 진정한 한류가 아니다. 서점에 존재하는 한류라야 정체가 있는 한류라 할 수 있다.

소주 봉황빌딩 내 신화서점 내부모습. 홍콩식 쇼핑몰 개념의 서점들이 새빌딩마다 들어서고 있다.

상해의 대표적인 대형서점 어학교재 코너에서 목격한 것이 있다. 그 서점 어학교재 코너에는 세계 각국의 어학교재들이 다양하게 진열되어 있었다. 대부분 영어교재와 일본어교재인데, 미국과 영국의 영어교재가 그 어학교재 코너에서 차지하는 비중이 100이라면 일본어교재는 80이고 그밖의 나라 교재들은 거의 존재감을 나타내지 못하고 있었다. 영어가 100, 일본어가 80이라고 할 때 한국어교재는 2 또는 3 정도에 불과했다. 한국 진명출판사의 중등학생용 영어사전이 눈에 띄고 연변 조선족출판사에서 발간한 조선어 어학교재들이 대부분이었다.

문학코너에서 한국문학은 일한문학(日韓文學)으로 분류된 칸에 진열되어 있다. 무라카미 하루키에서부터 노벨문학상 수상작가와 문학성으로 평가받은 일본작가들의 작품이 진열되어 있는 일한문학 칸에서 인터넷 소설로 인기를 끈 한국 청소년 연애소설이 한국문학으로 전시되어 있다. 순정만화 표지로 착각할 정도의 소설 표지이다. 6년쯤 전에 최인호 장편소설 〈불새〉가 상해 대형서점 문학매장 입구에 수북히 멋지게 진열되어 있었던 적이 있는데 그 기간은 약 일주일이었다. 한국 원로작가나 중견 작가의 작품이 일한문학 코너에 가끔 두세 권씩 꽂히지만 그 기간은 결코 길다고 할 수 없다. 한류스타를 다룬 책도 마찬가지다. 며칠 꽂혀 있다간 사라지고 없다. 엄청나게 많은 출판물이 쏟아져 나오는 중국에서는 진열기간도 그만큼 짧다. 오늘 봐놓고 내일 와서 사야지 했다간 그 작품 영영 못 본다.

　서점의 한국 자리가 비어 있다. 우후죽순처럼 솟아나는 중국의 대형쇼핑몰마다 대형서점들이 들어서고 있는데 서점에 '한국'이 없다. 중국의 다른 곳에는 다 있어도 서점에는 없는 것이 '한국'이다. 그러고서도 '한류 10여년'을 누렸으니 참으로 허황되다고 지적하는 이도 있다.

아름다운 강남

중국 강남의 겨울은 지평선에서 휘몰아치는 바람소리와 함께 온다. 끝없는 지평선 저 너머에서 고양이 소리로 밤새 긴 바람이 울고 창문은 금방이라도 떨어질 듯이 덜컹거린다. 아열대의 강남도 한겨울 추위는 매섭다. 대지는 꽃을 피우는데 대기는 차갑기 그지없다. 습기 때문이라 하고 냉동실 효과라고 한다. 냉장고의 냉동실을 얼어붙게 하는 것은 온도가 아니라 습도라는 것이다. 그처럼 강남의 겨울 기온은 영하 1도만 되어도 대기에 가득한 습기 때문에 영하 10도 이상의 추위를 느끼게 된다. 그런데도 꽃은 핀다. 대지의 한 꺼풀 밑은 훈훈한 까닭이다. 흔히 내리지 않는 눈이 아주 어쩌다 내릴라치면 유두화 빨간꽃이 눈발 너머로 이채롭다.

낙양의 모란이요 강남의 매화라고 한다. 강남 제비라는 말도 있지만 강남의 봄은 매화가 알린다. 강남의 봄에 놓칠 수 없는 것은 4월의 유채꽃이다. 절강성 남쪽에서 강소성 북쪽까지 3천리길에 유채화가 장관이다. 대평원에 청보리밭 밀밭이 유채밭과 조각보처럼 짜여 있어서 노랗고 파란 그 아름다움은 그야말로 환상의 파노라마이다. 강남 3천리 유채꽃 절경 중의 절경은 남경시와 진강시 접경에서 만날 수 있다. 대평원에 무료하게 펼쳐지던 유채꽃밭이 남경과 진강 사이의 구릉지대에 아롱지는 구간이다. 구릉과 구릉이 나지막이 오르고내리는 이 지점에 이르면 유채꽃밭은 구릉따라 층을 이루고 입체감을 준다.

상해의 시화(市花)는 목련이다. 상해의 목련을 한국의 목련 같을 거라고 생각하면 실수하게 된다. 상해의 목련은 꽃이파리 하나가 천하장사의 손바닥만큼 크고 두껍다. 그래서 이름도 광목련(廣木蓮)이다. 상해의 공원에 광목련 크고 투박한 꽃잎이 뚜욱뚝 지기 시작하면 강남의 여름이 온다.

몽리수향(夢里水鄕) 강남의 여름은 연꽃이 장식한다. 하당월색(荷塘月色)이니 화중하화(畵中荷花)니 연꽃과 관련한 표현들을 산굽이 물굽이마다 만나는 데가 강남이다. 심청의 연꽃바다에서 황산의 연화봉에 이르기까지 연꽃 관련 지명은 발길 닿는 데마다 늘려 있다. 강남의 습지에서 연꽃 향기 스러질 때쯤 일어나는 강렬한 향기가 있다. 계화(桂花) 향기이다.

9월이면 강남의 천지는 바람 앞에 추억의 코티분 5백통을 한꺼번에 터뜨려놓은 듯한 아주 대단히 강렬한 분(粉)향기 꿀향기에 휩싸인다. 바로 계화 향기이다. 계화는 소주의 시화이다. 한편 소주의 시목(市木)은 향장수(香樟樹)이다. 향장수를 대추나무 비슷하게 생겼다고 말하는 이가 있는데 주로 한국인이다. 그러나 향장수는 대추나무와 생김새가 확연하게 다르다. 이파리의 생김새가 닮았을까 전체 분위기에서부터 자세까지 거의 닮지 않았다. 향장수는 줄기가 반듯하게 곧고 단단하며 가지와 잎이 무성하다. 가지와 잎의 어울림은 교복 시절 여자중학교 1학년 반장의 단정

도시의 향장수 숲. 강남 도시에서는 어디서나 향장수 숲을 볼 수 있다.

한 단발머리 같은 분위기이다. 줄기가 그다지 굵지 않지만 세찬 바람에도 거의 흔들리지 않고 가지와 무성한 잎들만 흔들린다. 향장수 우거진 곳에 바람이 불면 숲 전체가 흔들린다. 가늘지만 곧고 단단한 줄기가 받혀주는 가운데 가지와 잎들의 숲이 흔들리는 것이다. 흔들리되 흐트러짐은 없다. 흔들림마저도 단정한 것이 향장수의 자세이다. 향장수는 소주를 상징하는 나무이면서 강남 전역에서 우리나라의 소나무처럼 흔히 볼 수 있는 아름다운 나무이다.

강남의 지중해 태호의 둘레에는 철따라 비파 익고 귤 익고 유자 익는다. 양징호(陽澄湖·양청후)의 대갑해(大閘蟹·따쟈셰)도 강남의 명물이다.

하늘에는 천당이요 땅에는 소주 항주

항주에는 서호가 좋고 소주에는 산당이 좋다

강남의 노래 앞머리이다.

그런데 강남에 과연 천하의 절경이 있는가. 황산 빼놓고 구화산 빼놓고 천태산 배놓고 주산군도의 바다 경치 배놓고, 그밖의 몇몇 곳 배놓고 천하의 절경이라 할만한 데가 몇 군데나 더 있는지. 그런데도 강남을 중국에서 가장 아름다운 고장이라고 한다. 경항대운하 6천리 뱃길에서 가장 아름다운 곳이 소주 한산사라고 한다. 한산사를 받쳐주는 경치가 무엇이 있는가. 대평원의 평범한 강촌일 따름이다. 이곳을 경항대운하 길고 긴 여정 중에 만나는 최고의 경치라고 하는 데에는 이유가 있다. 여기에 시가 있고 그림이 있기 때문이다. 수많은 문인이 이곳을 노래하고 수많은 화가가 이곳을 그렸다. 그 시와 그림들 꼭 그만큼 더 아름다워진 것이다. 소주에 천평산(天平山)이라는 해발 200미터 될까말까 한 작은 산이 있다. 이 산은 예로부터 '중국 4대 단풍 명산'으로 꼽혀 왔다. 중국천지에서 단풍이 아름다운 산 4군데 중 하나라는 것이다. 아열대지방의 단풍이 아름다우면 얼마나 아름다우랴. 그렇지만 천평산은 예로부터 시인묵객의 놀이터로 유명한 곳이었다. 시와 그림에서 이 산의 단풍이 널리 알려졌던 것이다. 중국에서 가장 아름다운 곳이 강남이고 강남에서 가장 아름다운 곳은 소주라고 했다. 소주에서 보이는 것은 지평선이다. 지평선을 아름답다고 했을 리는 없고 소주가 탄생시킨 시와 그림과 예술, 그것을 태어나게 한 자연을 아름답다고 했을 것이다. 절경은 자연과 인간이 함께 만드는 것이었다.

　상해의 예원, 남경의 첨원, 소흥의 심원, 소주의 졸정원, 유원, 사자림, 창랑정… 중국의 유명한 정원들이자 강남의 유명한 정원들이다. 이 정원들에는 공통점이 있다. 빈틈없이 빽빽하다는 것이다. 한국의 집 담장 안은 마당으로 비어 있는데 이곳의 담장 안은 온갖 경치들이 빽빽하게 들어차 있다. 한국의 선비는 사랑마루에서 담장 너머의 자연을 보았는데 강남의 대인은 천하의 기경들을 모두 담장 안에 끌어다놓고 거닐었다.

강남 대인의 취미는 아마도 강남의 자연과 관련이 있을 것이다. 대평원의 집에서 심산유곡의 경관을 누리자니 그 방법을 쓰게 되었을 터이다. 담장 안에서 대자연을 꿈꾸던 우리 선조와 대자연을 담장 안에 끌어다놓고 누렸던 중국 강남의 대인은 마당과 정원의 딱 그 차이만큼만 달랐을 것이다.

중국은 북방 사람의 나이와 남방 사람의 나이가 다르다. 북경 사람은 태어난 뒤에 나이를 먹고 상해 사람은 어머니 뱃속에서부터 나이를 먹는다. 장강 이북과 장강 이남의 나이를 셈하는 방법이 다른 것이다. 북방은 '만(滿)나이(週歲·주세)'를 치고 남방은 '한국나이'와 같은 '그저 먹고 들어가는 나이(虛歲·허세)'를 친다. 허세, 혹은 한국나이는 음력 12월30일에 태어났을 경우 그 다음날인 음력 1월1월에는 2세가 된다. 주세(만나이)와 두 살이나 차이가 나는 것이다. 허세, 즉 강남나이가 한국나이와 같은 것으로 미루어 보아 한반도와 중국 강남의 오래 된 교류를 짐작할 수 있다. 한반도의 삼국시대에 신라와 백제가 중국대륙으로 가려면 고구려를 통과해야만 했다. 서로 다투던 때에 걸어서 국경을 넘는 일은 큰 부담이었을 것이고, 산적과 맹수가 출몰하는 육로보다 해로가 오히려 덜 불안한 교통로였을 것이다. 한반도에서 배를 띄우면 해류를 따라 절로 와서 닿게 되는 곳, 중국 강남. 그렇게 한국나이와 강남나이가 같이 가게 되었을 것이다. 다른 것도 있다. 흙은 한반도의 것과 중국 강남의 것이 다르다. 북방의 흙이 한반도의 흙과 비슷하다. 중국에 거주하면서 흙에 대한 생각을 하게 되었다. 이곳에 와서 살다가 이곳에 묻힌 우리 선조들을 떠올리면서 깊어진 생각이었다. 흙 속에 묻힌다는 것은 자연으로 돌아간다는 것이고, 그 자연에서 언젠가 다시 새로운 생명으로 돌아오게 된다는 것이다. 묻힐 흙을 중요하게 생각하는 이유이다.

타국인 이곳에 묻힌 선조들은 아마도 흙에 대한 생각이 남달랐을 것이다. 이왕이면 한국의 토질과 비슷한 곳에 묻히고 싶었을 것이다. 중국에서는 산동지방이 한국의 토질과 비슷하다는 느낌이었다. 산세가 비슷하고 소나무가 많고 아침이면 까치가 떼지어 까작거리고, 무엇보다도 흙색깔이 비슷했다. 이런 데 묻히면 한국땅에 묻히는 것과 별반 다를 바 없겠다는 생각이었다. 강남은 달랐다. 강남의 흙은 산동성에 비해 검고 습기가 많았다. 이 강남에도 수많은 우리 선조들이 묻혔다. 정확한 연도는 모르겠고 1990년대 초 쯤, 절강성에 살던 한국인 할머니 한 분을 조명한 텔레비전 다큐멘터리 프로그램이 있었다. 일본군 군위안부로 끌려갔다가 귀국하지 못하고 중국에서 일흔 가까운 나이까지 살게 된 할머니였다. 한국 '정신대 연구 관련 단체'의 도움으로 귀국하게 된 그 할머니가 사별한 중국인 남편의 산소를 찾는 장면이 있었다. 무논 옆의 습기찬 검은 흙무덤 앞에서 그 할머니는 "이제 내 나라로 가게 되었다"며 작별하고 눈물을 훔쳤다.

중국인의 삶과 죽음에 관한 사상 속에는 우리의 심청과 김교각이 깃들어 있다. 살아서 연화세계를 구현해보인 심청과 죽어서 지장세계의 등불이 된 김교각의 이야기는 바로 맨처음의 한류였다. 심청의 연화바다에 떠오른 강남 보타산은 중국의 관음성지이고 김교각이 이적을 보인 강남 구화산은 중국의 지장성지이다.

강남의 관문인 장강구(長江口)와 절강구(浙江口)에서 장보고 선단의 배들을 떠올린다. 장강구에서 절강구를 향해 뻗어있는 32.5킬로미터 동해대교는 양산섬에 닿아있다. 세계최대의 콘테이너항구로 개발된 양산섬은 한국 흑산도와 강남 주산군도 대산도의 연결선상에 있다. 양산섬은 강남 절강성 승사열도의 끄트머리섬이기도 하다. 한반도로 가는 강남 배와 강남으로 가는 한반도 배가 파도에 상한 데를 수리하고 물을 받아 가던 섬이 승사군도이다. 우리의 장보고 선단이 누비고 다니던 곳이다.

한국인에게 있어 강남은 친구 따라 가는 곳이며 제비가 날아오고 날아가는 곳이다. 허황후와 심청과 김교각과 장보고와 의천 대각국사의 전설이 살아있는 강남 바다, 상해 대한민국임시정부 그늘에 있던 우리 교민들이 미군 LST를 타고 귀환하던 강남 바다는 바로 오래 된 한류의 바다이다.

주요 참고문헌

江南十三城記…李果 張曉芳 等 編著, 星球地圖出版社 刊(2012)

蘭亭…上海博物館 編, 北京大學 出版社 刊(2011)

南京…蔡文選 編著, 科學技術文獻出版社 刊(2005)

大美昆曲…揚守松 著, 江蘇文藝出版社 刊(2014)

대한민국임시정부…沐濤 孫志科 著, 조일문 역, 건국대학교 출판부 간(1994)

圖說 上海 6000年…管眞 編著, 上海世界書局 刊(2010)

圖說天下 唐詩300首…吉林出版集團 刊(2009)

명대의 운하길을 걷다…서인범 저, 한길사 간(2012)

名畵觀止 人物…蘇雅麟 主編, 光明日報出版社 刊(2007)

木瀆…周菊坤 編著, 古吳軒出版社 刊(2004)

夢廻滬江…秦風 編著, 文匯出版社 刊(2005)

박한제 교수의 중국 역사기행 2권 강남의 낭만과 비극…사계절 간(2003)

박한제 교수의 중국 역사기행 3권 제국으로 가는 긴 여정…사계절 간(2003)

百年上海灘…方俊 主編, 上海灘雜誌社 刊(2005)

백범일지…김구 저, 서문당 간(1989)

史記 故事…司馬遷 原著, 翟文明 主編, 華文出版社 刊(2009)

四川自助游…四川自助游編輯部 編著, 化學工業出版社 刊(2013)

山西自助游…藏羚羊旅行指南編輯部 編著, 人民郵電出版社 刊(2014)

상하이…론리플래닛 시티 가이드 브래들리 메이휴 저, 안그라픽스 간(2004)

상하이의 삶과 죽음…니엔쳉 저, 박미숙 박국용 공역, 도서출판 금토 간(2006)

상해의 한국문화지도…순커즈 김광재 공저, 上海文藝出版 有限公司 刊(2010)

上海日軍慰安所實錄…蘇智良 外 著, 上海三聯書店 刊(2005)

上海靑帮…布賴恩 馬丁 共著, 上海三聯書店 刊(2002)

蘇繡…李明 著, 江蘇人民出版社 刊(2014)

蘇州歷代名人傳說…潘君明 編, 古吳軒出版社 刊(2006)

주요 참고문헌

蘇州詩咏…吳企明 選注, 蘇州大學出版社 刊(1999)

蘇州香山帮…劉托 馬全寶 馮曉東 著, 安徽科學技術出版社 刊(2013)

시와 사진으로 보는 중국기행…진순신 저, 정태원 역, 예담 간(2000)

安徽自助游…上海唐碼城邦有限公司 編著, 人民郵電出版社 刊(2012)

안휘여행…親歷者編輯部 編著, 中國鐵道出版社 刊(2012)

歷代名家冊頁…楊海平 責任編輯, 浙江人民美術出版社 刊(2012)

吳歌…庞培 著, 江蘇文藝出版社 刊(2014)

李白杜甫詩全集…北京燕山出版社 刊(2009)

장보고와 청해진…손보기 엮음(손보기, 김문경, 김성훈, 朱江, 김정호, 김광수, 요시오카 간스케, 무함마드 깐수), 혜안 간(1996)

浙江…携程旅行網 主編, 學林出版社 刊(2005)

浙江旅行…親歷者編輯部 編著, 中國鐵道出版社 刊(2012)

走遍中國 江蘇…走遍中國編輯部 編著, 中國旅遊出版社 刊(2007)

走遍中國 河南…走遍中國編輯部 編著, 中國旅遊出版社 刊(2009)

走近古都…羅光乾 著, 京華出版社 刊(2009)

中國古鎮游…陝西師範大學出版社 刊(2003)

中國民歌精選…徐榮坤 趙哲亮 編, 百花文藝出版社 刊(2004)

中國詩歌通史 魏晋南北朝卷…錢志熙 著, 人民文學出版社 刊(2012)

評彈情綠…殷德泉 編著, 古吳軒出版社 刊(2012)

한권으로 독파하는 열국지…풍몽룡 원작, 이항규 남종진 편역, 동해 간(2002)

解放大上海…李雷 編著, 軍事科學出版社 刊(2007)

虎丘…劉放 著, 西安地圖出版社 刊(2003)

虎丘…周東華 編著, 古吳軒出版社 刊(2004)

湖南自助游…上海唐碼城邦有限公司 編著, 人民郵電出版社 刊(2012)

중국 강남 그리고 중국 속 한국 이야기

중국 속의 중국

초판 1쇄 인쇄 | 2017년 01월 31일
초판 1쇄 발행 | 2017년 02월 10일

지 은 이 | 김성문
펴 낸 이 | 김정동 　　　　　**편집주간 |** 김완수
책임편집 | 김예슬 　　　　　**홍　　보 |** 김혜자
마 케 팅 | 유재영·신용천·김은경 　　**디 자 인 |** 최진영
펴 낸 곳 | 서교출판사

등록번호 | 제 10-1534호
등록일 | 1991년 9월 12일
주소 | 서울시 마포구 성지길 25-20 덕준빌딩 2F
전화번호 | 3142-1471(대)
팩시밀리 | 6499-1471
이메일 | seokyodong1@naver.com
홈페이지 | http://blog.naver.com/sk1book
ISBN | 979-11-85889-35-1 03910

서교출판사는 독자 여러분의 투고를 기다리고 있습니다. 중국 관련 원고나 아이디어가 있으신 분은
seokyobooks@naver.com으로 간략한 개요와 취지 등을 보내 주세요. 출판의 길이 열립니다.